越中の古代勢力と北陸社会

木本秀樹

桂書房

目次

凡例

序章　日本古代における北陸道の国制と島・半島との交流
—能登・越中・越後・佐渡国を中心にして

はじめに……2
一　古代北陸道の国制……4
二　諸国の成立と変遷……21
三　能登国と佐渡国の特性……30
四　蝦夷・対外政策と北陸道諸国……34
五　渤海使の来着と北陸道諸国……41

第一章　古代越中の在地勢力

第一節　国造制と評制下木簡……54
一　「国造本紀」と古墳……54
二　高志国と評制下木簡……63
第二節　射水臣氏とその動向……70
一　律令制下の射水臣氏—イミズの用字……70
二　平安期の射水氏と三善為康……80
三　阿努君氏と射水郡……85

第三節　利波臣氏と砺波郡領氏族……90
一　八、九世紀の利波臣氏―トナミの用字……90
二　利波臣志留志の活躍……97
三　砺波郡領氏族の動向……103
付項―「越中石黒系図」研究概観……106
第四節　古代越中の神々と在地動向……109
一　神階奉授と越中国……109
二　砺波郡高瀬神と射水郡二上神……111
三　婦負郡鵜坂神と新川郡日置神……115
四　近江国と新川郡……121
第二章　越中国司と古代社会
第一節　唐人皇甫東朝の越中介補任……130
一　天平四年の遣唐使任命と派遣……130
二　天平八年の唐人皇甫東朝の来朝……133
三　皇甫東朝の活躍……135
四　皇甫東朝と西大寺―墨書土器の出土……137
五　皇甫東朝の越中介補任とその背景……141
第二節　五百井女王と越中国司……149
一　五百井女王と越中国……149
二　五百井女王関係木簡の出土……152
三　王家と諸国の関わり……155

第三節　越中介興世朝臣高世の慶雲奏上……159
一　興世朝臣高世の越中介補任……159
二　降灰の報告……161
三　慶雲の奏上……163
第四節　越中国司の補任と諸相……167
一　宝亀・天応・延暦年間の越中守・介の補任……167
二　越中国司と大学寮田の成立……176
第五節　『喚起泉達録』にみえる古代社会……184
一　『喚起泉達録』にみえる太夫川考……184
二　『喚起泉達録』にみえる古代関係史料……192
第三章　古代越中国の災異と思想
第一節　古代越中国の災異概観……208
一　飢饉・旱魃……208
二　疾疫……213
三　地震……214
四　降雪……216
五　洪水……217
第二節　貞観五年越中・越後国大地震とその周辺……220
一　祥瑞災異思想……220
二　越中国の祥瑞献上……222

三　『日本三代実録』貞観五年以前の災異 …… 225
四　諸国地震・噴火後の様相 …… 226
五　越中・越後国大地震後の一様相 …… 240
第三節　内閣文庫蔵『異本塔寺長帳』にみえる北陸道大地震と紅色雪 …… 243
一　嘉保・永長・承徳・康和年間の地震 …… 243
二　『異本塔寺長帳』にみる史料性 …… 249
三　康和元年北陸道地震史料 …… 251
四　長治二年北国紅色雪史料 …… 254
付論　地域史研究と地域文化論序説
はじめに …… 266
一　「地域」をとらえる …… 268
二　地域史への道程 …… 273
三　地域史のあり方―黒田俊雄氏の提言から …… 277
四　「地域歴史遺産」の提言から …… 281
おわりに―地域史研究を踏まえた地域文化論の視点 …… 287
あとがき …… 296

凡例

一　本書は、各章節末に初出掲載を記述したものを除き、これまで担当した研究報告等の内容を概説して成文化したものである。

二　史料の引用に当たっては、次のことに留意した。

㈠　漢文体などの史料に関しては、本書の性格から基本的に書き下し文で掲載し、日付に関してもなるべく干支を避けた。ただし、史料批判や写本の用字の相違などから、一部原文のまま掲載したものもある。

㈡　新訂増補国史大系本の引用に当たり、青木和夫他校注『新日本古典文学大系　続日本紀　一～五』（岩波書店　一九八九～一九九八年）、黒板伸夫・森田悌編『訳注　日本史料　日本後紀』（集英社　二〇〇三年）、森田悌全現代語訳『続日本後紀　上・下』（講談社学術文庫　二〇一〇年）、武田祐吉・佐藤謙三訳『訓読　日本三代実録』（臨川書店　一九八六年）、虎尾俊哉編『訳注　日本史料　延喜式（上）・（中）』（集英社　二〇〇〇・二〇〇三年）等の校訂や訓読に依拠したものもある。

㈢　引用史料の出典に当たっては、逐条及び本文段落毎に一括して史料名を掲載した。編年体や構成する編巻数等、適宜勘案していただきたい。

㈣　史料の用字は、論旨によって新旧漢字を使い分けた箇所もある。

三　註書及び先行研究に当たっては、次のことに留意した。

㈠　註書に関しては史料解釈や補足解説、調査報告等を中心に各節毎に掲載した。

㈡　先行研究に関しては、章末に「主要参考文献」として一括し、直接関わるものについては本文中に、「著者・発行年」を掲載したので照合していただきたい。

㈢　「主要参考文献」にあっては研究史等も踏まえて、本来掲載すべきものも少なくないが、論旨に直接関係するものを中心に掲載することとした。

四　掲載した表及び図版は、次の通りである。

(一)　表

・表1　渤海使の来航・帰国　42
・表2　「越中国官倉納穀交替記残巻」にみえる郡司　94
・表3　宝亀・天応・延暦年間における越中守・介補任　171
・表4　貞観・元慶・仁和年間における諸国の地震、火山噴火記事　226
・表5　『異本塔寺長帳』にみえる全国災異等記事　252

(二)　図版

・図1　富山県の古墳編年と能登地域の主な古墳　58
・図2　評制下荷札木簡（奈良県立橿原考古学研究所）　64
・図3　評制下荷札木簡（奈良文化財研究所）　65
・図4　越中国百万遍勤修人名（浄土宗財務局）　84
・図5　8・9世紀の越中国における神階奉授　112
・図6　「皇甫東朝」墨書土器（奈良市教育委員会）　139
・図7　五百井女王関係木簡（豊岡市立歴史博物館）　153

序章　日本古代における北陸道の国制と島・半島との交流

――能登・越中・越後・佐渡国を中心にして

はじめに

三十数年前、長らく富山県文化財保護審議会委員を務めた富山県下新川郡椚山村（現入善町）出身の長島勝正氏（一九〇四～一九九〇）から、次のような話を聞いた。小学生の頃（大正年間か）、入善の港から遠足で能登半島の宇出津（石川県鳳珠郡能登町、旧鳳至郡能都町）に海路で赴き、その日のうちに帰ってきたという。また、知人の婚姻により信州に赴く際にも、小型船で親不知を抜けて、現在の新潟県糸魚川市まで海路をとり、そこから陸行したという。

その後、幾人かから能登半島、富山湾、そして外海へと、あたかも湖水のように航行していた時代の様子を聞き、現在のモータリゼーションの時代と大きく異なる社会に関心を抱き始めた。さらに、古代の製塩土器の分布が県北東部と北西部に偏在して、中間域にほとんどないこと、現在の名字の中にも同様のことが窺われるなど、海上交通を介した能登などとの交流と想定される事象に接して、この地域に関心を抱くようになった。

ところで我が国における歴史学研究は各学会が中心となり、築き上げられてきたことはもとより言を俟たない。そして新たな研究成果が提示されるとともに、それらが各分野において様々に還元されていることも周知のことである。時に日本史学全体に関わるものから、テーマ性や時代性、地域性を中心とするものなど、多岐にわたるものがあり、なお年々膨大な研究成果として報告されている。

ところで、地域史研究のあり方にあっても様々な提言がなされて今日に至っている。その一部を紹介すると、塚本学「地域史研究の課題」（『岩波講座　日本歴史25　別巻2　日本史研究の方法』岩波書店　一九七六年）では郷土史、地方史、そして地域史という呼称の変遷とその背景について論じた。さらに先学の研究成果を踏まえて、木村礎

「郷土史・地方史・地域史研究の歴史と課題」（『岩波講座　日本通史　別巻2　地域史研究の現状と課題』岩波書店　一九九四年）では研究の手法や視点、またその地域に即した自立性と多様性を追究することも提示した。そして網野善彦「「運動としての地域史研究」をめぐって」（同前）をはじめ、各地域における具体的な地域史研究のあり方も提起されるに至ったのである。

こうした経緯にあって、昭和五十六年（一九八一）から平成六年（一九九四）まで十回にわたって行われた「日本海文化を考えるシンポジウム」（富山市・富山市教育委員会・同シンポジウム実行委員会主催）は、全国の地域史研究の動向をいち早くとらえて自治体が主導するものとなった。また、それに続く石川県金沢市での「環日本海（東海）金沢国際シンポジウム」㈳北陸経済調査会・同シンポジウム実行委員会主催）、さらには新潟県青梅町・福井県丸岡町主催シンポジウム、環日本海松江国際交流会議やその後の各大学等での北東アジアを包括する環日本海研究が今日に及び、多くの成果物を刊行してきたことは言を俟たない。

さらに、富山市日本海文化研究所公開講座等において分野を超えた多様な視点から研究が進められ、そうした経緯や研究成果は刊行物のみならず、博物館施設等での展示など、様々なかたちで報告されている。中でも本章のテーマとする「島と半島の日本海文化」に関しては、藤田富士夫「島と半島の視点から」（『富山市日本海文化研究所紀要』第16号　二〇〇二年）においてその方向性が簡潔に示されている。こうした地域史研究と地域文化論に関しては、本書の付論において私見を述べているので参照されたい。

また、小林道憲『古代日本海文明交流圏―ユーラシアの文明変動の中で』（世界思想社　二〇〇六年）では文明の交流を観点とし、基本文献を数多く提示して日本海側から見た日本古代通史を包括的にわかりやすく論じている。さらに『福井県史　通史編1　原始・古代』（福井県　一九九三年）では、「コシ・ワカサと日本海文化」と章立てして、日本海文化論の経緯や特色を論じてもいる。

最近のものとしては、『岩波講座　日本歴史』（岩波書店　二〇一三～二〇一六年）にテーマ巻1～3を設け、第20巻「地域論」、第21巻「史料論」、第22巻「歴史学の現在」が刊行された。この中でいわゆる国境を越えた歴史観が数々提示されたが、山内晋次「東アジア海域論」や芳井研一「環日本海交通圏」、李成市「東アジア世界論と日本史」などは、これまでの研究を踏まえてより多角的視野から地域論に関する問題提起がなされている。かつて私も富山市日本海文化研究所において同テーマに参画して報告したことから、それらを以下に概括的に示してプロローグとしたい。

一　古代北陸道の国制

「北陸」という言葉から現在の福井・石川・富山三県、また新潟を含めた四県を連想する。また古文書には「北六」（ほくろく）、広く「北国」とする表記も見られる。それでは、北陸道とはいかにして成立していったものか、以下に取り上げて概観してみたい。

古代における全国の行政区画は基本的に五畿七道とよばれ、畿内五か国と地方七ブロック（東海・東山・北陸・山陰・山陽・南海・西海道）に分けられる。海の道、山の道―たとえば東海道、東山道の名称は、都を起点とする方位や地勢などからその位置関係がうかぶ。また、中国山地を脊とする山陰道、山陽道の名称は、山脈の陰《かげ》（北）と陽《ひなた》（南）に由来するともされる。

その他、南海道（紀伊・淡路・四国）、西海道（九州）があり、これが古代の地方行政区画の「道」であるとともに、一方では主要路としての「官道」も意味していた。古代の日本は、都を中心とする五畿内（大和・山城・摂津・河内・和泉）と七道とに分割されていたが、今も鉄道路線や高速自動車道などにその名残がうかがえる。

北陸道（若狭・越前・加賀・能登・越中・越後・佐渡国）の名称について考えると、七道のうち、「陸」とつく区画は北陸道しかない。『日本書紀』では、北陸道を「クヌガノミチ」、東海道を「ウミツミチ」と称し、万葉歌でも都と北陸道諸国との通行を「山路越えむ」、「山越え野行き」などといった、陸路を意識したと思われる表現がなされている。

浅香年木氏は、畿内勢力が北陸へ浸透する経路として畿内型の古墳の伝播などから近江、若狭、そして越前北部、能登、越中へと続く海上ルートが開かれていったものの、七世紀後期になると、三関のひとつである愛発関が設定され、琵琶湖西岸から同関を越えて敦賀、さらに木ノ芽峠、あるいは山中峠を越えて福井県南越盆地に置かれた越前国府に連なる陸路が形成されたと考えている。後者のルートは、畿内勢力からみた視点にほかならず、それにより北陸道が『古事記』、『日本書紀』などに先の陸路を表す記述となっていったとしている。（浅香　一九七八年）

さらに、越前以北の北陸道諸国の国府が、海路を直接的に連絡して設置されたことや八世紀に入って、東北の蝦夷征定や対岸の新羅との緊張関係が存在したこと、そして後述する渤海国との交渉などが重視される前段階としての概念が「北海道」（北ツ海ツ道）とはならず、「北陸道」となった要因ではないかとする。（傍点筆者）語り継がれてきた歴史を『古事記』、『日本書紀』として編纂されたのは、奈良時代に入ってからであるが、大和王権が勢力を拡大していく中での視点と北陸地域が担うべき役割との隙間を窺わせる事柄である。これを史料的に裏づけることは難しいが、古代国家の成立を考える上で注目していきたい。

一例として越中国府を見ていくと、中心となる国津（曰理湊。現高岡市伏木か）近くに国府が設置されたことが各国共通することから、冬季間の積雪による陸路の不便さに求める見解もあるが、いずれにしても海路の重要性は言うまでもない。そこで北陸道の国制について具体的にみていくと、養老公式令朝集使条では、毎年上京する諸国朝集使が駅馬を利用し得る範囲を次のように規定している。

凡そ朝集使は、東海道は坂の東、東山道は山の東、北陸道は神の済の以北、山陰道は出雲より以北、山陽道は安芸より以西、南海道は土左等の国、及び西海道は、皆駅馬に乗る、自余は各当国の馬に乗る、

養老令の官撰注釈書である『令義解』の義解には、東海道の坂の東とは「駿河と相模との界の坂」、東山道の山の東とは「信濃と上野との界の山」、そして北陸道の神の済とは「越中と越後との界の川」としている。惟宗直本の私撰注釈書である『令集解』に引用された、延暦年間成立と想定される「令釈」では、神の済を「高志の道の中と道の後との界」としている。

また、北陸道と山陰道が「以北」としていることにつき、『日本書紀』大化二年（六四六）正月甲子朔条のいわゆる大化改新詔第二条には、「凡そ畿内は、東は名墾の横河より以来、南は紀伊の兄山より以来、兄、此をば制と云ふ、西は赤石の櫛淵より以来、北は近江の狭々波の合坂山より以来を、畿内国とす、（略）」とある。

この「畿内国」は、宮室の所在地より四方に延長する幹線上の一定地点を指し、それ以内を示す範囲とされ、のちに国の分割が進んで大和・河内・摂津・山背四畿内とする以前のものである。北陸・山陰両道は、その幹線上にあるがゆえに四方位としてではなく、近江の狭々波の合坂山より「北」とする表現がなされ、それを受けて朝集使条においても「以北」としたものとされる。

また、神済の所在についても先学の研究において様々に論じられているが、定かな結論を得るに至ってはいない。ただ、万葉歌や『日本書紀』等を踏まえると、奈良時代には峠（国字）という言葉がなく、辺り一帯を「坂」と言っていたと考えられること、さらに柳田國男以来の民俗学では、坂や境が線ではなく、ある一定の幅のある中間の世界であるとする見解が窺われる。

そのように考えると、足柄坂や碓氷峠を示す「坂東」や「山東」は、幅のある世界から向こうという意味であること、神済に関しても川と限定する必要はなく、ある幅を持った境界地帯であると想定することができる。北陸道に関

しては、親不知の険難がその幅を持った国境であり、越中・越後両国を隔てていたと考えられるとする。当時の都からみた地理的要件からすると、今日のようにかならずしも厳密なものでなかったことは想像に難くなく、先の「北」に対する観念とも通じるものがあろう。

一方、近年、「神済」をめぐって荒井秀規氏による、異なる見解も示されている。それは、先に挙げた義解及び令釈が天武朝後半の高志分割の際の境界が、浄御原令を経て大宝令に導入されたものであり、義解は大宝二年(七〇二)の越中四郡分割以後の国境、令釈は分割以前の阿賀野川・信濃川下流(蒲原・沼垂郡堺)、つまり「高志道中」と「高志道後」の境であったとするものである。(荒井　二〇一二年)

そして両者は、現行法の運用解釈ではなく、地名としてすでに活きていないともするものである。近年の考古学の成果から、後述する「高志国」や「高志前」、「道」などの藤原宮木簡が出土していることもこの見解の一助となるものか、今後とも注視すべき見解であると思われる。

次に、国制をみていく上で取り上げられるのが、延長五年(九二七)に完成をみた『延喜式』である。まず、『延喜式』巻二十二　民部上では、五畿七道諸国と国の等級、所管する郡名及び国の遠近が道毎に規定されている。このうち、北陸道は次のように記載される。

(略)

北陸道

若狭国中　管　遠敷　大飯　三方

右、近国とす、

越前国大　管　敦賀　丹生　今立　足羽　大野　坂井

加賀国上　管　江沼　能美　加賀　石川

能登国中 管 羽咋 能登 鳳至 珠洲
越中国上 管 砺波 射水 婦負 新川
右、中国とす、
越後国上 管 頸城 古志 三嶋 魚沼 蒲原 沼垂 石船
佐渡国中 管 羽茂 雑太 賀茂
右、遠国とす、
（略）
陸奥国、出羽国、佐渡国、隠岐国、壹岐嶋、対馬嶋、
右、四国二嶋は辺要とす、

これらによると国の等級を表す大国、上国、中国、下国と、都からの遠近を示す近国、中国、遠国の呼称がある。越前国は、北陸道七カ国の中でも唯一、大国としてランクされている。また、弘仁十四年（八二三）三月一日には加賀国が建国、等級は中国となったが、天長二年（八二五）正月十日、課丁と田疇が多いという理由から、僅か二年後に上国になっている。（『類聚三代格』巻五）これにより、定員として介を置けるようになった。ただ、当初から定員は守一人、掾一人、大・少目各一人としていることから考えて、事前の段階で昇格を織り込んでいたものとも想定される。

能登国は、貞観七年（八六五）三月九日太政官奏により、中国ではあるものの新たに介の増置を諮り（『類聚三代格』巻五）、五月十六日に裁可を得た。（『日本三代実録』）そして、延暦十二年（七九三）二月十五日格で能登国の公廨は守五分、掾三分となっていたが、貞観八年（八六六）三月七日太政官符により、能登国の新置の介には公廨四

分、公廨田一町六段、事力五人が給されることとなった。（『類聚三代格』巻六・『日本三代実録』）

養老田令在外諸司職分田条によれば、職分田（大宝令は公廨田）は中国の守及び上国の介に二町、下国の守及び大上国の掾に一町六段と定められている。また、軍防令給事力条では、下国の守及び大上国の掾に五人、中国の掾、大上国の目に四人と定められており、この新置の介は、中国の守と掾の間に位置づけられている。以上のことから能登国は、延暦十二年段階でも中国相当とされていたことが推定される。

次に、越中国についてである。天平十三年（七四一）から天平宝字元年（七五七）までの能登国の越中国への併合期間のうち、天平十八年からの五年間、越中守として赴任した従五位下大伴宿祢家持は、同二十一年に従五位上に昇叙している。また、介内蔵忌寸縄麻呂の正六位上の位階、大目の秦忌寸八千島・高安倉人縄麻呂、少目の秦伊美吉石竹の在任などを見ていくと、掾は一員であるものの、（実質的には上国で一時的ではあるが）他は大国に准ずるとも想定される措置となっている。（官位令では大国守は従五位上、大国介・中国守は正六位下相当位とある）

こうしたことは、当時の越中国が能登地域を含む広大な領域であったことの証左でもあろうか。しかし、天平宝字元年の能登国の分立以後、宝亀年間までの目人事を見ると、員外官はあるものの一員である。ただ、延暦年間から大・少目の在任が確認されるなど、新たな画期を見出すこともできる。

そののち越中国は、延暦二十三年（八〇四）六月十日に上国になっている。（『日本後紀』）こうした変遷等を踏まえて、式に上国と記載されていることがわかるが、如何なる手続きを踏んでのものか不詳である。

ただ越後国の場合を見ていくと、天平十三年に掾、承和四年（八三七）に大掾、延長三年（九二五）に少目がそれぞれ一例確認される。しかし、こうした事例は他国においても窺われることでもあり、上国ではあるものの、大国として位置づけられた形跡を積極的に裏付ける史料は、未だ見出すことができない。

佐渡国は天平勝宝四年（七五二）十一月三日、守一人、目一人を復置したが（『続日本紀』）、この定員からすると下国に当たる。そして大同四年（八〇九）二月十九日、太政官奏により「両国、辺遠に僻在し、官員乏少なり」との事由から、佐渡・隠岐両国に掾一員の増員が諮られ（『類聚三代格』巻五）、同二十四日に決定した。（『日本後紀』）この定員から中国に位置していることがわかるが、中国に昇格したとする明確な史料は見うけられない。しかし、『延喜式』にみえる等級は、これを反映したものか。

さらに、貞観七年（八六五）三月九日太政官奏により、甲斐国をはじめ八か国の上国、中国に介、下国の飛騨国に掾を増置するとともに、安房・佐渡国をはじめ六カ国の中・下国には、置くに足らずと諮っている。（『類聚三代格』巻五）そして、五月十六日に裁可を得ている。（『日本三代実録』）大同四年の掾増員を受けた佐渡国は、この時点で安房国などとともに中国とされているが、介に関しては却下されたことになる。そして元慶二年（八七八）九月十三日、詔して佐渡国に国掌二員を設置している。（『同』）

次に、先の朝集使条の乗馬規定と全てが符合するわけではないが、北陸道の場合、越中・越後国間で中・遠国の境が記されている。また職員令大国条では、陸奥・出羽（和銅五年陸奥から分置）・越後等の国が対蝦夷政策の前線であることから、兼ねて饗給（大宝令は「撫慰」か）、征討、斥候の任に当たることと規定された。さらに、壱岐・対馬島は対新羅政策、日向・薩摩・大隅（和銅六年日向から分置）等の国は対隼人政策の前線として鎮捍、防守、蕃客、帰化の任に当たることとされた。

『延喜式』では、佐渡国をはじめ四国二嶋が「返要」と規定されている。辺要とは、『令集解』假寧令官人遠任条釈説及び同条義解では、「辺に居りて要と為す」として、壱岐・対馬を例示している。古記説では、「伊伎、対馬、陸奥、出羽是なり」とする。さらに軍防令東辺条では東辺、北辺、西辺の人居、城堡修理、営農に関する規定があるが、これら国嶋に該当するか、また蝦夷、隼人等への防御と考えられよう。

大同元年（八〇六）十月十二日太政官符（『類聚三代格』巻七）によれば、辺要を「防守警備之儲」とあるが、延暦十一年（七九二）六月十四日太政官符（『同』巻十八）において、諸国兵士の停廃後も返要地には、それを例外とされたのである。また、佐渡国は同年同月七日勅においても返要国であることから（『同』巻十八）、『延喜式』の規定が弘仁式編纂の段階からあったものであろう。ただ、後述するように、佐渡国は越後国との併合や分立が重ねて行われたり、天平勝宝四年（七五二）九月の渤海使の越後国佐渡嶋への漂着、越・越後国に沼足柵や磐舟柵が所在したことなどから、その性格を考える上で示唆的である。

なお、近・中・遠国に関しては、賦役令調庸物条古記説所引「民部省式」に調庸物の輸貢期限を近国十七国、中国十四国、遠国十六国を規定している。北陸道の近国は若狭、中国は（記載順に）越中、越前、遠国は（同前）佐渡、越後となっている。（加賀、能登の建国に関しては、次節において記す）「民部省式」には、「新旧」国名が混在すること等から、その成立を大宝令成立後の大宝元年から同三年、あるいは和銅五年にいたる時期の成立とする説がある一方、大宝令付属の式とするなどが論じられている。

そのほか、流刑地を規定する刑部省式遠近条には、近中遠三区分がなされているが、この中で越前が近流、佐渡が遠流とされている。民部省式との比較も求められるが、唐律とのあり方も含めて両者の遠近は、異なる性格のもとで規定されたものと考えられている。このほか、遠近に関しては、令にある交通に関する規定なども検討することが求められるが、北陸道に関わる論点を中心にして各節において述べることとする。

次いで、『延喜式』巻二十八　兵部省では、諸国に設置された駅伝馬、駅名、疋数に関する規定がなされている。

諸国駅伝馬

（略）

北陸道

若狭国駅馬　弥美、濃飯各五疋、

越前国駅馬　松原八疋、鹿蒜、叔羅、丹生、朝津、阿味、足羽、三尾各五疋、　伝馬　敦賀、丹生、足羽、坂井郡各五疋、

加賀国駅馬　朝倉、潮津、安宅、比楽、田上、深見、横山各五疋、　伝馬　江沼、加賀郡各五疋、

能登国駅馬　撰才、越蘇各五疋、

越中国駅馬　坂本、川合、曰理、白城、磐瀬、水橋、布勢各五疋、佐味八疋、　伝馬　砺波、射水、婦負、新川各五疋、

越後国駅馬　滄海八疋、鶉石、名立、水門、佐味、三嶋、多太、大家各五疋、伊神二疋、渡戸船二疋、　伝馬　頸城、古志郡各八疋、

佐渡国駅馬　松埼、三川、雑太各五疋、通して伝馬に充てよ、

（略）

養老廐牧令諸道置駅条及び諸道置駅馬条では、駅伝馬の設置に関して次のように規定している。

・凡そ諸道に駅置くべくば、卅里毎に一駅を置け、若し地勢阻り険しからむ、及び水草無からむ処は、便に随ひて安置せよ、里数を限らず、（略）

・凡そ諸道に駅馬置かむことは、大路に廿疋、中路に十四、小路に五匹、使稀ならむ処は、国司量りて置け、必ずしも足れるを須たず、（略）、其れ伝馬は郡毎に各五、皆官の馬を用ゐよ、若し無くは、當処の官物を以て市ひ充てよ、（略）

この中で駅は、唐制に同じく三十里毎の設置を基準とし、地勢に応じた対応が示されていた。また義解によれば、大路は大宰府までの山陽道、中路は東海・東山道、北陸道をはじめ、その他は小路とされた。

駅制における駅使は、中央から地方への派遣とともに、緊急時等において地方から派遣される情報伝達にあったとされる。伝馬制は、諸国の郡を単位として使者が往来するものであり、各郡に伝馬五匹を常備させて送迎用としたと一般的に言われる。利用主体は人であり、法規定上は両者に違いがみられるが、不明な点が少なくない。平安時代に

入ると、伝馬制は国司赴任専用、連絡上の業務や使者の往来は駅制と変化していったとされる。

八世紀末から九世紀初頭になると、駅家、駅路、駅馬などに改変がなされ、機構全体としては縮小していき、九世紀半ば以降、駅制が崩壊していったことが考えられる。それゆえ、式成立時点に記された駅伝制の実態がいつの時点でのものか、詳らかなことはわからない。

また、北陸道には四十駅の存在が知られるが、このうち越前国松原駅、越中国佐味駅、越後国滄海駅にのみ八疋の駅馬が配置されることになっている。この理由には様々な想定がなされるが、松原駅が北陸道諸国に漂着する外国使節への早急な対応に応じたり、それらを接遇する客館の所在地としての性格が考えられること、また佐味駅が越中国の終駅、そしてそれに続く滄海駅が越後国の初駅であることから、親不知の険難に備えての増置であったかと思われる。

これまで富山県内では、二十を超える遺跡から古代道路遺構が報告されているが、近年の発掘調査から、射水市赤井南遺跡から幅約八メートルの道路遺構が検出された。これまで、道筋はあいの風とやま鉄道北側を想定していたが、同遺構はその南側を通るものであり、県内で発掘された古代道路としては、これまで最大級であり、古代北陸道に匹敵するとされる。

また、富山市水橋金広・中馬場遺跡からも水路とともに、古代北陸道に匹敵する規模の八、九メートルの道路遺構が検出されている。さらに魚津市仏田遺跡、富山市打出遺跡、同今市遺跡など、主に八世紀後半から九世紀にかけての遺構の検出も相次ぎ、今後点から線へのつながりにより、更なる成果が期待される。

さらに、『延喜式』巻二十四　主計上では、諸国の調、庸、中男作物及び平安京との上下の行程日数、海路が規定されている。

北陸道

若狭国行程上り三日、下り二日、

調、（略）

庸、（略）

中男作物、（略）

越前国行程上り七日、下り四日、海路六日

（略）

加賀国行程上り十二日、下り六日、海路八日

（略）

能登国行程上り十八日、下り九日、海路廿七日

（略）

越中国行程上り十七日、下り九日、海路廿七日

調、白畳綿二百帖、自余は白細屯綿を輸せ、浮浪人は別に商布二段を輸せ、

庸、韓櫃卌六合、漆を塗り鏁を著けたる五合、白木卌一合、自余は綿を輸せ、韓櫃は便に畳綿及び白綿を盛れよ、其の櫃底各布一段を敷け、庸綿を折き布価に充つること、段別に二屯、

中男作物、紙、紅花、茜、漆、胡麻油、鮭楚割、鮭鮨、鮭氷頭、鮭背腸、鮭子、雑腊、

越後国行程上り卅四日、下り十七日、海路卅六日

（略）

佐渡国行程上り卌四日、下り十七日、海路卌九日

（略）

行程のうち上りは荷役を伴い、下りは空になることから日数も半分になるが、越中国の場合、『和名類聚抄』では「上十八日、下八日」とあり、一日の差異を生じている。そして正倉院文書には、「(綿)越中調」（『大日本古文書』四―四六五）、「越中綿」（『同』二五―三〇五）、射水郡川口・布西郷から貢納された「調白䌁綿」（『正倉院古裂銘文集成』）、「調白絹（綿カ）」（同前）の紙箋二点が残されている。畳綿は、䌁綿（帖綿）とも言われて平らに畳状にしたもの、屯綿は厚手になる真綿のことであり、上質のものが細屯綿である。

主計寮式には、調に綿のみを負担する国が越中と石見だけであり、内蔵寮式季料条では白綿二千屯のうち、越中・石見が各五百屯、大宰府管内一千屯とされている。白綿は産地が限定されたものと思われ、石見とともに珍重されて越中国の特産であったことがわかる。一方、庸の韓櫃には便に畳綿、白綿を盛ること、中男作物の鮭製品に関しても他国に比してもっとも種類の多い国であった。

ところで奈良時代の木簡には、諸国から貢進された多岐にわたる贄の存在が認められる。『延喜式』では、その一部が諸国例貢御贄などとして位置づけられているものの、多くは調や中男作物として規定されている。贄の存在は令に規定されてはいないが、天皇へのいわゆる服属儀礼としての性格から調、庸、中男作物などとして再編されるものと、宮内省・内膳司式に分化していったものとが考えられている。いわば、奈良時代に律令として規定されていなかった前代からの、特に天皇との関わりを式や格を規定する中で律令制度として再編、拡大していったものであったと想定されている。（大津透編　二〇一一年）

これに関連して、主税寮式諸国運漕功賃条では諸国の海路、陸路の運漕に関わる功賃が規定されている。越中国の海路の場合、日理湊・越前国敦賀津間及び近江国塩津・大津間の船賃、そして塩津・大津間の運漕に当たったとされる挟杪、水手の功賃、また、他国と同様に敦賀津・塩津間、大津・京間の駄賃、さらに屋賃等がそれぞれ定められている。

中でも北陸道諸国の海路を線で結ぶと、京までの航路や運漕体系がわかるが、加賀と能登・越中間、越中と越後・佐渡間の日数が大きくかかることを如何に考えることができようか。当時の能登半島や佐渡島を介しての外海の航路や運漕上のシステムを紐解く上での課題は、少なくない。

特に、能登半島の基部に位置する邑知潟は、半島南西から北東に走る邑知潟低地帯の西部に位置する潟湖であり、当時の地形に配意するとともに、加賀国以東の海路がそれらを利用したのか、あるいは外海を航行したかなどが論議されてきた。しかし、能登半島が島であった最後の時期が第三間氷期（十五〜五万年前）であり、以後、本土と隔たることなく、縄文海進時にも邑知低地帯中部以北は、海面下にならないこと、また、当地における弥生中期遺跡の存在などから、羽咋—七尾間の低地に海水が流入していた可能性は、ほとんどないとする見解がある。（日本古典文学大系『日本書紀』上）さらに、先に挙げた能登国における駅家の配置とも関わるものであろう。なお、越中国からの京への陸路は荷駄一匹につき、七十八束とされた。

そして『延喜式』巻第九・十　神祇九・十において、諸国のいわゆる式内社、大・小社の別が規定されている。

神名上 宮中 京中 五畿内 東海道

天神地祇惣三千一百卅二座

（略）

宮中神卅六座（略）

京中坐神三座 大並（略）

畿内神六百五十八座（略）

東海道神七百卌一座（略）

（略）

神名下 東山 北陸 山陰 山陽 南海 西海

東山道神三百八十二座（略）

北陸道神三百五十二座

大十四座（略）

小三百卅八座

若狭国卌二座 大三座 小卅九座

（略）

越前国一百廿六座 大八座 小百十八座

（略）

加賀国卌二座 小並

（略）

能登国卌三座 大一座 小卌二座

（略）

越中国卅四座 大一座 小卅三座

礪波郡七座 小並

高瀬神社　長岡神社

林神社　荊波神社

比売神社　雄神神社

浅井神社

射水郡十三座 大一座 小十二座

射水神社　道神社

物部神社　加久弥神社二座

久目神社　布勢神社

速川神社　櫛田神社

礒部神社　箭代神社

草岡神社　気多神社 名神大

婦負郡七座 小並

姉倉比売神社　速星神社

白鳥神社　多久比礼志神社

熊野神社　杉原神社

鵜坂神社

新川郡七座 小並

神度神社　建石勝神社

櫟原神社　八心大市比古神社

日置神社　布勢神社

雄山神社

越後国五十六座 大一座 小五十五座

（略）

佐渡国九座 小並

（略）

山陰道神五百六十座（略）

山陽道神一百卌座（略）

南海道神一百六十三座（略）

西海道神一百七座（略）

（略）

『延喜式』では、神祇関係史料が多くの割合を占めており、後世、儀式に関する基本的役割を担ってきたものである。この中で、官社化していく経緯には様々な要因が想定されるが、特に弘仁式以降の増加が認められることが指摘されている。

また諸国にあっては、各郡の式内社の記載順が何を物語るものか、たとえば創建順であるとか式内社に列せられた順、筆頭社が、ある時期における当該郡の優位性を示すものとも想定されている。もとより、それを立証することは極めて難解であるが、越中国の場合、高瀬・射水・姉倉比売・神度神社がそれに当たり、六国史に登場する神階の昇叙との関わりも指摘される。

しかし、神階と社格との相関には、複雑な問題が介在していることが考えられること、また、後のいわゆる「一宮争い」に登場する神社は、むしろ各郡の後順に記されていることにも注目すべきであろう。このことは各時代、各郡毎の勢力のあり方にも関係することが想定されるからである。

さらに、気多神社が越中国の中で唯一、名神大社に位置づけられている。その背景には、能登国羽咋郡の気多神社の存在と越中国からの能登分国以降の新気多社の建立、また傍証ではあるが、「延喜式神名帳頭註」(『群書類従』第二輯)には、延喜八年(九〇八)八月十六日に「越中気多大神」が官幣に預るとする記述などから、六国史にも一切登場しない越中国同社の、後発としての性格を論じることもなされている。(同史料には、同社の所在が「越中礪浪郡」とあるなど、記述内容に慎重を要するか)

ところで毎年二月、祈年祭の際に各官社は、諸国の祝部が入京して神祇官で幣帛を受領していたが、延暦十七年(七九八)九月七日に「道路僻遠にして往還難多し」との理由で、国司が官物により幣帛を奉じることとした。(『類聚国史』一九)これにより従前の通り、幣帛を神祇官から受領する官幣社と、国司から官物を用いて幣帛を受領する国幣社とに分離されたのである。

このことから平安前期には、神祇祭祀制度が後退したとする指摘がある一方、弘仁式以降、官社が増加をたどり、『延喜式』において総数三一三二座を数えるに至る。そしてこうした経過は、国司が国幣社を介してそれを祀る在地勢力の掌握が、一層進行していったことにほかならないものとも解されている。このことは、同時期における律令制度の施行状況を弛緩としてのみとらえようとしてきた従前からの見解を異にして、地方支配のより徹底した姿をかいま見ようとする試みでもある。(大津透編　二〇一一年)

古代北陸道の国制に関しては詳細にみていくと、個々に取り上げることができるが大方の動向を窺うものとして、以上の規定を中心に概観してきた。ところで、唐の制度等を織り込みながら、大宝元年(七〇一)に制定された大宝律令は翌年に施行されたが、様々な面での変更を余儀なくされた。しかしながら、律令制度を展開していく中で基本的に根本法たる律令は改正せず、追加や改正が必要な場合には格、施行細則は式によって定められたものの、両者には明確に区別できないこともあった。

このことは、格が年月日を明示して出されるのに対して、『延喜式』は『弘仁式』、『貞観式』の内容を踏襲するとともに、各条の成立時期が不明のものや奈良時代からの規定及び実態と共通するものがある一方、副次的要素を踏まえての内容もあるなど、解釈には難解なものも見受けられるからである。『延喜式』はその後、実際の効力とは別に有職故実をはじめ、儀式書の基本として長らく命脈を保ち、古典として今日に及んでいるといっても過言ではなかろう。

二　諸国の成立と変遷

これまで北陸道の国制の骨格が形成される様子を見てきたが、次に七国の成立までの曲折をたどることとしたい。現在の福井県から新潟県に至る北陸地方は、かつてコシと呼称された。『古事記』、『日本書紀』では各々、高志(国)、越(国)、『出雲国風土記』でも越、高志国、古志国といった表記がなされている。またそれに前後して、越辺、越蝦夷　越海といった表現が散見されることもあり、「国」としてのあり方がいかなるものであったか、不明な点が少なくない。なお、天武十二年(六八三)以降にみられる国境確定事業については、第一章において触れることにする。

持統六年(六九二)九月二十一日には、「伊勢国司、嘉禾二本を献ず、越前国司、白蛾を献ず、」(『日本書紀』)、文武元年(六九七)十二月十八日では、「越後の蝦狄に物を賜ふ、各々差あり、」、同二年三月七日には、「越後国、疫を言す、医薬を給して之を救ふ、」とある。ただ、この「越前国」を分割後のものと考えるか、また同年六月十四日には、「越後国の蝦狄、方物を献ず、」とあり、先の同じ蝦狄に関する記事でありながら、「国」を付していることが指摘される。（『続日本紀』）以下、「国」の付記については、『日本紀略』との間で異同が見受けられるものもあるが、それ以降の記事は、「越後国」として史上に登場する。

また越後国の場合、慶雲三年（七〇六）に越後守の任命初見である威奈真人大村が、大村の骨蔵器墓誌銘にその前年、「越後城司」に任じられたとあることから、城柵と国府との関わりや官職の解釈、『続日本紀』や同銘文の史料批判等も含めて様々に論じられている。さらに、大化年間に造営された渟足柵や磐舟柵、斉明四年（六五八）にみえる都岐沙羅柵の存在、蝦夷征定に伴う柵戸の配備や柵養蝦夷の存在などは、多岐にわたる性格を有するものと思われ、軍事のみならず、建郡を前提とする政策的配慮にも留意する必要がある。

そして大宝二年（七〇二）三月十七日には、「越中国四郡を分かちて、越後国に属せしむ、」とある。（『続日本紀』）この「越中国四郡」は頸城、古志、魚沼、蒲原四郡を指すものと想定され、それまで現在の阿賀野川あたりまでを領有していた越中国はこれ以後、砺波・射水・婦負・新川四郡で構成されることとなる。この背景には、分割による越後国の南部上越地域との国境確定と、蝦夷支配に向けての令制当該郡のもつ経済力等の更なる増強を目的としたことが想定される。なお、『延喜式』に掲載された三嶋郡は、『貞観式』段階において古志郡から分立したものと想定される。

以上が三越分割後の初見記事として、挙げられるものである。三越は、それぞれ段階を踏んでその支配を順次深めていったことが指摘されている。越中国の場合、慶雲三年（七〇六）二月二十六日に越中国など四カ国の十九社を祈年幣帛の例としたり、養老元年（七一七）九月十八日の元正天皇の美濃国行幸に際して、東海道は相模国、東山道は信濃国、そして北陸道は、越中国までの国司に行在所に詣でて風俗の雑伎を奏上せしめている。（『続日本紀』）こうしたことは、令制国として越中国が畿内の勢力周辺圏に位置づけられたことを示すと思われる。

しかしながら、前段階の記紀に掲載されている大化前代からの記事に関しては、編纂時における潤色を想定したり、「国」に関して先の「越国」、「高志国」、さらに阿倍引田臣比羅夫の「越国守」などの表現をめぐって、なお様々な解釈がなされていることを付記しておきたい。

ところで大宝令施行以前、七世紀後半の文献史料は極めて限定的であり、斉明紀をはじめとして記事に錯簡も見られるなど、不明なものが少なくない現状にある。特に、天智紀以降に見られる令の制定や施行に関わる記述は、極めて限られたもので数々の論争の焦点ともなるものであった。

しかし、飛鳥宮・藤原宮跡出土の木簡が多数検出されるに及んで、更なる史実が浮かび上がってきている。代表的なものは、郡評論争に関わるもので、既にその決着を見ていることは、言うまでもない。一方、「高志国」など後の越中関係木簡も出土して、史料の僅少な同時期に新たな恩恵を蒙るに至っているが、その記述については、次章第一節において項を設けて述べることとしたい。そこで、更に令制北陸道諸国の成立やその変遷をみていくと、次のようになる。

まず若狭国は、志摩国などとともに朝廷の食膳に供する御食国とされ、律令制以前よりその任にあった高橋・安曇氏が守に補任されている。浄御原令施行期の木簡には「若狭」、「若俠」、「若佐」の表記が見られるものの、慶雲元年（七〇四）四月九日には、鍛冶司に諸国印を鋳造させていること、また畿内・諸国の郡・郷（里）名は、和銅六年（七一三）五月二日に好字を着けることを規定していることから、以下、国郡名はそれぞれこれらの措置以降に定まっていったことが想定される。（『続日本紀』）

若狭国は当初、遠敷郡と三方郡から成立したが、天長二年（八二五）七月十日には、遠敷郡を分割して大飯郡が成立し、三郡構成となった。（『日本紀略』）また、天平十一年（七三九）五月二十五日には暫時兵士が廃止されたが、若狭国は志摩・淡路国とともに、養老三年（七一九）十月十四日にすでに廃止されていることがわかる。（『類聚三代格』巻十八・『続日本紀』）

次いで越前国は、初期段階で敦賀、丹生、足羽、大野、坂井、江沼、加賀、羽咋、能登、鳳至、珠洲各郡から構成されていたが、後述するように、羽咋・能登・鳳至・珠洲四郡が能登国、江沼・加賀二郡が加賀国となって分立する。さらに、加賀国能美・石川二郡が成立した弘仁十四年（八二三）六月四日同日には、越前国丹生郡のうち九郷一駅を分割して今立郡を建郡し、都合六郡で構成されていく。（『日本紀略』）

特に、越前国司に任命された者の中には、中央政界での色彩を濃厚に反映したものが少なくなく、時に政争の渦中に同国が登場することも度々あった。また不破関（美濃国）、鈴鹿関（伊勢国）とともに、愛発関を有する三関国のひとつとして日本海及び北陸道の要衝としての機能を遺憾なく発揮していったことがわかる。さらに全国の中でも越中国とともに、広大な東大寺領荘園を有するなど、多岐にわたりその存在感を増していったことは、言を俟たないであろう。

一方、弘仁十四年（八二三）二月三日太政官奏が出され、三月一日には、越前国江沼・加賀二郡を分割して加賀国が成立した。これは、越前守紀朝臣末成の解文により、加賀郡が国府より遠く往還不便で、途中の河川の洪水や郡司、郷長が不法に及ぶも民が訴えず逃散し、巡検も難しく政務が停滞することによったものである。定員は守一人、掾一人、大・少目各一人、史生三人、博士一人、医師一人、等級については、前述の通りである。（『類聚三代格』巻五・『日本紀略』）

さらに、加賀守を兼任した末成は同年六月四日、越前国より「地広く人多き」をもって丹生郡から今立郡を新たに建郡するとともに、加賀国江沼郡のうち五郷二駅を分割して能美郡、加賀郡の八郷一駅をもって石川郡とすることを言上した。（『日本紀略』）令制国最後の建国となった加賀国は、これにより四郡構成となり、立国から僅か二年にして上国に昇格することとなった。（前掲）

その背景には、加賀郡領氏族として北加賀地域に勢力を有してきた道君氏の存在を強く意識したことも考えられる。また、延暦四年（七八五）五月三日には、桓武天皇の曾祖母道君伊羅都売に太皇大夫人の称号を授け、公姓から朝臣姓を贈っている。（『続日本紀』）憶測に終始するが、伊羅都売は天智天皇の宮人として施基皇子を生むとともに、その系譜を引く光仁、桓武へと天武系から天智系の皇統に代わったことやこうした道君氏所縁にも因むものでもあろうか。

さらに、能登国は養老二年（七一八）五月二日、越前国羽咋・能登・鳳至・珠洲四郡を分割して成立した。（第一次立国）同日には、上総国から安房国、陸奥国及び常陸国菊多郡から石城国、石背国も成立している。（『続日本紀』。石城・石背両国は、ほどなく陸奥国に復帰する）天平五年（七三三）閏三月六日「越前国郡稲帳」（『大日本古文書』一―四六一）によれば、前年に新任の能登国史生少初位上大市首国勝が、任所に赴く際の伝符や食糧に関する記載がある。

次いで、天平十三年（七四一）十二月十日には安房国が上総国、能登国が越中国に共に併合される。大伴宿祢家持が、越中守として赴任するのもこの期間である。しかし、天平勝宝九歳（七五七）五月八日には、能登・安房・和泉国が再び独立することとなる。（第二次立国。『続日本紀』）

第一次立国は、藤原不比等政権下において行われ、和銅元年（七〇八）九月二十八日の越後国出羽郡の新設、同五年九月二十三日の出羽立国、同六年の丹後・美作・大隅立国、霊亀二年（七一六）の和泉監の設置などと、一環をなすものである。（『続日本紀』）特に能登国の場合、日本海諸国における東北政策との関係が論じられている。また、国名の決定に当たっては、能登郡領氏族をはじめとする能登臣氏が北陸道（官道）を通過する羽咋郡の羽咋君氏を凌駕し、北東に外れた能登国能登郡に国府を設置したことから、能登臣氏に優位な政治的状況を想定してそれに起因したことが述べられている。

翻って能登臣氏には、斉明六年（六六〇）三月条に阿倍臣が船師二百艘を率いて粛愼征討に参加したものの中に、戦死した能登臣馬身龍の存在があり（『日本書紀』）、能登臣氏が大和王権の時代から北方政策を担っていたことが推測されるのである。また、奈良時代には在地有力層として存在するとともに、造東大寺司に出仕してその運営に関わるなど、同氏の広範な活動や歴史性も挙げることができよう。

次いで越中国への能登国の併合は、橘諸兄政権のもとでの政策である。この背景には、天平七年（七三五）及び同九年（七三七）からの疫病の大流行や同十二年の藤原広嗣の乱などの政治的、社会的動揺を起因として、その前後には大宰府の一時的廃止、郷里制から郷制への移行、和泉監を河内国、佐渡国を越後国に併合、さらに芳野監を大倭（大養徳）国に吸収したと想定されるなど、一貫した行政機構の再編としてとらえることができる。先の東北政策に対してこうした混乱により、政策面でひとまず後退を余儀なくされたことも一連の動向としてとらえることができよう。

しかしながら、能登国がかつて所属した越前国ではなく、越中国へ併合されたのは如何なる理由であろうか。この点に関して浅香年木氏は、能登立国以前の越前国が南北に長大な国域を有していること、大宝二年（七〇二）の越中国四郡の越後国への編入をそれまでのコシ地域の支配の深化を見て取り、越中国が畿内東側周辺諸国に組み込まれたことなどに求めている。（前掲書）一方、能登国の政治勢力の中心が日本海外海ではなく、国府や国分寺、加嶋津等の所在した内海側にあったことは、越中国府の立地する富山湾岸にも近距離で延びており、水陸両交通上の利便性も想定されよう。

なお、のちの藤原仲麻呂政権のもとで、一族や配下を越前国司に任じて同国を重要な拠点としたことは、夙に知られている。この時期に明瞭な証左は得られないものの、南家をはじめ藤原氏が次善の対抗策として、能登国を新たな勢力下に置こうとしたことも想定されよう。

第二次立国は、まさに藤原仲麻呂政権下での政策にほかならない。祖父の不比等が撰定した養老令を三十九年後に施行したことに代表されるように、第一次立国を正当化して回帰せしめたものである。そして、（和泉国に関しては明確な事象は見受けられないが）安房国と軌を一にして、仲麻呂に与する人物を国司に任じたり、越中・越後国へもその勢力を伸長しようとしたこと、さらに東北政策を積極的に推進したことなどにも現れている。また、この時期は以下に掲げる佐渡国復置とも連動するが、渤海使の北陸への漂着や送遣に対する拠点としての実務対応が求められたことにもよると考えられる。（後掲）

越中・越後国の動向については、既述の通りである。越後国の場合、大宝二年三月の越中四郡分割の事由は、様々なことが考えられるが、先述したように令制国として蝦夷地を運営していくために、財政基盤を確立していかなければならなかったことが挙げられよう。また、親不知の険難を有するが故に、越中国としての交通上の不便性、そしてその分断に伴う地理的、経済的不都合なども想定される。

養老軍防令帳内条では親王、内親王に与えられる帳内及び五位以上の有位者と大納言以上の官職に与えられる資人（位分資人・職分資人）に関する規定のうち、三関・大宰府部内・陸奥・石城・石背・越中・越後国から取ることを禁じている。大宝令施行後の関連記事をみていくと、和銅年間以降、越中・越後国以外の国には、何らかの禁止措置がなされていることがわかり、おそらく固関や辺境等に対する負担及び王臣家の武力強化への懸念などがそうした背景にあると考えられる。

大宝令には、この禁止に関する規定がなく、養老令において付加して設けられた可能性も考えられる。しかしながら、和銅三年（七一〇）三月七日には、畿外の帳内・資人の採用を禁止したり、同四年五月七日の帳内・資人の叙位の制限、さらに、養老二年（七一八）に分立して成立した石城・石背両国がほどなく陸奥国に復帰していることなどから（『続日本紀』）、越中・越後両国が養老令同条に規定されていることそのものを再考する必要があるものと思われる。

同様に、養老戸令新付条にも本貫が二つある場合の措置について、大宰府部内、三越、陸奥、石城、石背等の国の現住する者には、その地を本貫とすることを規定し、義解などでは母がこれらの国、父が他国にあるときは母の国に貫付するともあり、人口の確保も含めた軍事上の配慮が窺われるものであろうか。

また、大宝二年（七〇二）四月十五日には、筑紫七国及び越後国に采女・兵衛の貢進が決定され、陸奥国は貢進せずとある。（『続日本紀』）これは、大宝令規定の変更であろう。采女の貢上は、大化前代から地方豪族による朝廷への服属関係を保つもので、令制に継承されたものと思われる。しかし、越中国四郡分割後、わずか一ヶ月にしてこうした措置が出されたことは、養老軍防令兵衛条の兵衛・采女の貢上規定が、大宝令において越後国に免除されていたことを示すものと想定される。（陸奥国への措置も規定の延長線上にある内容か）

さらに憶測を巡らせば、令制の成立段階において越中国に所属していた四郡からの貢上を分割後も継続するとともに、従前からの越後国の支配基盤がより安定していったが故の事由も暗示しているのではなかろうか。こうしたことは和銅元年（七〇八）九月二十八日、越後国からの言上により、新たに出羽郡の建郡を許されたことにも窺われている。（『続日本紀』）

越後国出羽郡は出羽柵を有し、律令国家の対蝦夷政策の拠点であった。同五年九月二十三日、太政官奏によりその政策を推進する上で出羽国が建国され、さらに十月一日には、陸奥国最上・置賜二郡を出羽国に隷属せしめたことが知られる。（『続日本紀』。霊亀二年（七一六）九月二十三日にも、同二郡隷属の記事があるが重複か。あるいは決定時と実施時に分ける説もある）その後、新たな建郡をはじめとする郡制施行策や柵戸の移住策などが展開されたが、詳細は省略する。

また、養老五年（七二一）八月十九日には、佐渡国を越前按察使に管掌させたのに対して、出羽国を陸奥按察使の下に置いている。さらに、天平宝字七年（七六三）正月九日の国司人事をみていくと、出羽守に任じられた従五位下百済王三忠は、上野守（東山道）と若狭守（北陸道初国）との間に位置していることから（『続日本紀』）、この時点で出羽国が東山道に所属していたことは、明らかである。（なお、同日条では、造営大輔に任じられた藤原朝臣宿奈麻呂が上野守を兼任している。国史大系本頭注等では、百済王三忠の後に続く「上野守」を「下野守」と推定しているが、いずれにしても論旨に影響ないものとする）

以上のことから、越後国と出羽国が明確に国境を画すとともに、いつの時点であるか詳らかではないものの、両国が北陸道と東山道とに区画されていったことにより、令制越後国としての支配体制がより固まっていったことは、言を俟たないであろう。蝦夷政策の前線が、確実に北上していったことの証左である。

佐渡国の初見は、文武天皇四年（七〇〇）二月十九日、「越後佐渡二国をして石船柵を修営せしむ、」とある。さらに養老五年（七二一）四月二十日、雑太郡を分割して賀母、羽茂二郡を設け、一国三郡構成となった。このとき、備前・備後・周防国も分割、新郡の設置がなされた。六月二十六日には、信濃国を分割して諏訪国も設置されるなど（『続日本紀』）、前年の藤原不比等の死後、右大臣長屋王政権のもとでの政策であった。

しかし、天平十五年（七四三）二月十一日、佐渡国は越後国に併合されるものの、天平勝宝四年（七五二）十一月三日には佐渡国に守一人、目一人を再び設置する。（『続日本紀』）前者は橘諸兄政権のもとで行われたが、天平十三年には安房国を上総国、能登国を越中国に併合しているので、その動向に軌を一にしてのものである。後者も諸兄政権のもとであるが、大納言藤原仲麻呂が台頭著しいときでもあった。

ただ、佐渡国復置の事由は、同年九月二十四日の渤海使輔国大将軍慕施蒙らの越後国佐渡嶋漂着にあったものと思われ、翌月七日には、使者が派遣されて審問が行われている。こうした対外政策の一貫にも、諸国の変遷の事由があったのである。

三　能登国と佐渡国の特性

本節では北陸道七国の中で地形的にも、（また地形故にか）異なる制度を持ち合わせた半島としての能登国、島としての佐渡国の特性について取り上げてみたい。

まず、能登国についてみていくと、天平五年（七三三）二月三十日勘造の『出雲国風土記』は、高志（古志）国に関わる伝承が見うけられることで知られているが、国引詞章に八束水臣津野命が「高志の都都の三埼」を引き寄せ、三穂の埼ができたという。これが、能登の珠洲岬とする説がある。（新潟県とする一説あり）すでに、出雲地域からの四隅突出型古墳の北陸への伝播を始めとして、こうした伝承は日本海に面する両域間の長きにわたる歴史的背景を有するものか。

監察に関しては、能登国成立の翌養老三年（七一九）七月十三日、始めて按察使を置き、越前守多治比真人広成に能登・越中・越後国を管轄させることとなった。（『続日本紀』）他の按察使をみると、諸道の枠を越え地理的要因も加味しての管掌の様子が窺われる。さらに元慶元年（八七七）十二月二十一日、始めて能登・佐渡両国に検非違使各一人を置き、剣を帯び笏を把らせたとある。（『日本三代実録』）

軍事に関しては、天平十一年（七三九）五月二十五日、越後をはじめ三関、陸奥、出羽、長門、大宰府管内を除き、諸国の兵士が暫時廃止されたが、天平十八年十二月十日には復活している。延暦十一年（七九二）六月七日、諸国の兵士を廃止して、同十四日に郡司の子弟を健児として守衛に当たらせることとした。能登・越中国は、健児五十人と定められている。（『類聚三代格』巻十八・『続日本紀』）『延喜兵部省式』健児条でも、加賀国も含めて五十人と規定されている。

また、貞観八年（八六六）十一月十七日には、新羅来襲に備えて能登国及び因幡・伯耆・出雲・石見・隠岐・長門国、大宰府管内に諸神の鎮護を祈らせ、健児等の強化を命じていることがわかる。（『日本三代実録』）後述する佐渡国とともに、能登国が置かれた地勢的にも共通するものであろう。寛平六年（八九四）四月十七日にも新羅賊の対馬来襲に対して、北陸道等へ警固に勤めるよう命じている。（『日本紀略』）こうした動静は、十世紀以降も度々窺うことができる。

なお、寛平六年（八九四）八月二十一日には、能登国が越後・佐渡国に准じて史生一員を停止して弩師を置くことを求めている。その事由の中で、能登国の半島としての地理的要因を「独り北海に出でて、東西隣せず、若し非常有らば、誰か防禦に備へむ」としている。後述する越後・佐渡国の地理的要因とも比較して、的を射た表現である。（『類聚三代格』巻五）

一方、半島としての地形的特徴から窺われる駅制の事情も想定される。大同三年（八〇八）十月十九日、能登国能登郡越蘇・穴水駅、鳳至郡三井・大市駅、（珠洲郡）待野・珠洲駅が不要なるをもって廃止された。（『日本後紀』）先述の『延喜式』には、越蘇駅が記載されており、後に復活したものであろうか。このことは、北陸道より深見駅で分岐して能登路に向かい、横山駅から能登国に入り撰才・越蘇駅に至ることによろう。越蘇駅を除く奥能登の駅家の廃止の事由は、国府を結ぶ通路から外れていることや、奥能登には他の通路も存在すること、さらに内浦、外海の水上交通も利便であったことによるものと想定される。

次に、仏教政策についてみていくと、弘仁三年（八一二）五月二十八日、河内国の講師に和泉国の定額諸寺の検校を命じるとともに、越中国に能登国、上総国に安房国の諸寺への同様の措置を執っていることが挙げられる。（『日本後紀』）そして霊亀二年（七一六）三月二十七日、河内国和泉・日根郡を分割、同四月十九日には同国大鳥郡と統合して和泉監が建てられ、先述したように、養老二年（七一八）五月二日には、越前国から能登国、上総国から安房国が成立している。

さらに、天平十二年（七四〇）八月二十日には、和泉監が河内国に併合、翌年十二月十日には安房国が上総国、能登国が越中国に併合されることとなった。しかし、天平宝字元年（七五七）五月八日には、能登・安房・和泉国が再び分立することとなる。（『続日本紀』）このように諸寺被検校の三カ国は、めまぐるしい中にも立国・併合に関して軌を一にしていることがわかる。

そして承和十年（八四三）十二月一日には、能登国定額寺大興寺を国分寺に昇格させ、翌年二月三日に読師を停止して講師を置いている。（『続日本後紀』。後者史料から国分寺成立を同十年十月十七日官符ともする）この昇格に当たっては、同年正月に能登守に任官した春枝王の功によることが、斉衡三年（八五六）九月十三日の同王卒伝から窺うことができる。（『日本文徳天皇実録』）

なお、承和八年九月十日には、加賀国勝興寺が国分寺となり、講師一員、僧十口が置かれたが（『続日本後紀』）、能登国とともに『延喜玄蕃寮式』に規定された。この間には延暦十四年（七九五）、国師改め講師となり、国分寺・尼寺の統制強化策が図られたことによる。さらに、延喜三年（九〇三）六月二十日官符により、若狭・加賀・能登・越中国等に国分寺僧から読師を任じることともなっている。（『類聚三代格』巻三）

次に、佐渡国についてみていくと、『日本書紀』神代上の伊弉諾・伊弉冉尊の国生み神話の中で、淡路洲誕生ののち大日本豊秋津洲、伊豫二名洲、筑紫洲、そして億岐洲と佐度洲を双生したとする。そして「世人、或いは雙生むこと有るは、此に象りてなり、」とあり、隠岐と佐渡とが対となることを示している。（これに続いて、越洲が生まれている）その他、一書には同様の双子とする表現や億岐洲が先で佐度洲を後にするものなどが窺えるものの、地形としての性格や後の令制国としてのあり方とともに、何らかの歴史的背景を暗示して興味深い。

また、地形的にみると、『延喜陰陽寮式』儺祭条では、儺祭料を規定した中で十二月晦日に、悪疫邪気を「千里の外、四方の堺、東方は陸奥、西方は遠値嘉、南方は土左、北方は佐渡」から外へ祓うという祭文がある。この四方の位置関係が、大和王権の勢力の発展過程を反映したものか、また当時の日本の地理観、そして北方としての佐渡国の性格を考える上でも示唆的である。

監察に関しては、養老五年（七二一）八月十九日、諸国の按察使のうち、出羽が陸奥按察使によって隷属されたのに対して、佐渡は越前按察使のもとに置かれることとなった。因みに隠岐も出雲按察使の下に置かれた。（『続日本紀』）これより二年前、按察使が設置された中で越前守多治比真人広成が能登、越中、越後三国を管掌することとなり、それを受けての措置である。

配流に関しては、神亀元年（七二四）三月庚申（『拾芥抄』等、六月三日とする）、流配の遠近を定めた中に、越前国は近流、佐渡国は隠岐国など五国とともに遠流とされた。（『続日本紀』）『延喜刑部省式』遠近条によれば、遠流として佐渡国は、路程「一千三百廿五里」と記す。前者で中流とされた諏方国は、天平三年（七三一）三月七日に信濃国に併合されるとともに、後者で信濃国とあるほか、両者の配流国に変化はない。（『清獬眼抄』は信濃国を周防国とする）

佐渡国への流人の状況を見ていくと、「死一等を減じ」た措置を図ってのものであり、橘奈良麻呂の乱で嫌疑を受けた安宿王、藤原種継事件に坐した大伴宿祢国道、応天門の変による伴宿祢清縄をはじめ、八、九世紀に限っても二十名許りを数える。安和年間以降、平安時代末まで頻出する。また、佐渡国には限らないものの、吉備朝臣泉や紀朝臣田上のように、権任国司など「左降」、「謫任」の対象として、他の北陸道諸国とともに登場することも特徴である。

郡司に関しては、天平十一年（七三九）五月二十五日、先述した管内を除き、諸国の兵士が暫時廃止、さらに延暦十一年（七九二）六月七日、諸国の兵士廃止を受けて、同十四日に郡司の子弟を健児として守衛に当たらせた。越後国は健児百人と定められたが、佐渡国は、返要の地として廃止されなかった。(『類聚三代格』巻十八)『延喜兵部省式』健児条では越後国百人、佐渡国三十人が規定されている。

さらに、元慶四年(八八〇)八月七日には佐渡国に弩師一員、同十二日には越後国の史生一員を省いて弩師一員を置いたとある。ここで佐渡国は、「夷狄の地、人心強暴にして動じて礼儀を忘れ、常に殺傷を好む」、越後国は、「東に夷狄の危有り、北に海外の賊を伺ふ」ことをその理由としている。これは、佐渡国の民情や越後国の軍事・外交的性格を言い当てた表現であろう。(『同』巻五)『延喜兵部省式』国国帯仗条では越後・佐渡国郡司、書生が仗を帯びることが認められていた。

ところで貞観十三年(八七一)五月十日には、佐渡国司より兵庫が震動したとする報告がある。貞観年間以降の兵庫の震動や火災をみていくと、筑前・肥前・肥後・壱岐等の国嶋、因幡・美作・隠岐国、若狭・加賀・遠江等国にみられ、九州から山陰、北陸の日本海側に広範に窺われる。新羅来襲の予兆など不安定な状況、また、元慶五年(八八一)八月十四日には建国以来、加賀国が北方への防禦が不足していることなどを訴えている。すでに、出羽国司から同二年に夷虜の反叛があったことなど、佐渡国をはじめ諸国の動向がこうした事由に起因したことも考えられる。(『日本三代実録』)

四　蝦夷・対外政策と北陸道諸国

長年、古代北陸道諸国に課せられてきた大きな役割として、軍事及び外交政策がある。このことが、各国の存立に様々な影響をもたらしたものである。以下に、その様子をかいま見てみたい。『日本書紀』には、東北地方の蝦夷に対する施策及び対岸諸国からの渡海者への対応が散見する。まず、北陸道諸国における蝦夷政策に関わるものを同書を中心に概観してみよう。

崇峻天皇二年（五八九）七月一日、北陸道に阿倍臣を派遣して、越等の諸国の国境を視察させている。このとき、東山道には蝦夷の国境、東海道には東方浜海の諸国境の視察にも当たらせている。（『聖徳太子伝暦』は、「阿倍臣枚吹」とするが不詳）そして、皇極天皇元年（六四二）九月二十一日には、越辺の蝦夷数千人が帰順したことを伝える。

また大化三年（六四七）には、渟足柵を造営して柵戸を置いたこと、翌年、磐船柵を置いて越と信濃の民を柵戸として蝦夷に備えたことは、先述の通りである。そして、斉明天皇元年（六五五）から同六年にかけて蝦夷政策に関する史料が十例を越えるが、本居宣長や津田左右吉以来、その中には内容が類似したり異伝とするもの、さらには、一回の征討を分散して記載されたとする説があるなど、史料批判を施す中でどれを史実とするかで議論の分かれるところである。

確かに、この六年間に数度にわたる征定の記録のあり方は、人的派遣や補給などの面から、容易なことでは決してなく、疑問とせざるを得ないものがある。ただ、越国守阿倍引田臣比羅夫（阿倍引田臣・阿倍臣）による蝦夷や粛慎の征討、帰順、「陸奥と越の蝦夷」の飛鳥での饗応、船師の派遣、国造の系譜を引くと考えられる能登臣馬身龍の戦死など、個々の記述の史料批判は慎重を要しながらも、のちの北陸道諸国や蝦夷支配の一端を窺わせるに足るものである。

また、斉明天皇四年七月四日には、評造や柵造クラスの叙位が行われていることから、比羅夫の蝦夷征討には大規模な船団の構成など、馬身龍をはじめとするこうした地方有力層の参画なくして達成することができなかったものであろう。こののち、政府の関心は百済救援に注がれ、天智天皇即位前紀八月、阿倍引田臣比羅夫が後将軍に任命されたものの、天智天皇二年（六六三）八月には、白村江で唐・新羅軍との戦闘により、大敗を喫することとなった。これまでの蝦夷政策は、ここにきて休止を余儀なくされ、唐・新羅への防御と内政の充実とに精力を傾けていくことになる。

次に蝦夷に関する史料は、同七年七月、蝦夷に饗応がなされたとあるものである。同月条には斉明天皇二年（六五六）以来、散見しなかった新羅使の調の貢進が越路（北陸沿岸）からなされ、北陸道との通行が窺われる。また、越国から燃える土と燃える水が献上されたことも伝える。さらに壬申の乱を経て、天武天皇十一年（六八二）四月二十二日には、越の蝦夷伊高岐那らが俘人七十戸をもって一郡（評）を建てることが認められた。（令制では二里（百戸）で小郡を構成）

浄御原令が完成した年、持統三年（六八九）正月九日には、越の蝦夷沙門道信に仏像一軀、灌頂幡・鐘・鉢各一口、五色綵各五尺、綿五屯、布十端、鍬十枚、鞍一具が下賜される。これは、おそらく蝦夷地への教化に用いられたものであろうか。七月二十三日には、越の蝦夷八釣魚らに賜物があった。その他、越度嶋蝦夷伊奈理武志、粛慎志良守叡草等への賜物の記述も窺われる。

大宝令施行後、越中国四郡の越後国への分割、越後国出羽郡の建郡及び出羽国の成立と東山道への編入などを通して、越後国そして北陸道諸国の対蝦夷政策も新たな段階へと入っていく。その過程の中で、文武天皇元年（六九七）から同四年にかけて、越後の蝦狄への賜物や賜爵、蝦狄からの方物の献上などの融和関係や佐渡国も交えた石船柵修復といった記事が見られる。（『続日本紀』）

また、選叙令集解応叙条では、六位以下の叙位の手続きにつき、義解で旅程を考慮して十二月一日に式部・兵部両省に集合し、校定の異議を量るとしている。そして、「一云」として十一月一日に量ることを挙げた中で、このことに関して大宝元年（七〇一）十二月七日処分において陸奥・越後国には、首長十二人の集合に関する規定のあったことがわかる。

ただ、和銅二年（七〇九）三月六日（国史大系本は五日とする）には、陸奥・越後の蝦夷が良民を害するに及び、陸奥鎮東将軍・征越後蝦夷将軍・副将軍を任命、越前・越中など七カ国より徴発して征定に当たらせるとともに、同七月一日、十三日には、諸国の兵器を出羽柵、越前・越中・越後・佐渡国の船百艘を征狄所に輸送している。これには成果があったものとみえ、同八月二十五日には将軍・副将軍が帰京し、九月十二日には賜禄に与っている。また、同二十六日に越前・越中・越後など、十カ国の士（『日本紀略』は「軍士」）で征役五十日以上の者には、復一年を賜ることとなっている。（『続日本紀』。養老賦役令舎人史生条では軍団の大毅以下兵士以上の徭役免除、復の対象は調か）

さらに政策は推進され、和銅七年から養老三年（七一九）にかけて東海・東山・北陸道より、都合一千二百戸を出羽国（柵）に配置したり、同四年の蝦夷反乱への対応強化を図った。また、天平九年（七三七）四月十四日の持節大使藤原朝臣麻呂らの報告から、陸奥国多賀城から山越えに出羽国に進軍し、苦難の末に新たな陸路を開拓したことがわかる。出羽国の東山道への編入やこうしたことから、蝦夷征討の中心的役割は、こののち陸奥国が担うこととなっていったものであろう。（『続日本紀』）

しかし、天平宝字三年（七五九）九月二十七日には、坂東八国及び越前・能登・越後国など四国（脱漏あるか）の浮浪人二千人を出羽国雄勝柵戸としている。兵士は坂東から徴し、北陸道からは、浮浪人を移民としているのである。また、宝亀三年（七七二）十月十一日には、下野国から課役を避けるために陸奥国に逃げる者の多いことが報告されるなど（『続日本紀』）、移民策にも支障を来すに至る。

そして宝亀から延暦年間にかけ、陸奥・出羽国において蝦夷の反乱が勃発する。その対応として宝亀八年五月二十五日、越後など五カ国に命じて甲二百領を出羽国に送り、同十一年五月十四日には、坂東諸国及び能登・越中・越後国に命じて糒三万斛を備蓄、延暦七年（七八八）三月二日、明年の蝦夷征討のために、北陸道など三道に糒二万三千余斛と塩を陸奥国に輸送させている。（『続日本紀』）

さらに、同二十一年（八〇二）正月十三日には越後国の米一万六百斛、佐渡国の塩百二十斛を毎年出羽国雄勝城に運送することを命じ、翌年二月十二日にも越後国に米三十斛、塩三十斛を造志波城所に送らせてもいる。（『日本紀略』）下って元慶二年（八七八）八月四日には、出羽国に反乱があるものの、越中・越後国から軍糧各々一千斛を輸送せしめている程度である。（『日本三代実録』）

この時期になると、越後国や佐渡国など北陸道諸国は、令制成立期のように軍士を派遣する役割から離れて、延暦十五年十一月二十一日の越後など、八カ国の民九千人を陸奥国伊治城に遷置するほかは、人的派遣から物資供給の立場へと変化していく。（『日本後紀』）そして直接的な軍事行動は、東海・東山道から陸奥国を中心として実施されていることが窺える。

また、天応元年（七八一）十月十六日には、越後国人をはじめ十二人が私力をもって陸奥国に軍粮を運送、また延暦三年十月二十一日には、越後国蒲原郡の三宅連笠雄麻呂が稲十万束を蓄えて長年にわたり救民や道橋の修造に当たったため、位階を授けられている。（『続日本紀』）間接的ではあるが、帰順や教化からのみならず、こうした在地有力層の存在は、前代に比して令制国として充実してきたことを示す証左ではなかろうか。

次いで、対岸諸国との対応や政策について、『日本書紀』から概観してみたいと思う。ただ、それらが北東アジア諸国からの使者ばかりでなく、中には漂流民などと想定されること、たとえば、漢籍に登場する「粛慎」（中国東北ツングース系か）と書紀の同記述には時間差があり、大陸あるいは蝦夷以外の北方からの異人と考えられるかなど、その実相は不明であり、内藤湖南、白鳥倉吉らをはじめ、これまで長きにわたり論じられていることを始めに断っておきたい。

まず、垂仁天皇二年条の「一云」には、崇神天皇の代に越国の笥飯浦に額に角のある人物が泊まり加羅国から来たと言い、その地を角鹿と名付けたと伝える。さらに、継体天皇十年（五一六）九月十四日、高句麗からの来朝があり、その後の史料にも北陸道への漂着を伝えている。下って、欽明天皇三十一年（五七〇）四月には、越人の江渟臣裙代が高句麗の使人の越岸への漂着を道君が隠匿したと報告し、のちに道君が詐って使節の貢物を入手するという事件も起きた。

しかしながら、敏達天皇二年（五七三）五月三日には、高句麗の使人が越海に難破して多数の溺死者を出したことが報告され、放還せしめたことがあったり、同三年五月五日にも高句麗の使人が越海に泊まり、七月に入京するなど事に及んでの対応がわかる。こうしたことは、長きにわたる朝鮮半島での動揺が我が国にも反映していることにほかならないものか。

一方、欽明天皇五年（五四四）十二月には、越国から佐渡嶋の北の御名部の碕岸に粛慎人が停泊して、異様な行動にでていることが報告された。また、先述した斉明紀の記事の中で、阿倍臣が蝦夷とともに粛慎（国）を伐ったことや羆とその皮を献上したこと、粛慎を饗応したことなどから詳らかではないものの、大和王権側と蝦夷・粛慎双方との関係性を考えせしめるものである。

しかし、下って持統八年（六九四）一月には唐人・粛慎に授位、同十年三月十二日、越の度嶋の蝦夷伊奈理武志が粛慎の志良守叡草とともに賜物に与っている。（『日本書紀』）さらに、養老四年（七二〇）正月二十三日には、渡島の津軽津司の従七位上諸君鞍男ら六人を靺鞨国（渤海）に遣わして風俗を視察させている。靺鞨のことを先の粛慎とする見解もあるが、史料上の表現からこのことを判断することは難しい。ただこうした事実は、渡島との地政的関係性を暗に物語るものと想定され、この七年後には、渤海使が出羽国に到着していることも興味深いものである。（『続日本紀』）

奈良時代に入ると、状況にも変化が出てくる。天平宝字二年（七五八）九月二十八日には越前、越中、佐渡、出雲、石見、伊予等国に飛駅の鈴各一口が頒下されているが、これは対外的な備えに対する連絡体制の整備である。翌年九月十九日には、新羅征討のため四道に五百艘の造船を命じ、北陸道には八十九艘が割り当てられた。（『続日本紀』）北陸道は、他三道よりも割り当てが少ないが、一方で東北経営の後方支援国としての北陸道の性格も考慮されたものか。

宝亀十一年（七八〇）七月二十六日勅には、対外防備に優れた大宰府に准じ、賊船に対して北陸道の警備を強化するよう命じている。その理由として、「今、北陸道もまた蕃客に供するも有する所の軍兵いまだかつて教習せず、事に属して徴発するに全く用に堪ふるものなし」という状況であり、これも北陸道の現状の一端であろうか。先述したように同年五月には、東北の反乱に能登・越中・越後国等に糒三万斛を備えさせるとともに、一方で対岸からの防御にも当たらねばならなかったのである。（『続日本紀』）

平安期に入ると、天長元年（八二四）四月七日には、能登国に漂着した新羅琴、手韓鉏、剉碓（押切包丁）を朝集使に付して政府に進上している。こうしたことが記録に残ることも示唆的で、神経を尖らせていたことの傍証でもあろうか。（『日本紀略』）

元慶四年（八八〇）八月には佐渡・越後国、寛平六年（八九四）八月に能登国にも弩師各一員を新設した要因は、既述のとおりである。さらに佐渡国の場合、「出雲隠岐等の国に准じて弩師一員を置く」とあり、越後国は「史生（一）員を省き永く件の師を置き、其の道を教習し以て不虞に備へむ」、能登国は「越後佐渡等の国に准じて件の職を置かせられむ」として、各国固有の事由が反映していると考えられる。（『類聚三代格』巻五）

また、能登国の弩師の設置は、それまでの北陸道諸国への警固の指示、そして同年四月十七日に大宰府に対して新羅賊を討つとともに、北陸・山陰・山陽道にも警固を命じたことに触発されての素早い措置と考えられる。（『日本紀略』）ちなみに越中国は、翌年十二月九日に弩師が設置されているが、その事由が「弩有れども師なし、機発を習わず」とある。（『類聚三代格』巻五）

佐渡国が出雲・隠岐国の状況と軌を一にするものか、また越後・能登・越中国が史生一員を省いての設置であること、越中国のように既設の弩がありながら師（指導者）を不在とすることに、各国の国制や緊急性に多少の差異を生ぜしめたことも想定される。このように日本海域を通して防御や交渉、時には唐及び朝鮮半島、その周辺をはじめとする緊張関係と連動しての複雑な動向をかいま見ることができる。

五　渤海使の来着と北陸道諸国

我が国では唐、新羅との交渉を行ってきた中で、八世紀に入り渤海との交流が始まる。唐や新羅との交渉においては、九州大宰府がその窓口となったが、渤海の場合、日本海のもつ地理的、自然的要因などから日本海沿岸諸国に漂着することが多く、そこから中央政府に報告がもたらされた。また、当時の北東アジアをめぐる地政的関係性からの指摘も窺うことができる。我が国と渤海との交渉を一覧にしたものが次表であり、北陸道諸国への来航のみならず、帰国の際の出航の地としても、大変適していたことが想定される。（表1参照）

日本海には南方から北上する対馬暖流があり、他方、リマン海流が沿海州東岸から朝鮮半島東側を南下、還流する。さらに秋から冬にかけての北西の季節風、そして春から夏にかけての南東風も利用しての航行が考えられる。ただ、日本海をどの地点から横断したか、あるいは沿岸を航行したかなど、当時の航海技術とも相まって様々に議論がなされている。

東アジアの中の渤海を考えるとき、周辺域の黒水靺鞨、唐、新羅や契丹、突厥などとの緊張関係を抜きにすることはできず、朝貢や対等、ときに非友好関係など、刻々と状況の変化に応じて合従連衡と遠交近攻の外交政策が展開されたのであり、それは日本に対しても同様であった。来航のおりの存問のやりとりや時期、人的構成や規模、また私

表Ⅰ　渤海使の来航・帰国

回数	来航年月日	到着地	使節	帰国年月日	出航地	遣渤海使
1	神亀 4. 9.21	蝦夷境→出羽国	高仁義ら24人	神亀 5. 4.16	能登国？	○
2	天平11. 7.13	出羽国	胥要徳ほか	天平12. 2. 2	？	○
参考1	天平18.	出羽国（放還）	渤海・鉄利人ら1,100余人	天平18.	出羽国	－
3	天平勝宝 4. 9.24	越後国佐渡嶋	慕施蒙ら75人	天平勝宝 5. 6. 8	？	－
4	天平宝字 2. 9.18	越前国	揚承慶ら23人	天平宝字 3. 2.16	？	○？
5	天平宝字 3.10.18	対馬	高南申ほか	天平宝字 4. 2.20	？	○
6	天平宝字 6.10. 1	越前国加賀郡（佐利翼津？）	王新福ら23人	天平宝字 7. 2.20	？	○
7	宝亀 2. 6.27	出羽国賊地野代湊→常陸国	壱万福ほか	宝亀 3. 2.29	能登国福良津？	○
8	宝亀 4. 6.12	能登国（放還）	烏須弗ら40人	宝亀 4. 6.24	能登国？	－
9	宝亀 7.12.22	越前国加賀郡・江沼郡	史都蒙ら187（166）人	宝亀 8. 5.23	？	○
10	宝亀 9. 9.21	越前国坂井郡三国湊	張仙寿ほか	宝亀10. 2. 2	？	○
11	宝亀10. 9.14	出羽国（放還）	高洋弼ら359人	宝亀10.12.22	出羽国？	－
12	延暦 5. 9.18	出羽国蝦夷地→越後国	李元泰ら65人	延暦 6. 2.19	越後国	○？
13	延暦14.11. 3	出羽国夷地志理波村→越後国	呂定琳ら68人	延暦15. 5.17	？	○
14	延暦17.12.27	隠岐国智夫郡	大昌泰ほか	延暦18. 4.15	？	○
15	大同 4.10. 1	？	高南容ほか	弘仁 1. 4. 8	？	－
16	弘仁 1. 9.29	？	高南容ほか	弘仁 2. 1.22	？	○
17	弘仁 5. 9.30	出雲国	王孝廉ほか	弘仁 7. 5. 2	越前国？	－
18	弘仁 9.	？	慕感徳ほか	弘仁 9.	？	－
19	弘仁10.11.20	？	李承英ほか	弘仁10. 1.22	？	－
20	弘仁12.11.13	？	王文矩ほか	弘仁13. 1.21	？	－
21	弘仁14.11.22	加賀国→越前国（放還）	高貞泰ら101人	天長 1. 5.20	越前国？	－
22	天長 2.12. 3	隠岐国→出雲国	高承祖ら103人	天長 3. 5.15	加賀国	－
23	天長 4.12.29	但馬国（入京せず）	王文矩ら100人	天長 5. 4.29	但馬国	－
24	承和 8.12.22	長門国	賀福延ら105人	承和 9. 4.12	？	－
25	嘉祥 1.12.30	能登国→加賀国	王文矩ら100人	嘉祥 2. 5.12	？	－
26	貞観 1. 1.22	能登国珠洲郡→加賀国（入京せず）	烏孝慎ら104人	貞観 1. 7. 6	加賀国	－
27	貞観 3. 1.20	隠岐国→出雲国嶋根郡（入京せず）	李居正ら105人	貞観 3. 5.26	出雲国	－
28	貞観13.12.11	加賀国	楊成規ら105人	貞観14. 5.25	加賀国？	－
参考2	貞観15. 3.11	薩摩国甑嶋郡→肥後国天草郡（唐へ）	入唐渤海使崔宗佐ら60人	貞観15. 7. 8	肥後国天草郡？	－
29	貞観18.12.26	出雲国嶋根郡(放還)	楊中遠ら105人	元慶 1. 6.25	出雲国	－
30	元慶 6.11.14	加賀国	裴頲ら105人	元慶 7. 5.12	加賀国？	－
31	寛平 4. 1. 8	出羽国（放還）	王亀謀ら105人	寛平 4. 6.29	出雲国	－
32	寛平 6.12.29	伯耆国	裴頲ら105人	寛平 7. 5.16	？	－
33	延喜 8. 1. 8	伯耆国	裴璆ほか	延喜 8. 6.	越前国？	－

回数	来航年月日	到着地	使節	帰国年月日	出航地	遣渤海使
34	延喜19.11.18	若狭国丹生浦→越前国松原駅館	裴璆ら105人	延喜20. 6.	越前国？	－
参考3	延長 7.12.24 (23)	丹後国竹野郡大津浜（入京せず）	東丹国使裴璆ら93人	延長 8. 6. 2	丹後国	－

・来航には滞在の上限、帰国には同下限や帰京の年月日もある。
・到着地には、安置・供給地等もある。
・その他、回数の参考等、史料の解釈に相違するものもある。
・遣渤海使に関しては、専使３回を除き、北陸道等の出航・帰国の有無のみを記載する。

『福井県史』通史編Ｉ　原始・古代（福井県　1993年）より、一部改変して掲載。

貿易など、三十数回に及ぶ来日全体の中での事象に注目を要すると思うが、次に本節では、北陸道における特徴的な動向を示しておきたい。

渤海国は中国東北地方から朝鮮半島北部、沿海州に広がり、初代大祚栄から十五代を数える。旧高句麗遺民と靺鞨族によって建てられたもので、六九八年、震国王と称し、七一三年には、唐から渤海郡王に封じられて九二六年まで続いた。また、唐の制度を取り入れて都城を構成し、上京龍泉府をはじめとする五京制を採り、唐から「海東の盛国」（『新唐書』）と賞賛された。すでに、大宝二年（七〇二）六月派遣の遣唐使などから、建国に関する情報は得ていたものと想定される。養老四年（七二〇）正月二十三日には、渡嶋津軽の津司諸君鞍男ら六人を靺鞨国（渤海か）に派遣して、その風俗を視察させている。（『続日本紀』）

両国の友好関係の中で我が国にもたらされたものには貂、大虫などの皮革、人参、蜂蜜、また、貞享元年（一六八四）まで八百年以上にもわたって用いられた「宣明暦」や経典、日本からは漆、海石榴油、水銀、繊維製品、黄金などが挙げられる。さらに、日本と唐との中継的役割も演じて物品のみならず、渤海を介して遣唐使、留学生の往来をも果たしていることから、当時の良好で広範な交流のほどを知ることができる。そこで渤海使及び遣渤海使の動向については全体を俯瞰すべきではあるが、まず、北陸道諸国にまつわる事象を時系列に概観してみたい。

神亀五年（七二八）二月十六日、従六位下引田朝臣虫麻呂が、前年に来着した首領高斉徳らの送渤海客使に任じられ、六月五日辞見、七日の叙位ののち出発した。

そして、天平二年（七三〇）八月二十九日には、遣渤海使正六位上として帰朝したことが見える。（『続日本紀』）出航・帰航地ともに不明であるが、天平三年進上の「越前国大税帳」（『大日本古文書』一―四二八）には、同二年に渤海郡の使人を送る使らの食料五十斛が加賀郡から支出されている。越前国加賀郡が帰航地か、あるいは都までの途上にあるかは不明である。同大税帳から、これ以外に見うけられない。

ところで、金沢市畝田・寺中遺跡から「津司」、「津」、「天平二年」と記した墨書土器、郡符木簡が出土、同市金石本町遺跡から大型建物群が出土しており、八世紀を中心に犀川河口付近に郡津を設置して、両遺跡がその管理施設となった可能性を指摘している。また、同市戸水C遺跡から「津」、同市戸水大西遺跡から「宿家」、「大市」と記した墨書土器、同市畝田ナベタ遺跡から、渤海製と推定される帯金具なども出土して、九世紀を中心とする集散施設や史料に散見する「便処」の可能性も指摘されている。

次いで、天平勝宝四年（七五二）九月二十四日には、渤海使慕施蒙ら一行七十五人が越後国佐渡嶋に来着する。翌月七日、左大史坂上忌寸老人らを当地に派遣して消息を問うている。翌年五月二十五日、拝朝して信物を献上、二十七日には朝堂において饗して授位がなされ、賜禄に与っている。（『続日本紀』）北陸道を通下して都に赴いたものか。

天平宝字二年（七五八）二月十日には、藤原仲麻呂邸で渤海に赴く小野朝臣田守の餞別の宴が行われた。（『万葉集』巻二十―四五一四）田守は、かつて遣新羅大使にも任じられた者で、これよりほどなく出航したか。同年九月十八日、遣渤海大使従五位下小野朝臣田守らが渤海大使楊承慶以下二十三人とともに帰朝し、越前国に安置された。十月二十八日には田守に従五位上、副使正六位下高橋朝臣老麻呂に従五位下を授け、以下六十六人にも与えられている。（『続日本紀』）

そして十二月十日には、田守らが唐の安禄山の乱の様子を報告、大宰府に防備を命じている。二十四日になり、ようやく楊承慶らが入京を果たしている。来航地は不明であるが、越前国に留め置かれていたものか。翌年二月十六日、入唐大使藤原清河の迎使となった外従五位下高元度が正三位楊承慶らとともに渤海に帰国、その後唐に赴くこととなった。北陸からの出航も想定されるか。（『続日本紀』）

従五位下武蔵介高麗朝臣大山は、天平宝字五年（七六一）十月二十二日に遣渤海使に任じられ（『続日本紀』）、翌年三月から四月にかけて造石山院所より米を受けていることから（『大日本古文書』一五―三八八・三九五）、こののち出航したものか。同年十月一日、副使伊吉連益麻呂らは、渤海使王新福以下二十三人とともに帰朝して越前国加賀郡に安置されたことがわかる。（『続日本紀』）

しかし、船上で病に臥した大山は、佐利翼津で死去したとある。閏十二月十九日、王新福らが入京している。（『続日本紀』）佐利翼津の比定については、越前あるいは出羽とする説がある。

次に宝亀二年（七七一）六月二十七日、渤海国使壹萬福一行三百二十五人が船十七隻を擁して出羽国野代湊に来着して常陸国に安置され、十二月二十一日に入京している。こうしたことから東山道、そして常陸から入京したと思われること、野代湊が「賊地」とあることは目を引く。翌年九月二十日（国史大系本は二十一日とする）、暴風に遭遇した送渤海客使武生鳥守らが能登国に漂着して福良津に安置されたが、同四年十月十三日、任務を遂行して帰国している。（『続日本紀』）漂着した地点から考えて、北陸のいずれかであろう。

ただこの間、一つの事件が起こる。それは同年六月十二日、能登国に渤海国大使烏須弗ら四十人が一艘の船で来着したとする報告が届く。このときの政府の対応は素早く、二十四日には、進めた表函が違例で無礼との理由から入京を許さず、禄や路粮を給して放還するとともに、以後旧例によって大宰府から来朝するよう求めている。（『続日本紀』）

宝亀七年十二月二十二日、光仁天皇即位と渤海国王妃の喪を受けて渤海使史都蒙ら百八十七人が出航したが、漂没する者多く僅か四十六人が越前国加賀郡に安置された。翌年二月二十日、史都蒙ら三十人が入京したが、申し出により四十六人全員に認められることになった。このとき、死者百二十人とあり、前年の数と相違する。同八年五月二十三日には、正六位上高麗朝臣殿嗣を送使として一行が帰国する。

このとき、渤海王に国書を宛てるとともに数々の金品や繊維製品を搭載している。さらに同九年四月三十日、溺死して江沼・加賀両郡に漂着した三十人を当国に埋葬している。送使殿嗣は同年九月二十一日、渤海使張仙寿らとともに坂井郡三国湊に帰国して共に便処に安置、ただ、殿嗣一人は入京するとともに、十月六日に従五位下に叙された。(『続日本紀』) このように、宝亀年間は北陸において渤海との往来が盛んであり、様々な問題への対応から両国の外交に対する姿勢がかいま見える。

一方、延暦五年(七八六)九月十八日には、渤海国大使李元泰ら六十五人が出羽国に漂着したが、蝦夷により梅師及び挟杪が劫殺せられて帰国の術がないことから、越後国に船一艘、梅師、挟杪、水手を供させ、翌年二月十九日に帰国させている。(『続日本紀』) 同十四年十一月三日、渤海使呂定琳ら六十八人が出羽国夷地志理波村に漂着して同様の憂き目に遭ったときも使節を越後国に収容、供給している。(『類聚国史』一九三) こうしたことから、出羽・越後両国の性格の相異の程を窺うこともできよう。

さらに大同四年(八〇九)十月一日には、渤海使高南容らが来航し、翌弘仁元年(八一〇)四月八日に帰国した。しかし、首領高多仏は越前国に留まったため、越中国に安置して食料を給するとともに、史生羽栗馬長と習語生らに渤海語を習わせたことが見える。(『日本紀略』) 高多仏の動向からすると、使節の帰国は越前国からということになろうか。

ところで、霊亀二年(七一六)、阿倍仲麻呂の傔人として入唐した羽栗臣吉麻呂は唐女を娶り、唐で誕生した子息の翼、翔の二人は父とともに天平六年(七三四)に帰国、のちに二人は別々に入唐するが、翔は当地で残留、翼は帰国する。（『類聚国史』一八七・『続日本紀』）馬長の姓は確認できないものの、同じ氏名《うじな》をもつ者として外交に与ったことは興味深い。著名な咸和十一年（承和八年（八四一））「渤海国中台省牒案」（壬生家文書）には、渤海使節の総人員百五人の内訳が記されているが、通訳である「二人訳語」が見える。また、『延喜大蔵省式』蕃使条には、遣渤海使に同様に「訳語」とある。越後・越中国それぞれが、外交上に果たした役割を知ることができる。

弘仁五年（八一四）九月三十日、渤海国大使王孝廉ら一行が来着した。渤海使への供応により、十一月九日には出雲国の田租が免じられていることから、同国に到着したものであろう。翌年正月の拝賀、饗宴、叙位、賜禄等を終えて帰国するが、五月十八日に海中で逆風のために舟楫が破損したため、二十三日に越前国に対して帰国のための大船を選択させている。

しかし、六月十四日、大使王孝廉は瘡を患い死去したため、贈位、湿損による賜物も行われた。（『日本後紀』）また判官王昇基、録事釈仁貞も続いて死去するなど、更なる立て直しを余儀なくされ、同七年五月二日、副使高景秀に改めて国書、信物を託した。（『類聚国史』一九四）一年間の準備等を経て、越前国辺りからの帰国が想定される。なお、大別して弘仁五年を境に、以前は十月中旬から十一月中旬、以後は十二月中旬から三月上旬における来航が窺われる。また、弘仁年間以前は元日朝賀、以降は五月節会の参列が見られることから、来航の時節が義務づけられたことも考えられる。

弘仁十四年十一月二十二日には、建国なったばかりの加賀国から渤海国大使高貞泰ら百一人の来着が報告された。この年は大雪のため、渤海使への存問派遣を停止して越前守（加賀守兼任）紀朝臣末成、加賀掾秦宿祢嶋主らに存問せしめている。天長元年（八二四）正月五日には、大使等に冬服料を賜っているが、二月三日、詔が出されて近年の不稔と疫病により帰国させることとし、四月以降渤海国からの信物の対応に当たりながら、五月二十日以後に帰国したものと見られる。（『類聚国史』一九四）

この詔のちょうど一年前の弘仁十四年二月三日の太政官奏にも、加賀立国の背景にある国内での動揺や不安が述べられていることに付合しよう。（『類聚三代格』巻五）また、度重なる来朝に対して大納言藤原朝臣緒嗣が天長元年（八二四）正月二十四日に上表して還却を求め、六月二十日には十二年一期とし、縁海郡に伝えられた。（『同』巻十八・『類聚国史』一九四）

天長二年十二月三日には、渤海国大使高承祖ら百三人が隠岐国に来着したとの報告があった。翌年三月一日、右大臣緒嗣の重ねての上表は斥けられたが、五月に渤海使の入京、叙位がなされたものの、十四日には帰国のため、加賀国に向かっている。このとき、日本から渡った在唐学問僧の霊仙への対応を託していることが窺われる（『類聚国史』一九四・『入唐求法巡礼行記』）

嘉承元年（八四八）十二月三十日、能登国が渤海国使王文矩ら百人の来着を報告する。翌年二月一日には、存問渤海客使県犬養大宿祢貞守、山口忌寸西成らが能登国に派遣される。（西成卒伝には加賀国とある）そして三月十四日、渤海国王啓・中台省牒案文を奏上、さらに二十一日、その中の違期入朝に関わる問答文を奏上している。二十八日、両者は領渤海客使を兼任して四月二十八日に同国使が入京、以後、信物献上、饗宴、叙位等がなされたが、五月十二日、今後の違期入朝を戒めて帰国させた。（『続日本後紀』）

貞観元年（八五九）正月二十二日、能登国珠洲郡に渤海国大使烏孝慎ら百四人の来着が伝えられ、さらにこののち国府に到着したと思われるが、二月四日には、詔により加賀国の便処に安置する。さらに従前同様、存問兼領渤海客使、渤海通事の任命が行われるとともに、五月十日、加賀国司らと共に渤海国王啓・中台省牒・信物等が進上されている。

さらに六月二十三日、渤海国王に勅書を賜い、違期入朝を戒めるとともに、文徳天皇の大喪と凶作のために帰国させることとした。存問兼領渤海客使からの報告で、七月六日には、加賀国から帰国していることがわかる。ところで三月十三日、渤海国副使周元伯が文章に優れていたことから、越前権少掾嶋田朝臣忠臣を仮に加賀権掾として元伯と詩文を唱和させている。（『日本三代実録』）この時期の越前国司には藤原佐世、都良香をはじめ文章に秀でた人物が派遣されているが、彼我における成熟した詩文の交流を窺わせる一齣である。

また時代は下るが、『魚魯愚別録』六や他の有職書には北陸道、山陰道、西海道が大陸からの唐人や渤海等の異客の来着する国であり、掾クラスに文章生の任命に与ることが記されていることもこうした対応への認識に立ってのものであろう。

貞観十三年（八七一）十二月十一日、渤海国大使楊成規ら百五人が加賀国に来着する。翌年正月から五月までに存問兼領渤海客使、通事の任命、入京、渤海国王啓・中台省牒・信物等の検領、叙位等は従前同様であるが、正月二十日には、京で咳逆病により死者が多数出たことが使者の異土の毒気によるとする風聞が広まり、建礼門前で大祓を行っている。そして、五月二十五日には出京して、そののち帰国した。この間には、京内で交易も活発に行われている。（『日本三代実録』）なお、『菅家文草』、『都氏文集』をはじめ諸書には菅原道真、都良香らと渤海国使との交流の様子が窺える。

元慶六年（八八二）十一月十四日、渤海国大使裴頲ら百五人が加賀国に来着する。二十八日には、加賀国に対して便処に安置するとともに、私交易を禁止するよう命じられた。（『日本三代実録』）翌年正月十一日には、菅原道真が加賀権守兼任となるが（『公卿補任』）、渤海使接遇の任に当たったか。（貞観十四年には、すでに存問渤海客使の任にある）同二十六日、使節の入京に当たり、その路次となる山城・近江・越前・加賀等国に官舎、道橋の修理、路辺の死骸の埋葬を指示している。（『日本三代実録』）

また、越前・能登・越中国に対して酒、宍、魚、鳥、蒜などを加賀国に送ることも命じている。四月二十八日には鴻臚館に入り、五月十二日に出京しているが、この間の対応は、これまでのものとほぼ同様であり、詩文の交流も盛んであった。(『日本三代実録』・『扶桑略記』・『菅家文草』・『田氏家集』等)このように、入京までの北陸道諸国の具体的な対応が窺えることは、大変興味深い。

延喜十九年(九一九)十一月十八日、若狭国から三方郡丹生浦に渤海国使大使裴璆らが来着したことを報告する。十二月二十四日には、越前国松原駅館に一行百五人を遷送したが、使節から設備や対応の不備を訴えられ、越前掾を蕃客行事に任じている。行事弁、存問使、通事、掌握客使、領客使等の任命、賜物などが行われる。

翌年五月八日に入京、さらに叙位、信物進上、饗宴、国書賜与等が行われ、十八日に帰国に赴く。六月二十二日には、「已に帰郷」とあるが、帰国しない四人の存在が報告され、二十八日に越前国に安置している。(『扶桑略記』・『日本紀略』・『朝野群載』等)また、『扶桑集』には大江朝綱と裴璆との詩文の唱和、『本朝文粋』にも鴻臚館における紀在昌の餞別の詩がある。

また、『延喜式』には渤海使への賜物、食法に関する規定があり、帰国の際の船の修理や建造、人員の手配などを勘案すると、北陸道諸国への負担には、相当のものがあったと考えられる。一方、元慶七年(八八三)十月二十九日、渤海使の北陸来航時、必ず帰国船を能登国羽咋郡福良泊の山の木で建造することから、大木の伐採を禁止している。(『日本三代実録』)さらに、北陸沿岸に来着した場合、陸路を通って入京したのか、それとも加賀・越前沿岸から敦賀津、さらには松原客館など海路をとったこと、一方、帰国に当たっても海路で福良津へ赴いたことなども想定しておきたい。

また、能登国の重要性はこれまでの事象とともに、天平宝字七年(七六三)には、遣渤海国船「能登」の船霊を従五位下に叙したこと(『続日本紀』)、延暦二十三年(八〇四)には、渤海使の来着が多いことから能登国に客院を早く造営するよう命じていることなどからも窺えよう。(『日本後紀』)『万葉集』(巻十七—四〇二六)にみえる「船木」、舟木氏や舟木部など、造船に関わる集団の存在も注目すべきである。また、能登半島のもつ地形が両国間の往来に実に適していたことも物語っていよう。

一方、天長五年（八二八）正月二日太政官符によれば、四カ条にわたる指示が出される中で渤海使節との私貿易を禁止しているにもかかわらず、民間のみならず王臣家（使者）や国司による場合が挙げられ、重科に処し違犯を禁じている。（『類聚三代格』巻十八）実態としては、相当のことが行われていたものであろう。

以上、北陸道における国制上の動向を概観したが、渤海使に関しては、北陸道諸国それぞれに相違する事象が浮き彫りになることが窺えた。また、先の蝦夷支配にも同様のことが挙げられることなどから、自ずとその役割や性格に国々の特徴的色彩を見出すことができるものと思われる。

○本稿は、「日本古代における島・半島との交流―能登・越中・越後・佐渡国を中心として」（『富山市日本海文化研究所紀要』第16号　二〇〇二年）を骨子として、加筆したものである。

主要参考文献

・『金沢市史』通史編1　原始・古代・中世（石川県金沢市　二〇〇四年）
・『富山県史』通史編Ⅰ　原始・古代（富山県　一九七六年）
・『富山県歴史の道調査報告書―北陸街道―』（富山県郷土史会　一九八〇年）
・『新潟県史』通史編1　原始・古代（新潟県　一九八六年）
・『福井県史』通史編1　原始・古代（福井県　一九九三年）
・『発掘された日本列島２０１５　新発見考古速報地域展図録　北陸新幹線を掘る』（富山県埋蔵文化財センター　二〇一五年）
・相澤央『越後と佐渡の古代社会―出土文字資料の読解』（高志書院　二〇一六年）

・浅香年木『古代地域史の研究』（法政大学出版局　一九七八年）
・荒井秀規「公式令朝集使条と諸国遠近制」（鈴木靖民編『日本古代の地域社会と周縁』吉川弘文館　二〇一二年）
・上田雄『渤海使の研究―日本海を渡った使節たちの軌跡』（明石書店　二〇〇二年）
・上田雄・孫栄健『日本渤海交流史』（六興出版　一九九〇年）
・大津透編『律令制研究入門』（名著刊行会　二〇一一年）
・木本秀樹編『古代の越中』（高志書院　二〇〇九年）
・小林昌二『高志の城柵―謎の古代遺跡を探る―』（高志書院　二〇〇五年）
・佐藤信編『日本と渤海の古代史』（山川出版社　二〇〇三年）
・鈴木景二「関と堺についての諸問題」（市澤英利・荒井秀規編『古代の坂と堺』高志書院　二〇一七年）
・瀧川政次郎『万葉律令考』（東京堂出版　一九七四年）
・新野直吉『古代日本と北の海みち』（吉川弘文館　二〇一六年）
・藤井一二「奈良時代の遣渤海使と能登・加賀」（『富山史壇』一三〇号　一九九九年）
・同『天平の渤海交流―もうひとつの遣唐使』（塙書房　二〇一〇年）
・藤岡謙二郎編『古代日本の交通路Ⅱ』（大明堂　一九七八年）
・松枝正根『古代日本の軍事航海史　下巻　遣隋使・遣唐使・渤海使』（かや書房　一九九四年）
・松原弘宣『日本古代水上交通史の研究』（吉川弘文館　一九八五年）
・米澤　康『越中古代史の研究』（越飛文化研究会　一九六五年）
・同『北陸古代の政治と社会』（法政大学出版局　一九八九年）

第一章　古代越中の在地勢力

本章では、古代越中における在地勢力の存在について述べてみたい。この問題を考える上で、これまでの文献史料に加えて富山県内の遺跡のみならず、古代宮都において暫時発見されてきた木簡資料は、こうした課題に新たな視点を提示するものである。

一方、限られた古代史料の中にあっても、近年、従来からの解釈を巡って異なる見解も散見することができる。筆者もかつてこうしたテーマのもとに見解を展開したことがあったが、その後の検討の中で新たに知見を得たりしたことでもあり、最近の状況も踏まえて主な在地勢力について概観することとしたい。

また中でも富山県氷見市、高岡市、南砺市、小矢部市の遺跡をはじめ、各地の発掘調査から在地勢力に関わる新たな報告もなされているが、他方において文献史料と如何に結びつけて考えていくかという点についても、このの ち検討していきたいと思う。

第一節　国造制と評制下木簡

一　「国造本紀」と古墳

古代の在地勢力を考えるとき、いずれにあっても古墳は、不可分の存在である。特に従来からの古墳に加え、氷見市や小矢部市をはじめとして大型古墳や古墳群に関わる研究成果は、新たな知見を供するものとして論議をよんできた。また古墳のみならず、立地景観や周辺域の集落遺跡の存在なども踏まえて詳細な成果が報告されている。文献史料とともに、そうした一端にも触れてみたいと思う。

まず、「国造本紀」（『先代旧事本紀』巻第十）には、後の北陸道の十三国造を列記している。『先代旧事本紀』は、『古語拾遺』の引用を上限として、藤原春海の延喜日本紀講筵までを下限とすることから大同二年（八〇七）以降、九世紀末までには成立を見ていたとされ、一方、『令集解』にみえる記載内容から九世紀半ばの撰上も想定されている。国造の用字は、諸本によって異同もあるものの、北陸道に関するものは、若狭・高志・三國・角鹿・加我・加宜・江沼・能等・羽咋・伊彌頭・久比岐・高志深江・佐渡国造である。この中には、後の越中国に関わりをもつものとして伊彌頭国造の存在がある。そして同書には、同国造の系譜を次のように伝える。

伊彌頭国造

志賀高穴穂朝の御世、宗我の同祖建内足尼の孫、大河音足尼を国造に定め賜ふ、

同国造の成立は、成務朝に武内宿祢の孫の大河音宿祢を定めたことに始まるという。大宝二年（七〇二）三月、越中国四郡を越後国に所属させるまでは、越中国が八郡で構成されていたと想定すると、伊彌頭国造の次に記載される久比岐国造の支配領域に関わることも想定される。（序章参照）

しかしながら、国造制の成立を巡っては、『古事記』、『日本書紀』などの限定的な文献史料のあり方や全国の古墳の調査に基づく様々な解釈などがあって、今なお広範な見解が提起されて論じられているのが現状ではなかろうか。中でも、国造制がほぼ一斉に施行されたのか、また時間差をもって地域の実情に見合ったかたちでなされたものかという点が挙げられると思う。

また、『日本書紀』成務天皇五年九月条に、諸国に命じて国郡に造長、県邑に稲置を任じ、山河を隔て国県を分かち、阡陌に随って邑里を定めたとある。国造に関する『古事記』の記載内容とは相違するものの、両書における同朝

全体の記載記事が他に比して僅少であり、記事自体が後世の潤色によることや成務の実在性そのものを疑問視する向きも少なくないのである。

近年においては、「国造本紀」に掲載される多くの国造が成務の代に成立したとするものの、成務紀の記事に成立時期を求める見解は、ほぼ確認することができないとされる。さらに、長年にわたる先学の研究から、国造制の成立時期そのものについても四世紀から七世紀とかなり長期にわたる幅でとらえられてきたことも問題の複雑さを示していると思われる。しかしながら、その成立時期についてはなお異論が展開されており、混沌とした中にあることも否めない。

なおこの間には、大王継体の死去から安閑・宣化の即位、さらには欽明に至る間の史料上の混乱から、いわゆる「二朝並立」の状態も想定されている。そうした中で、『日本書紀』継体天皇二十一年（五二七）条に見えるように、磐井の乱や『同』安閑天皇元年（五三四）条の笠原直使主と同族の笠原直小杵との武蔵国造の地位を巡る抗争が起こっている。おそらく、こうした支配地域や同首長層内部における抗争は同地に留まらず、他地域においても存在したであろう事が想定される。

さらに、こうした抗争の結末を見ていくと、磐井の子、筑紫君葛子が父に坐したことで倭王権に対し、恭順の意を表して糟屋屯倉を献上している。さらに、笠原直使主も王権からの支持を得て武蔵国造に任命されたため、横渟・橘花・多氷・倉樔の四處屯倉を設置していることがわかる。こうした事実から考えると、以前から王権と関係性を有してきた、こうした地域首長層が抗争の終結後に新たに王権の系列下に属し、屯倉の設置などを介在して国造に任命されたことがわかるのである。

以上のことを踏まえると、王権と地域首長層とは前代に比して再編され、より明確な支配関係の構築を図ることができたものと考えられる。ただ、五世紀後期からの中国と王権との外交や朝鮮半島における動向と我が国、そして地域首長層との関わりにも様々な影響を及ぼしたことも考えられよう。

特に近年の研究から、上記の抗争などを経てきた過程より、国造制の施行を少なくとも六世紀前半以降に求めることが想定されている。具体的な成立時期については、いまだ諸説が展開されているものの、西日本では、磐井の乱を経て六世紀後半とする見解も出されている。また、『日本書紀』崇峻天皇二年（五八九）七月一日条に見える東山道、東海道、北陸道への諸国の境界観察のための遣使などから、東日本における国造の支配領域の画定にも言及されている。

そして、これまで国造制が暫時展開して成立したとする従来からの見解に対して、広範に一斉施行をみたとすることなども提起されるに至っている。ただ、大化以降の国造・評造やいわゆる新国造の問題、遡って倭王武上表文の内容など、文献史料の限定された中での諸課題もあると思われるが、ここにきて国造制研究の新たな視点が提示されたものと考えている。ただ、地域間における政治的状況や王権との支配関係のあり方が、決して一様ではないことを想定すると、「施行」の有効性が如何なるものか、なお複雑な課題が存するものと思われる。

ところで、伊彌頭国造に関することでこれ以外に新たに知見を得ることは、果たしてできないであろうか。その一つの手がかりとして、県内を中心とするこの時代の古墳の存在が挙げられよう。[1]（図1参照）そこで次に既存の研究及び調査成果から、こうした問題を提示してみたい。

これまで同国造に関しては、古墳時代前期の高岡市桜谷古墳群（註、一号墳・前方後円墳）が国造的、古墳時代前期の富山市王塚・勅使塚両古墳（前方後方墳）は、伴造的とする見解が早くから提示されてきた。（米沢康　一九六五年）この見解は、諸書においても取り上げられてかなり流布してきたものの、その論拠については、不詳とせざるを得ないものであった。

なお、桜谷一号墳は、墳形を前方後方墳とする見解もある。同二号墳も前方後円墳（帆立貝形古墳）であり、周辺

高橋浩二「古墳時代の越中」（木本秀樹編『古代の越中』所収　高志書院　2009年）より、一部改変して掲載。

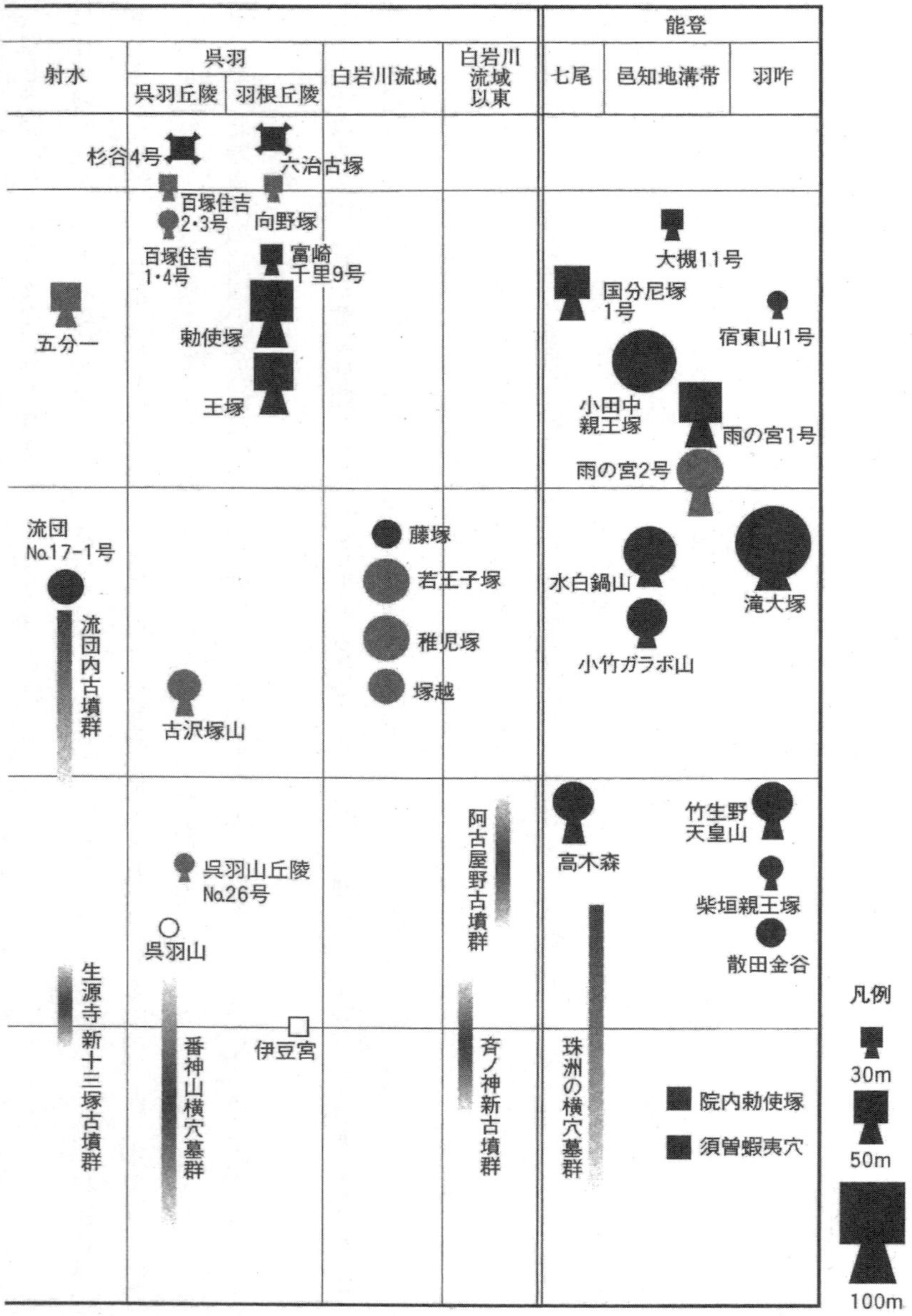

群集墳および横穴墓群。

図１　富山県の古墳編年と能登地域の主な古墳

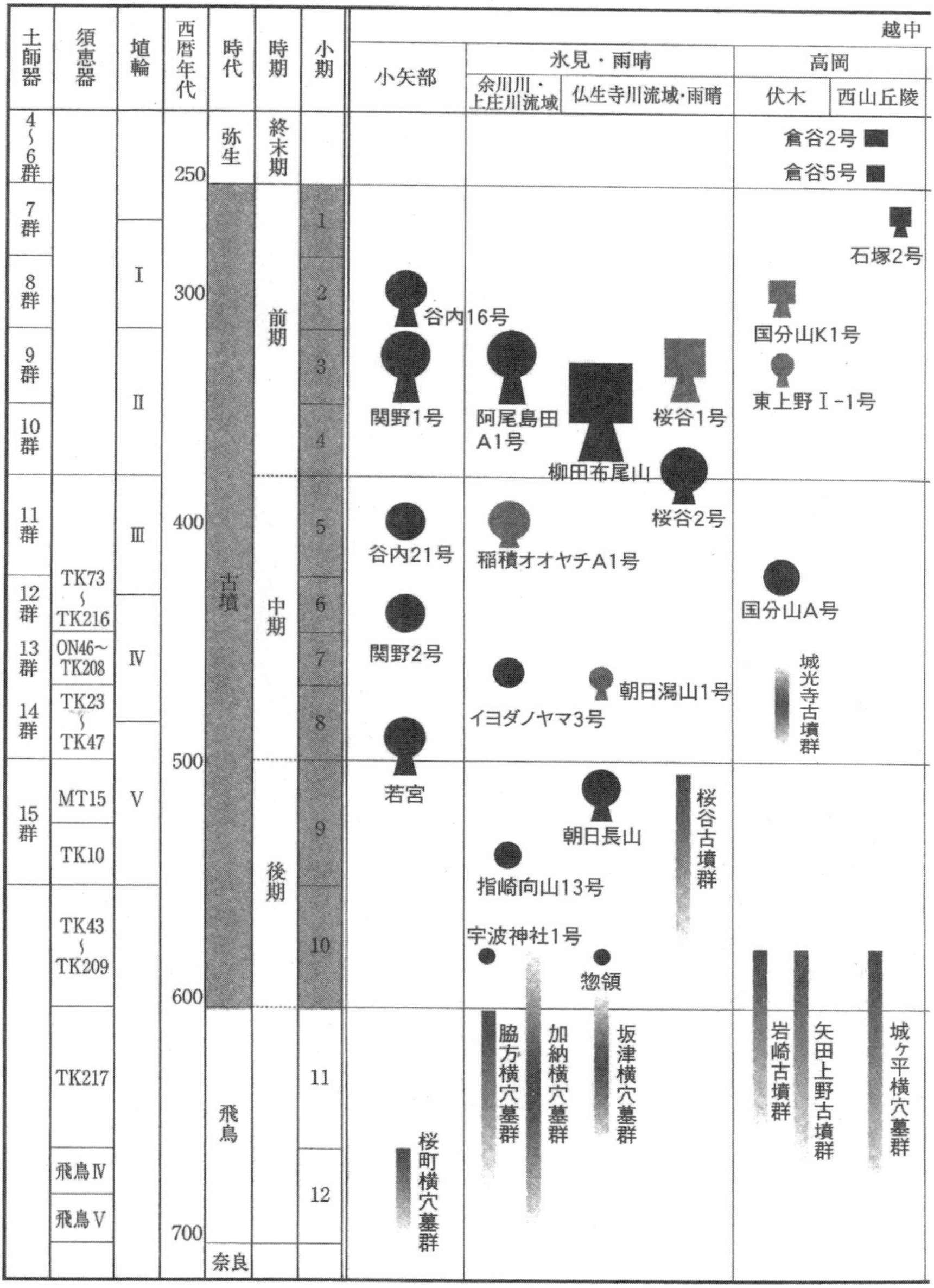

註. は墳形・時期が確定・推定できるもの。は時期的根拠が弱いもの、○□は墳形不明なもの。　は

には円墳七基も存在していたとされる。このように形成された古墳群の存在から、かつて一定の勢力を有していたことを物語ることだけは、間違いないものと思われる。

それに対して、古墳の企画性を追究する観点から、王塚・勅使塚を始めとする呉羽山周辺グループと若宮古墳などの小矢部川周辺グループ及び桜谷一号墳などの氷見市周辺グループに大別して考える見解も出された。そして、むしろ呉羽山周辺グループが国造的性格を有するとするものであった。（藤田富士夫　一九七九・一九八一年）両者は、県内において代表される大型古墳として、常に注目を得てきた存在である。

しかしながら、先に挙げた国造制施行時期に関する新たな問題提起からすると、これら古墳は、時期的にも齟齬することが挙げられよう。ただ、その後の氷見市柳田布尾山古墳をはじめとする新たな古墳や古墳群の発見は、様々な観点から大きな問題を提起したものとして間違いないものである。さらに、県内の古墳時代後期（六世紀）は調査事例があまりなく、考古学上の立場から提供できる情報が限られてしまう現状にあることも念頭に置いて考える必要があるとされる。そうした中で、同時期における古墳を見ていくと、小矢部市若宮古墳（前方後円墳）や氷見市朝日長山古墳（前方後円墳）などが、注目される。

小矢部市には、富山県内においても数多くの古墳があることで知られている。中でも北部丘陵にはオオノントウ古墳、南部丘陵にズンデ山古墳、興法寺古墳群などがある。そして西部丘陵の埴生地区には若宮古墳、谷内古墳群、関野古墳群が集中して存在する。小矢部市教育委員会によれば、谷内一六号墳（三世紀後半）→関野一号墳（四世紀中頃）→谷内二一号墳（五世紀前半）→関野二号墳（五世紀半ば）→若宮古墳（六世紀初頭）という首長墓の変遷が窺われるという。そこで以下、発掘調査報告書及び自治体史等を踏まえてこの問題に関わる概要を見ていくと、次のようになる。

関野古墳群を有する丘陵には、七基の古墳が築かれている。関野一号墳（前方後円墳）は全長約六五メートル、同二号墳（円墳）は径約三〇メートルで、鉄刀、鉄剣、鉄鉾、鉄鏃などを副葬する。谷内古墳群を有する丘陵尾根上には、二十三基の古墳が築かれている。谷内一六号墳（前方後円墳）は全長約四七メートルで、後円部中央に割竹形木棺直葬の埋葬施設を有し、鉄鍬先、鉄鉋などを副葬する。同二一号墳（円墳）は径三〇メートル、埋葬施設二基を有し、竪櫛、三角板皮綴短甲、長方板皮綴短甲、頸甲、草摺、盾、鉄刀、鉄剣、矢じりなど武具を副葬することが知られる。

そして、若宮古墳は六世紀初頭に築造され、全長五〇・二メートル、後円部径約二八メートル・同部高さ約五メートル、前方部一九メートル・同部高さ四・四メートルあり、比高差〇・六メートルで全体盛土で築造されている。また、後円部中央には埋葬施設一基が確認され、大刀、銅製三輪玉、鉄鉾などの副葬品があって出土した須恵器や富山県で最初の円筒埴輪から、築造時期が決定されている。（円筒埴輪編年Ⅴ期相当）埴輪の製作は、朝日長山古墳と同期だが、やや先行するとされる。

同地区の古墳は、桜谷古墳群や朝日長山古墳とは異なる集団によるものと想定されている。古墳の周囲からは、弥生時代後期の遺構が確認され、弥生集落の上に古墳が築かれたと考えられている。若宮古墳の南西、近世北陸街道沿いに鎧塚という円墳二基があったとされるが、現存しない。

一方、県内の古墳総数約千基のうち、氷見市域には最多の四〇四基を有する。（氷見市立博物館　二〇一七年）氷見市には、上庄川流域にもっとも多くの古墳が分布し、仏生寺川・余川川・阿尾川各流域、灘浦地区の順になる。仏生寺川・上庄川・余川川流域には、古墳時代前期初頭の前方後方墳、上庄川・余川川流域には、前方後円墳も所在している。

中でも、首長墓としての柳田布尾山古墳（全長一〇七・五メートル）は、日本海側最大規模の前方後方墳である。また、阿尾島田Ａ一号墳（全長七〇メートル）も県内最大の前方後円墳で、ほぼ同時期と考えられているが、この時期の墳形の異なる両古墳のあり方が注視されるところである。さらに同時代中期になると、全域において大型円墳に移行していくことが特徴である。

後期古墳においては、若宮古墳に後続する朝日長山古墳が挙げられる。各流域の首長墓が衰えていく中にあって、埴輪や金銅製冠帽、馬具などを副葬していることなどから、畿内王権との関係性が注目されている。ただ、墳丘の大部分が失われ、これまでの調査記録類もあまりないものの、規模は全長約四三メートル、後円部径約二五メートル、前方部長約一八メートルを有する。

石室からは直刀、刀子、短剣、鉾などの鉄製品、杏葉、冠帽（高句麗系?）、胡籙金具、鋲などの金銅製品、須恵器、土師器、玉類等、多様な副葬品が確認されている。墳丘出土遺物として、円筒・朝顔形・形象埴輪の破片が約四百点ばかり確認されている。県内において埴輪を有する古墳は、若宮・朝日長山両古墳だけであり、この時期における首長層のあり方として注目される存在である。

このほか、周辺地域には朝日寺山古墳群、朝日潟山古墳群や阿尾島田古墳群、稲積オオヤチ古墳群、加納蛭子山古墳群、そして高岡市桜谷古墳群など、海上に面して首長クラスが築造したと考えられるものが数々所在する。さらに、朝日長山古墳は富山湾、富山平野、そして日本海外洋を一望できるロケーションに位置している。同古墳は、こうした立地条件や副葬品などから、この時期における海路交渉を介しての新たな勢力を有した首長と想定されているのである。(2)

また、一般論として国造となる地域有力層が突然、その地に勃興するものではなく、時間的経過の中で勢力を増大してきたことを視野に入れて、古墳の存在形態を考えることも言を俟たないであろう。そしてそれは、国造の任命前後ともにその系譜を引くということを念頭に置いて想定するとともに、上記に見える各地域の大型古墳や各古墳群、集落遺跡等との広域的な考察を要することでもあろう。

さらに、古墳時代の各時期における特色を踏まえてのものであることも同様のことである。そして、近隣の地域にあっても畿内王権をはじめ、他地域との間には、相互に複合的に絡み合う関係性を有したり、先に挙げた王権との支配関係の再編が行われるなど、様々なことを想定することも求められる。

しかしながら、同国造の比定について詳らかにすることは、極めて難しいと言わざるを得ない。以上、問題提起を列挙するに終始したが、近年における研究成果を紹介して留めたいと思う。

二　高志国と評制下木簡

古代日本においては、七世紀後半から増加する木簡が新たな史実を提供するものとして注目を集めてきた。実数のほどは、大略三十八万点以上ともされ（木簡学会報告）、これまで十八型式にも及ぶ分類がなされるとともに、全国から近代に至るまでの様々な事例が報告されている。

また一九七〇年代から、韓国においても五世紀から七世紀前半に至る石碑、木簡などの文字資料の出土が報告されている。韓国木簡の出土数は、いまだ千点にも満たないとの報告もあるが、[3]慶州や夫餘だけでなく各地から出土し、文書、付札、荷札、帳簿、習書、呪符、題籤軸などにわたっている。

一方、古代中国では、四世紀半ばに正式文書には紙が使用されるが、七世紀前半までの木簡が多数を占める韓国の事例は、それにやや遅れるとされる日本の木簡のみならず、東アジアにおける文字資料の伝播の問題を考察する上で、極めて貴重なものであると言わざるを得ない。各国における記録そのもののあり方に特色が窺われることになるが、我が国では、「紙木併用」の形態がその後も継続していく。

我が国における木簡と言えば、まず平城宮（京）木簡が挙げられるが、それ以前の宮都が置かれた飛鳥・藤原地域における律令国郡制以前の評制下木簡の出土は、律令制形成期における様々な問題を提起して、今日に至っている。

越中国に関しては、次の評制下荷札木簡が出土しており、史料の極めて少ない七世紀後半の歴史に画期的な事実がもたらされたと言えよう。

後の越中国に関係する評制下木簡の事例を挙げると、次のようになる。なお、その考察に関しては、調査報告書を基に以下に記述することとする。[4]（木簡の釈文下段のアラビア数字は、木簡の長さ・幅・厚さをミリメートルで示したもの。括弧つきの法量は、欠損していることを示す。その下の三桁の数字は、型式番号である）

㈠　飛鳥京跡苑池遺構出土「評制下荷札木簡」（図2）

・高志国利浪評

・ツ非野五十戸造鳥　　114・(18)・6　081　檜・板目

（奈良県立橿原考古学研究所　提供）

(二)　飛鳥池遺跡南地区水溜出土「評制下荷札木簡」(図3)

・高志□新川評

・石□〔背カ〕五十戸大□〔家カ〕□目　　135・24・6　032　杉・板目

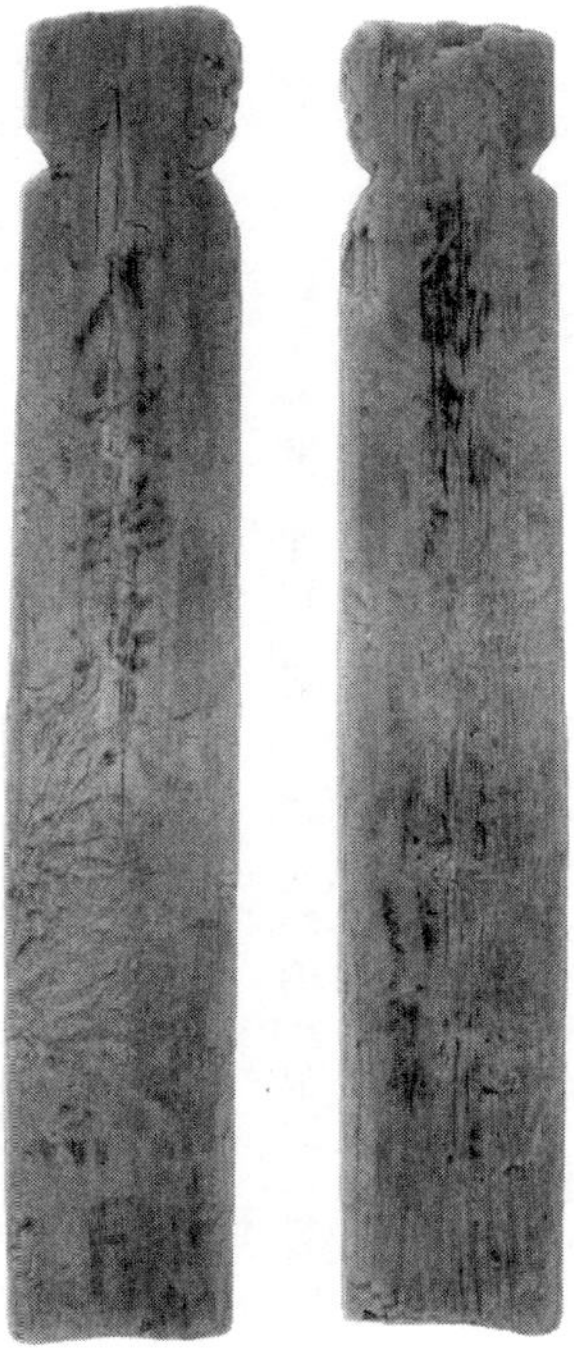

(奈良文化財研究所　提供)

この木簡には「高志国」とあり、「利浪評」、「新川評」ともあって用字に相違も窺われるが、後の砺波郡、新川郡に関するものであることがわかる。これを考察していく上で、次の史料が注目される。

まず、『日本書紀』天武十二年(六八三)十二月十三日条には、次のように記されている。

丙寅、諸王五位伊勢王、大錦下羽田公八国、小錦下多臣品治、小錦下中臣連大嶋、并て判官、録史、工匠者等を遣して、天下に巡行して諸国之境堺を限分す、然るに是年、限分するに堪ず、

次に、『同』同十三年十月三日条には、前年における同事業を完了し得なかったことを受けて更に記される。

辛巳、伊勢王等を遣して、諸国の堺を定めしむ、(略)

そして、さらに同じ事由によるものか、『同』同十四年十月十七日条には、次のように記されることになる。

己丑、伊勢王等、亦東国に向ふ、因りて衣袴を賜ふ、（略）

これは、三か年にわたって国境確定事業が継続して実施されたことを示すものであろう。また、三回全てにわたって伊勢王が関与するとともに、（第一回の記事内容には、事業経過に伴う時間差が含まれていると思われるが）派遣が全て冬季における記載となっていることである。

さらに、『同』同年九月十五日条には、東海・東山・山陽・山陰・南海・筑紫使者（記載順）を派遣して、「国司、郡司及び百姓の消息を巡察せしむ、」とある。すでに同月十一日には、畿内に派遣されていることから、いかなる整備段階にあるかはわからないものの、全国が五畿七道に編成されていく過程を窺わせるものである。ここに「北陸使者」を欠いていることがわかるが、その理由は不詳である。

一方、同木簡の「高志国」の表記は、越前・越中・越後三国に分割した（三越分割）とされる以前の行政組織と考えられる。（序章参照）また「評」は、大宝令の施行に伴って郡制へと移行する以前の「評」制下のものであることもわかるのである。

この表記のうち、前章において記した『日本書紀』などの「越国」ではなく、『古事記』、『出雲国風土記』などにみられる「高志国」が用いられていることは、詳細に検討すべきものと思われる。こうした木簡に登場する（原資料としての）用字のあり方は、これまで厳密な史料批判を加えられてきた記紀などの史書編纂の経緯にも、大きく関わるものではないかと想定されるからである。

国境確定事業をめぐっては高志のみならず、事業整備そのものの各地域における時間差をはじめ、全国の動向からの考察が必要であり、その実効に当たっても、議論の尽きぬものがあると想定される。しかしながら一方において、比較的期間の短い中での実施を想定する見解も挙げられている。また、大化二年（六四六）正月のいわゆる大化改新詔においては、大・中・小郡とあり、「郡」が後筆になることは言うまでもないが、評制下における等級規定として相応しいものともされる。

一方、後の養老戸令定郡条には、里数に応じて大・上・中・下・小郡と、郡の等級が五区分されている。そして、全国の評制下木簡にみえる評と後の令制の郡の名称が同一であっても、領域までもが果たして同規模であったものであろうか。

この点に関しては詳細を省くものの、評制下木簡における他国の二、三の事例を見ていくと、「(伊豆国)売羅評」のように、かつて評名であったものが令制郷里制下において、「伊豆国那賀郡入間郷売良里」として里名表記で登場している。また、「遠水海国長田評」のように、令制下の(遠江国)長田郡が和銅二年(七〇九)二月二十一日(国史大系本は二十日とする)に、長上・長下郡に分割されるなどの事例も窺われることは、注目すべきである。(『続日本紀』)

このように、評が後の郡域よりも小規模であったり、逆に大規模なものも存在した可能性を知ることができるからに他ならないのである。木簡にみえる評と郡との領域範囲に関しては、なおも慎重を要するものと言えるのではなかろうか。

特に、『続日本紀』大宝二年(七〇二)三月十七日条にみえる、越中四郡分割による越後国への編入やその後の越中国を構成した砺波・射水・婦負・新川四郡の動向から、越中国では、これまで郡域に顕著な変化がみられないと考えられてきた。しかしながら、評記載の木簡㈠、㈡の出土から、果たして後の砺波・新川郡と同等域であるのか詳かでなく、今後に俟たれるものと思われる。

さらに、「五十戸」に関して取り上げると、大宝令施行以後より霊亀三年(七一七)五月頃までが令に規定された里が施行され、それ以後、郷里制の実施に伴い、天平十一年(七三九)末から同十二年初頭までが「里」を郷と改称して、その下部組織に里を設置する。(国郡郷里制)そしてそれ以降は、その里が廃止されて郷のみとなっていく。

（国郡郷制）

評制下における年紀銘を有する木簡には、天武十二年（六八三）以降、若干「五十戸」と記されたものはあるものの、ほとんど「里」であって持統二年（六八八）以降、すべて「里」となっていくと報告されている。この背景には、天武十年に編纂が開始されて、持統三年に施行をみる浄御原令の存在を欠かすことができず、さらに天武十二年から始まった、先の国境確定事業の実施によることが考えられるのではなかろうか。

一方、評制下木簡には、『和名類聚抄』の郷名に窺うことのできない「五十戸」名もいくつも見いだすことができ、注目される。㈠「ツ非野五十戸」は難読であるが、それらに該当するものである。そうした点では、各用字のあり方や表記字数についても、追究すべきものと考えている。（本章第二・三節参照のこと）

また、㈠「五十戸造」という地位に、「鳥」という無姓者と想定される記載があることには、様々な解釈がある。この点については、早川万年氏が指摘するように、五十戸造という立場にあることから、その者の素性が記載の段階で明確なるが故に、殊更に氏姓を記載しなかったことも可能性として指摘している。（早川　一九九九年）評制下における木簡に「鳥」と記載する事例は、このほかにも幾例か見うけられるが、これがただ単に人名かどうなのか、大変注目に値するものである。

「国造」、「評造」の存在は、これまでにも史書や金石文等で知られることから、「造」という共通する役割をもって国、評、五十戸それぞれの行政組織を所掌していたことも想定されよう。同時期の木簡は、今後の出土事例の増加に伴い、これまでの文献史料からは窺い知れない新しい史実をもたらすことが期待される。

大化前代においては、倭王権下のもとで地方支配を図る上で、在地有力層を国造に任じたことが「国造本紀」（『先代旧事本紀』巻十）に記されている。このうち、北陸道諸国に関係するものとしては、十三国造を確認することができる。中でも、大宝二年の越中国四郡の越後国への分割以前の旧越中国域に蟠踞したと考えられる国造としては伊

弥頭国造、久比岐国造が知られる。（前項参照）

そしてイミズといえば、令制射水郡や在地勢力としての射水臣氏の存在を想起せしめるが、両者の地縁や系譜上の関わりについては、必ずしも定かでない。また、その用字についても検討する必要があろう。（次項参照）

註

（1）平成十年（一九九八）の氷見市柳田布尾山古墳の発見以降、氷見市周辺域を中心とする古墳をはじめとして、さらなる注目が集まっている。県内古墳の成立時期や形状、所在構成等に関しては、研究者によって見解に相違も見受けられるが、近年における研究として、小黒智久「古墳時代後期の越中における地域勢力の動向」（『大境』第二五号　富山考古学会　二〇〇五年）、高橋浩二『富山の古墳―氷見・雨晴の首長と日本海』（富山県・日本海学推進機構　二〇〇七年）・「古墳時代の越中」（『古代の越中』所収　高志書院　二〇〇九年）、『富山市百塚遺跡発掘調査報告書』（富山市教育委員会　二〇一二年）等において県内地域毎の時代別分布について言及しているので、参照されたい。（前掲）この中で、富山市百塚遺跡について若干触れておく。百塚遺跡Ｅ―１区の遺構番号ＳＺ15は、直径十二メートルの古墳時代後期の円墳であり、周溝から同時期の須恵器四点が出土した。そして、須恵器の蛍光Ｘ線による胎土分析結果から、石川県羽咋市ウワノ1号窯で生産された製品が供給された可能性が高いとされている。これは、他に富山県氷見市園カンデ窯、石川県小松市二ッ梨窯、大阪陶邑窯との分析データとも比較検討しての結果である。後の婦負郡北部を拠点とする百塚遺跡ＳＺ15の被葬者が県内の在地勢力ではなく、後の羽咋郡における在地勢力との関係性を有していたことを物語るものであるという。この時代の広域間における水陸を介しての流通の問題を考える貴重な事例として、挙げておきたい。

（2）古墳時代中期の氷見市イヨダノヤマ三号墳（円墳）は、朝日長山古墳と系統や所在地を異にするものの、有力層の墳墓として短甲を副葬している。また、同期の谷地二号墳も若宮古墳に先んじ連なるものとして短甲を有することなどから、王権勢力との関係性において注視すべき存在である。

（3）橋本繁「韓国木簡論―漢字文化の伝播と受容」（『岩波講座　日本歴史　第20巻　―地域論〈テーマ巻1〉』（岩波書店　二〇一四年）において、韓国木簡の出土数を「七五〇点あまり」（二〇一四年二月現在）とする。李成市氏によれば、「一二三九点」という数字を挙げている。（「朝鮮日報日本語版」　二〇一七年一月二九日配信記事）

（4）本項の木簡に関する内容は、概ね独立行政法人文化財研究所奈良文化財研究所編『評制下荷札木簡集成』（東京大学出版会　二〇〇六年）における、釈文及び解説を踏まえて記述した。なお、文献史料に関わる記述内容については、基本的に既述の研究成果を踏まえることとした。

第二節　射水臣氏とその動向

一　律令制下の射水臣氏―イミズの用字

古代における射水臣氏は、史料の僅少な時代にあってその消長を僅かながらも平安全期にわたって確認することのできる氏族である。一族の流を汲む者としては、平安後期の射水親元、三善為康といった篤信家の顕著な活動も窺うことができる。また奈良時代、射水郡領氏族として、阿努君氏が存在したことも挙げねばならない。このように、古代射水郡には、他郡に比して多彩な歴史が展開されていったことが指摘できよう。

『日本書紀』天武天皇十三年（六八四）十月一日条には、いわゆる八色の姓について次のように記している。

己卯朔、詔して曰はく、更諸氏の族姓を改めて、八色の姓を作りて、天下の萬姓を混す、一つに曰く、真人、二つに曰く、朝臣、三つに曰く、宿禰、四つに曰く、忌寸、五つに曰く、道師、六つに曰く、臣、七つに曰く、連、八つに曰く、稲置、（略）

さらに同日、守山公、路公、高橋公、三国公、当麻公、茨城公、丹比公、猪名公、坂田公、羽田公、息長公、酒人公、山道公の十三氏に真人姓、十一月一日には大三輪君以下、五十二氏に朝臣姓を授けている。さらに十二月二日、大伴連以下五十氏に宿禰姓、翌年六月二十日には、大倭連以下十一氏に忌寸姓を授けられた。

ここにおいて八色の姓が定められたものの、実際に賜姓に与ったのは真人、朝臣、宿禰、忌寸四姓であった。従来からの身分秩序のうち、真人にはすべて公姓、臣、連、君、直姓から、天皇家との系譜関係を重視して抽出し、朝臣、宿称、忌寸姓を与えて新しい身分秩序を構成したものとされている。これにより、畿内氏族と地方豪族、上級・下級官人層の出身氏族とをさらに明確に区分するとともに、こののちの律令制下における階層を構成していく基ともなったとされている。

これらは大化以降、甲子の宣、庚午年籍の作成をはじめ、浄御原令の編纂開始、天武十一年（六八二）の考選基準詔や氏上の選定政策などを経てのものであった。しかし、姓全ての序列化には至らず、これらの下部組織に従来からの臣、連、伴造、国造が残されることで、これまでとは異なる、新たな官僚制度が形成されていったものである。こうして、従来の臣姓を有する中央氏族には朝臣姓が授けられ、八色の姓の六位に位置する臣姓は、そのまま固定化されて地方豪族などに多いものとなっていったと考えられている。

前項に引き続き、大宝令施行以前、浄御原令制定前後の動向の中で、律令制の秩序形成が様々な面で実施され、それは中央と地方との間においても明瞭な差異を構成していった。本項で取り上げる射水臣氏は、後述する利波臣氏とともに、郡名及び氏族名と姓名とが一致するものである。ただ、用字については利波臣氏の場合、異なる場合があるので、この点は後述する。（次節参照）

臣とは、大身―勢力を有するという語義に由来すると言われる。臣姓氏族には吉備臣、出雲臣など、地名と一致するものが多くあるが、連姓氏族である大伴連、中臣連などの職業を示す伴造的なものとは、自ずと性格を異にするとされている。それ故に、臣姓氏族は、当該地域における有力層であり、後に律令官僚制度に組み込まれ、系列化されていったことが想定されている。

ところで、序章において述べたように、「能登」国名の決定に当たり、能登郡を拠点とする能登臣氏と羽咋郡の羽咋君氏との勢力関係から、能登臣氏の優位性が想定されている。これに先立つ、「国造本紀」（『先代旧事本紀』巻十）にみえる大化前代からの能等国造と羽咋国造などの伝統的権威の存在も、時間の経過とともに変化を来たし、畿内勢力と関わりの深いとされる君姓氏族と後の郡名と同名の臣姓氏族との間に、勢力的格差を生ぜしめていったものであろう。（序章参照）

翻って、隣接する越中国にも国府の占定や官道・駅家などの設定、水陸交通の整備をはじめとする律令制的地方行政組織の整備に当たり、軌を一にする動きが想定される。また、郡名の選定やその分割、整備が一国内における当該期の勢力的関係やこれまでの伝統的権威とも関わり、それが郡衙などの所在とも密接な関係性をもつことなども十分考えられるからである。

しかし、射水郡領に位置する射水臣氏の存在を確認することは難しく、また史料的に在地勢力が同時期に勇躍割拠する様までは、見い出し得ないのが実情である。ただ、僅かな事象からその歴史像をかいま見るとともに、以下に越中国における氏族の動向をとらえていきたいと思う。

まず、私が取り上げるこの時代における射水郡の特徴的性格は、国府所在郡ということである。そして、射水臣氏が勢力の源泉とした地を同郡に希求することも自明のことであろう。奈良時代、射水臣氏が登場するのは、次に掲げる正倉院に伝存する年次未詳の紙箋（断簡）においてである。（『大日本古文書』三―五八七）

越中国射水郡寒江郷戸主三宅黒人戸牒

天平勝宝四年十月十八日

越中国射水郡三嶋郷戸主射水臣□

前掲の内容から天平勝宝年間のものであり、他史料から推して調綿を輸貢した際のものと想定されている。この中で、三嶋郷の地名が見える。『万葉集』巻十七には、三島野の詠歌が存在する。三嶋郷を三島野と重ねて考えると、『越中志徴』や『加越能三州地理志稿』等では、遺称推定地から富山県射水市のうちの旧大門町、大島町、小杉町にかかる範囲をその比定地とされている。

一方、ミシマの語源を辿っていくと、シマは「島」のみならず、周囲と水や丘などで隔てられた区域、微高地、盆地、マウンド、中之島などを指すとされる。接頭語ミが尊称であると想定すると、他とは性格を異にする特定の（重要な）地域を意味するとも解されている。（『古代地名語源辞典』（東京堂出版　一九八一年）等）三嶋（島）の名称は、『和名類聚抄』に数カ国の郡・郷・駅名にわたって確認することができる。

いずれにしても、射水川の河川交通と曰理駅や国津となる曰理湊を擁し、陸路もさることながら湾岸沿いに隣国能登国府及び加嶋津への水行を容易にするとともに、官道となる北陸道や国内支道、日本海海上交通の要衝たる越中国府に近接する地として、その重要性が指摘される。

次に、富山県中新川郡立山町辻遺跡出土木簡の事例を取り上げる。以下、調査報告書に基づく。

・［　　　］長□部是女乙嶋北□三和廣麿射水

・　(510)・38・18

さらにもう一点、次のように記載されている。

・□□□葦□里正墨□郡司射水臣□□

・　(382)・38・18

同木簡は、別個に二メートル離れて検出されているが、幅（38ミリメートル）及び厚さ（18ミリメートル）の法量がともに同寸であり、前者を上部にして両者が中央部で接合して、もとは一点であったことがわかる。これらの中に、「射水」及び「射水臣」の字句が確認できるのである。また、「里正」の二字からして、先述した郷里制施行期のものと想定されること、さらに同遺跡が新川郡に所在することから、「郡司」の二字を新川郡司と仮定すると、射水臣氏と新川郡との関わりが窺われることになることを指摘しておきたい。

正倉院文書では、養老五年（七二一）「下総国葛飾郡大嶋郷戸籍」（『大日本古文書』一―二一九）、木簡では静岡県浜松市伊場遺跡、同県藤枝市御子ヶ谷遺跡（志太郡衙跡）の里正の事例が知られるが、全国的にもこの事例は少なく、郷里制下における貴重なものである。また「長（谷）部」、「三和」、「是女」、「乙嶋」、「廣麿」など、在地における氏名や人名とおぼしき記述が窺われることも指摘できよう。

次に挙げる新潟県長岡市（旧三島郡和島村）八幡林遺跡出土木簡においても、射水臣氏に関する木簡が検出されている。貢進物の荷札木簡とも想定される。以下、同木簡の釈文及び遺跡の性格等の解説については、調査報告書に基づくものである。

「<射水臣□□□□×　(100)・22・5　039

同遺跡所在地は、大宝二年（七〇二）の越中国四郡の越後国への分割以降の古志郡である可能性が高いと考えられてきた。そこで、平成三年（一九九一）から同五年度にかけて、範囲や性格などの確認調査（文化庁補助事業）が実施された。その結果、遺跡範囲も四万平方メートルを超え、検出された遺構には、最大規模を有する大領館の性格をもつものや海岸部と内陸部とを結ぶ、連絡路の可能性のある北陸道（官道）の支道とみられるものも確認されるに至ったのである。

この道路遺構は、両側に側溝をもっており、道路幅は溝の心々で四・五メートルを測定するという。また、郡符木簡や木簡の釈文「沼垂城」、「大家驛」と記したもの、墨書土器「大領」、「郡殿」、「郡佐」、「厨」や奈良三彩をはじめとする数多くの遺物から、奈良時代より平安時代にかけて機能した、越後国古志郡衙関連施設であることが確実になったとされているのである。平成七年には、その資料的価値から「国史跡 八幡林官衙遺跡」として指定されるに至った。

一方、同木簡の出土から奈良時代前期には、すでに同氏の存在を知ることのできることが挙げられる。また、射水臣氏の勢力圏が越国の三越分割以前から、同氏が時空間的にかなり広範にわたっていたことの査証であるとする調査担当の見解も示されている。越後国の出土木簡の事例が、越中国へも歴史的意義の及ぶ貴重なものであろう。

さらに、『日本三代実録』仁和二年（八八六）十二月十八日条には、次のように伝えている。

十八日壬戌、（略）」越中国新川郡擬大領正七位上伊彌頭臣貞益、私物を以て官用を助け、民に代りて公を済す、仍りて外従五位下を授け借しき、」（略）

この中で、新川郡の擬大領伊彌頭臣貞益が、私物をもって官物の代納を請け負ったことにより、正七位上から一躍五位を得たとするものである。このことは、伊彌頭臣氏が当地において、経済的基盤の醸成のもとに蟠踞してきたことにほかならず、長年にわたって同郡における影響力を及ぼしてきた結果でもあろう。

一方、「越中国官倉納穀交替記残巻」（滋賀県大津市・石山寺文書）には、延喜十年（九一〇）七月九日、同十月十五日に砺波郡擬大領従八位上射水臣常行の存在を確認することができる。いくつかある検倉の際の同人の記名事例のうち、次の事例のみを取り上げることとする。（原文及びその異同については、拙著『越中古代社会の研究』参照）

（略）

川上村

東中一板倉、収納糒肆佰伍拾陸斛捌斗参升 除年々交替定

　　右一間、延喜十年十月十五日 医師大初位下依智秦公広範

国司 守従五位下清原真人正基
　　 介従五位下上毛野朝臣茂実　権掾従七位上伊勢朝臣茂行

郡司 擬大領従八位上射水臣常行
　　 擬少領従八位上利波臣保影

（略）

　　　延喜十年七月九日 史生従八位下紀朝臣広宗

国司 守従五位下清原真人正基
　　 権掾従七位上伊勢朝臣茂行

郡司 擬大領従八位上射水臣常行
　　 擬少領従八位上利波臣春生　擬大領従八位上飛鳥戸造嘉樹

（略）

射水臣氏が十世紀に入って、砺波郡の擬大領の任にあることがわかるものである。以上、断続的ながら八、九世紀及び十世紀初頭までの間に越後国古志郡のほかに、越中国射水郡・新川郡・砺波郡において射水臣氏の存在を確認することができた。

射水臣氏のこうした動向を見ていくと、同名の射水郡を越えて広範囲にわたって勢力を有してきたことが窺える。しかも少ない事例ではあるが、全て臣姓を有していることがわかる。すでに八幡林遺跡に見られるように、おそらく大宝二年の四郡分割以前から当地において勢力を保持し得るとともに、越中国内にあっても早くから広範に存在せし

めたであろうことも想定されるのである。

このことを考える糸口として、奈良時代における能登地域の在地勢力の事例を参考にしてみよう。まず、『万葉集』巻十八―四〇六六～四〇六九は、天平二十年（七四八）四月一日に掾久米朝臣広縄の館で宴会を催したおりの史料である。

四月一日、掾久米朝臣広縄の館にして宴する歌一首

（略）

4069 明日よりは継ぎて聞えむ霍公鳥一夜の故に恋ひ渡るかも

右の一首は、羽咋郡の擬主帳能登臣乙美の作なり、

この中で大伴家持や遊行女婦土師とともに、羽咋郡領の能登臣乙美が詠歌を行っている。また、「丹裏古文書」（『大日本古文書』二五―一三五）では、次のようにある。

能登臣三千 年卅九 越中国能登郡八田郷戸主能登臣石村戸口

天平勝宝二年五月十一日

これは、能登郡八田郷の戸主能登臣石村の戸口三千が智識優婆塞として貢進されたことを示している。そして、天平勝宝五年（七五三）十月には、次掲史料の鳳至郡大領能登臣智麻呂の存在も窺うことができる。（「正倉院宝物調絁墨書銘」）

越中国鳳至郡大屋郷舟木秋麻呂調狭絁壹匹 長六丈広一尺九寸

天平勝宝五年十月主当国司正七位上行掾阿倍朝臣継人 主当郡司大領外正八位下能登臣智麻呂

舟木秋麻呂の調狭絁の貢納に際して、国司とともに大領として能登臣智麻呂が所掌に与っていることがわかる。これら史料は、全て能登地域が越中国に併合されていた時期のものである。

能登臣氏の勢力に関してはすでに述べたが、同氏も能登郡のみならず羽咋郡、鳳至郡へも勢力の伸張を見ることができよう。先に、能登国名の決定に関しては、能登臣氏の存在を指摘したが、射水臣氏の他郡への進出のあり方は、能登臣氏のそれと同様、広範な勢力圏を有して律令制施行期を迎えるとともに、少なくとも平安前期にまでも至ったものと想定されるのである。

次に、『日本三代実録』にみえる「伊彌頭」の用字についてである。この点に関しては、「国造本紀」に見える「伊彌頭」国造の用字と共通する。(5) 射水臣氏が伊彌頭国造の系譜を直接引くとするものは、「越中石黒系図」（現 石黒弘子蔵）である。それによれば、大河音宿祢が「志賀高穴穂朝天皇御宇五年秋九月、詔定賜伊弥頭国造矣」（原史料「弥」）とあり、その孫麻都臣を「射水臣祖」とするものであるが、その可否については、なお様々な検討がなされている。

先に挙げたように、『日本三代実録』仁和二年の記事に新川郡司として、「伊彌頭」が登場することは、他の射水臣氏関係史料に比して特異な印象を受けるものである。次々項において述べるが、利波臣志留志の初見記事には、「礪波臣志留志」（『続日本紀』）とあることから、好字二字令以後の郡名の用字を意識したものか、それとも六国史それぞれの編纂上の問題とも関係するものか、定かではない。(6)

また、『先代旧事本紀』の成立時期には諸説あるが、九世紀初頭から遅くとも十世紀初頭に収まるとされている。「国造本紀」には、後に国郡名となる同用字の二字表記や令制施行前後の木簡資料記載の用字と同様のものも見うけられるほか、一字や四字表記、さらに「珠流河」（するが）、「知々夫」（ちちぶ）、「久比岐」（くびき）をはじめ、三字表記も少なくない。

ところで、『和名類聚抄』では、射水郡の訓を「伊三豆」、『万葉集』巻十七から十九では射水郡や射水河、射水之郷を詠む中で、万葉仮名などで「伊美都」（三九八五）、「伊美豆」（三九九三・四〇〇六）と表記されている。因みに、『和名類聚抄』に見える郡郷名などで、「水」を「美都」、「美豆」と訓むものを挙げていくと、信濃国更級郡清水郷、陸奥国志太郡洒水郷、備中国英賀郡水田郷などがある。

万葉仮名を見ていくと、「い」の音に伊、以、射（訓仮名カ）など、甲類「み」に彌、美、三（訓仮名か）、乙類には未、味、微などがある。同様に、「つ」には都、通、追、「づ」に豆、頭などが挙げられている。[7] こうした事例を重ねると、「水」が果たして一様に訓まれたか詳らかでないが、彌は美と同じく「み」とすることが首肯される。また平安期以降は、真仮名と称することが一般的であったとされる。この分類の適用に関しては、真仮名専用文による平安期の古辞書等にも用いられているが、字訓の目安としてここに提示した。

そこで、後述する郡名「砺波郡」と氏族名「利波臣」の用字に相違する一方、『日本三代実録』の同史料を除く「射水臣」と郡名「射水郡」のそれが同一であることは、やはり一考を要するのではないかと思われる。以上のことから憶測を重ねることとなるが、古代の人名表記において、異なる用字による事例は幾例も見い出すことができるものの、「伊彌頭」の用字は、『先代旧事本紀』や『日本三代実録』の編纂上の問題と何らかの関わりを有するものかとも想定している。

二　平安期の射水氏と三善為康

律令制下において、臣姓を有して活躍してきた射水臣氏は平安時代前期以降、その動向について詳らかにすることができない。すでに、諸氏族に対して朝臣姓が広範に賜与される時代にあって、八色の姓そのものも形骸化する過程を辿っていったものと言えるのではないか。

そこで、断片的ながら以下にその後の射水氏の動向を留めておくこととする。はじめに、永承三年（一〇四八）閏正月十三日「越中国前雑掌射水成安解文」（根津美術館所蔵東大寺文書）には、次のようにある。

越中国前雑掌射水成安解　申進上東大寺御封事
　合陸拾斛、代漆六升
右件漆三合充一疋、々別充三石、并六十石代、□（進カ）上如件、
永承□（三カ）年壬正月十三日越中国前雑掌射水成安
□陸升事　　目代在判
□代可奉下状如件、但可□
□壬正月十三日

この中で、越中国衙において前雑掌であった射水成安が、東大寺に御封を進納したことが知られる。次に、『除目

大成抄』（国替）に射水宿祢好任の存在を見ることができる。

康平二　越中大掾正六位上射水宿祢好任（停春宮大夫藤原朝臣天喜四年給備中掾秦助頼、所任、）

天喜二年春去年給、以尾張秀任備中掾、同四秋以助頼改任、

この記載から康平二年（一〇五九）、越中大掾に任命された正六位上射水宿祢好任とその交替の経緯とを窺うことができる。

また、『拾遺往生伝』や『元亨釈書』、『扶桑寄帰往生伝』などに登場し、康平年間（一〇五八～一〇六五）に没した越中介射水親元の存在も特筆される。三善為康が著した『拾遺往生伝』には、九十五人の異相往生者が集められているが、親元はその一人として挙げられる人物である。

この中で、親元のことを「越中国員外別駕」とあり、他二書は「越州別駕」、「別駕」と記載する。別駕とは介の唐名であるが、詳細は省くものの、為康が同書においてあえて員外国司としていることは、他に比して留意すべきであると考える。この中で、親元は出家して法華経を学んで大般若経を写し、或いは断食七日に及んでも飢気なく、毎日念仏六万遍唱えていたとしている。

そして、射水氏の出身として著名な三善為康が挙げられる。為康は、永久四年（一一一六）に『朝野群載』三十巻を編纂した人物である。このほか、『懐中歴』や『掌中歴』、『続千字文』や『童蒙頌韻』、『世俗決疑抄』、『金剛般若霊験記』、『拾遺往生伝』や『後拾遺往生伝』などをはじめ、多くの書物を著したことで現在にその名を留める、稀有な存在である。

『本朝新修往生伝』には、「算博士三善為康は、越中国射水郡の人なり、其の先祖は射水を以て姓と為す、治暦三年、年始十八にして、土を離れ洛に入る、算博士三善為長朝臣に師事す、」とある。為康が治暦三年

（一〇六七）、十八歳で入洛したことからすると、生年は永承五年（一〇五〇）になる。しかし、諸書にあるように保延五年（一一三九）八月四日に九十一歳で卒したとすると、生年は永承四年ということになり、齟齬をきたすことになる。（こうした場合、卒年に重きを置いて考えるとすると、一応、後者に従うこととする）

為康の生年から考えると、少年期に先の射水親元の死を身近に知っていたことになるであろう。そして『拾遺往生伝』が他二書に比して、親元像をより具体的に記載していることは、あるいは同族として念仏者の姿勢に感銘して、その後の為康の信仰に帰依する原形ともなったことと想定されるからである。

為康の事績は、『本朝新修往生伝』や『元亨釈書』などに詳細に記載されている。為長に師事した為康は入室の弟子となり、三善と改姓する。そして、紀伝道を学んで「郷貢」により、式部省試及第を経て立身を図ろうとしたものの、合格に叶うことはなかったのである。

職員令大国条の守の職掌の一つには、「貢挙」があるが、在地有力層出身の為康が国司の推挙を得ての上京であることを推測せしめる。年齢を重ねて少内記、そして算道に精通して算博士、諸陵頭を兼任（他、尾張介、越前権介）、さらに五位に至るなどの経歴が窺われるのである。

一方、日常においては色欲を絶ち、五十歳から日に念仏一万遍、肉食を絶ち、禁酒など篤信の日々を送り、臨終に際して猶子行康の出家の勧めに応ぜず、「答へて云く、往生極楽は信心有るべし、必ずしも出家に依るべからず、」として、己が志を貫徹している。また、『拾遺往生伝』の巻頭にある、「予の慕う所は極楽なり、帰する所は観音なり、」「普賢の行ひを以て吾が行ひと為し、観音の心を以て吾が心と為す」とある理念のもと、実生活を通して浄土往生に至る信心を得たものであろう。

入洛後の経歴や精神世界については、先学の研究に譲るとするが、在地有力層出身の為康が省試及第を果たすことなく、官歴に恵まれない官人として過ごした境遇に焦点を当てて考えることは、実に的を射ている。そして、生涯にわたる為康の視点には、かならずしも官僚制社会の秩序にとらわれない在地官人や民衆に注がれていたことが想定される。（原田真由美　二〇一四年）

為康の人物伝を通して地域史を見るとき、少なくとも射水親元をはじめとする、十一世紀中期以降の越中国における浄土信仰の流布と、その後の急速な展開を汲み取ることができよう。そして、少なくともその担い手のひとつとなったのが、射水氏一族の系統であったことになろう。このことは、本項下記の「越中国百万遍勤修人名」においても、触れ得ることとしたい。

なお、「三善氏系図」（『続群書類従』第三十五輯　拾遺部）には、「（略）―為長―為康―行康―行衡―（略）」とする系譜がある。(8) また、近世の諸書には、為康の出身を射水郡草岡とも足洗、草島ともする古伝承がある。秀逸の書物を数々、生み出した地方出身の為康の事績―中でも往生伝の編纂は、為康自身の日常生活に立脚したものであり、上記の信仰理念を踏まえて官僚制社会に身を置くことで、已が終身としたものであろう。そして、その背景にある在地の新たな胎動や中世的世界の展開を見過ごすことは、できないと思われる。

次いで久安三年（一一四七）、『祇園社記』（御神領部第十二）には、射水宿祢某の存在をみることができる。

留守所下　堀江荘
　可令早任御庁宣状免除官物雑事等事
右去年十二月廿三日庁宣到来偁、件庄任前司庁宣、早為不輸荘、可令免除官物雑事之状、
所宣如件、○者任状施行如件、依下、
　久安三年正月十五日
　　惣大判官代江作一字不見判
　　射水宿祢判

目代出羽権守一字不見判

越中国留守所が前司の庁宣に任せて、堀江荘を不輸荘として官物雑事を免除した中に、在庁官人のうちの一人として見えている。この時点でも在地にあって、政務に与っていることがわかる。これまでの同氏の動向から平安時代中期以降、中央に出仕して都人にも衆目を集めたり、郡司あるいは在庁官人として、越中国において勢威を有してきた在地有力層であったことが首肯されよう。ただ、宿祢姓を有することや先の射水臣氏と如何に関わるものか、なお検討を要するものでもあろう。

さらに鎌倉期に下ると、滋賀県甲賀市（旧甲賀郡信楽町）玉桂寺所蔵になる阿弥陀如来立像胎内文書「越中国百万遍勤修人名」にも、同氏と思われる痕跡を辿ることができる。（なお、同立像及び胎内文書は、宗祖法然上人八〇〇年大遠忌を記念して二〇一〇年、浄土宗本宗に請来された）これは、勢観房源智が師と仰いだ法然の一周忌にあたる、建暦二年（一二一二）に勧進して造った結縁交名である。そして、平安時代末頃からの越中国にまつわる念仏者、約四千名が記された中には、射水恒忠・氏忠などの存在を窺い知ることができることであろう。

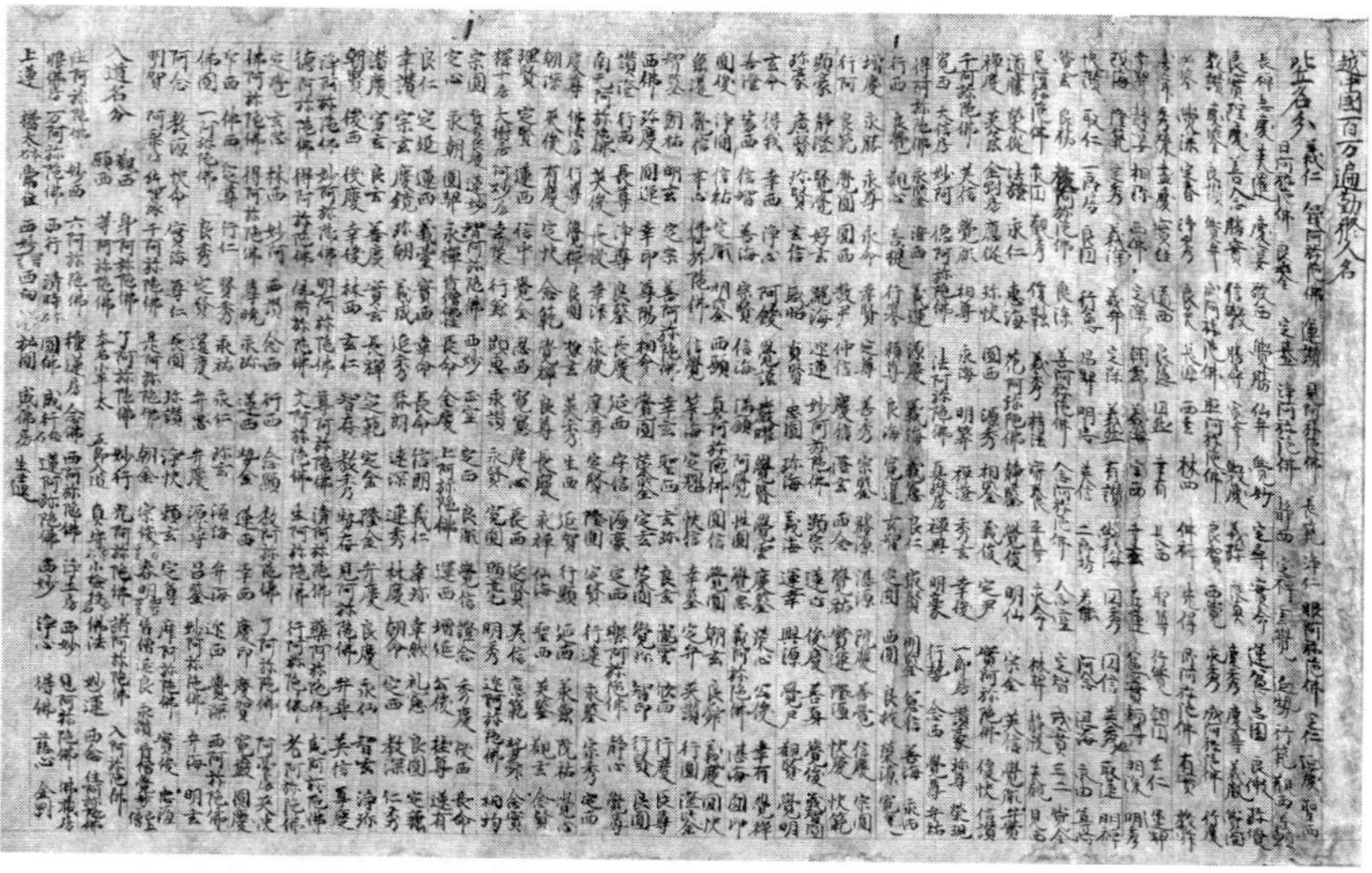
越中国百万遍勤修人名

図４　越中国百万遍勤修人名（冒頭部分）（浄土宗財務局 提供）

また、射水氏や三嶋氏、砺波氏、能登氏、江沼氏、ハクイノ氏、コシノ氏をはじめとする、北陸道諸国における令制下の郡領層の後裔とも考えられる氏名を見出すことも特徴的である。ただ記名数などから、同史料から清原氏や宮路氏などの知行国主の目代などとして、越中国に下ってきたと考えられる氏族とこれら在地有力層との間には、その勢力に格差を生ぜしめたようである。

しかしながら、この「人名」に見る帰依者数には、目を見張るものがあり、篤信家であった射水親元や三善為康などとともに、平安中後期の越中国における念仏普及の広範な高さを痛感することができよう。また、これまでの断片的な史料ながら、郡司層や在庁官人層などによる越中国内や国衙支配の一端が、同氏によって律令制施行期以降も長期にわたり実施されてきたことの証左として、考えることもできるのではなかろうか。但し、同氏のこの流が嫡庶いずれにわたるものか、不詳とせざるを得ない。

三　阿努君氏と射水郡

天平勝宝三年（七五一）八月五日、少納言に任命された越中守大伴宿祢家持が帰任するに際して、『万葉集』巻十九—四二五一の詞書では、次のように記されている。

五日平旦に、上道す、仍りて国司の次官已下諸僚ら、皆共視送る、時に射水郡大領安努君広嶋が門前の林の中に、預て餞饌の宴を設く、ここに大帳使大伴宿祢家持の、内蔵伊美吉縄麿の盞を捧ぐる歌に和ふる一首

（略）

国司次官以下が家持を見送る中で、射水郡大領安努君広嶋が、門前の林中において餞饌の宴を設けるとともに、介内蔵忌寸縄麻呂が惜別の盃を捧げる和歌を詠み、家持がそれに和して一首を詠む場面である。令制国の長官の離任、

帰京に際して国府所在郡領の長官が餞の宴会を催すという、他史料には類を見ない稀有な情景である。

戸令造計帳条によれば、計帳は六月三十日までに作成して、八月三十日までに太政官に送ることとなっていた。四度使の一つである、大帳使となった大伴宿祢家持が八月五日、帰京に際してその任に当たったことになるのであり、こうした記載にも当時の律令制度施行の一端をかいま見ることができよう。

さらに、奈良時代における唯一の射水郡司として確認することができるものとして、ここに阿（安）努君氏の動向を知り得るのである。そこで、次に同氏の所在を確認できるものとして、天平宝字三年（七五九）十一月十四日「越中国射水郡鳴戸村墾田図」（奈良国立博物館蔵）には、次のようにある。

三宅所四段直稲三百束、在櫛田郷塩野村、主射水郡古江郷戸阿努君具足

これは、射水郡古江郷の阿努君具足が同郡櫛田郷塩野村の地四段を直稲三百束で取得し、三宅所（荘所）に充当したことを示して、古江郷から櫛田郷への同氏の進出を窺うことができるものである。この二例ほかに、奈良時代の越中国における同氏の存在を確認することはできない。同氏名には広島と具足のように、安努と阿努の相違のあることが知られるが、用字の異同は、同時代の諸氏族に見うけられるものである。

ところで『和名類聚抄』には、射水郡十郷のうちに阿努郷の所在が窺われる。さらに、同郷の所在を示すものとして、天暦四年（九五〇）十一月二十日「東大寺封戸庄園并寺用帳」（東南院文書）には、越中国関係分の封戸として次のようにある。

越中国百五十戸

調綿七百卌七屯四百卌一屯射水郡百戸料、阿努古江郷、三百六屯新川郡五十戸料、志麻郷、
庸綿三百五十屯百九十九屯八両射水郡、百五十屯八両新川郡、
祖穀三百六十五斛三斗九升一合　中男作物胡麻油四斗一升三合二斗五升五合射水郡、二斗五升新川郡、

仕丁六人国未到日功銭十二貫七百卌四文、養絹九疋、

東大寺の封戸五千戸の施入時期に関しては、諸史料によって曲折があるが、『続日本紀』天平勝宝二年（七五〇）二月二十三日条の三千五百戸を増加して、都合五千戸になったと理解されている。このことは、天平宝字四年（七六〇）七月二十三日「淳仁天皇東大寺封戸勅」（『大日本古文書』四―四二六）や『新抄格勅符第十巻抄』神事諸家封戸　寺封部に見える封戸内訳の内容が一致することなどによるとされる。後者によれば、越中国はこの時、「封戸二百戸」と定められていた。

そしてこの時期には、射水郡阿努・古江郷及び新川郡志麻郷をもって、越中国東大寺封戸百五十戸を構成していることがわかる。また、両郡では調綿、庸綿、中男作物胡麻油、租穀などを進納している。食封のうち、寺院に割り当てられたものを寺封と言い、公民の戸を五十戸毎に給して封戸の調、庸、そして租の二分の一、または全部を収得するとともに、仕丁二人を使役することになっていた。この史料から、二郡三郷分として品目等の計上されていることがわかる。

さらに、原則として五十戸をもって一郷を構成することを考えると、阿努・古江両郷そのものが、東大寺封戸に指定されたことになろう。奈良時代からの両郷の設定を想定するとき、ここに勢力を有すると考えられる阿努君氏の管掌のもとになされたことが推測されるのではなかろうか。

阿努の地名に関しては、永暦元年（一一六〇）三月日「前太政大臣家政所下文写」（陽明文庫所蔵兵範記紙背文書）

にも窺われる。これは、前太政大臣藤原忠通家政所が藤原顕成の解状により、越中国司藤原光隆の「阿努御庄」に対する妨害を停止させて、同庄相浦村の年貢雑事を勤進することを求めた中に見うけられるものである。

同庄の四至は、「四至阡□（陌カ）東限出雲宮、南限水海半分、西限高禅寺、北限波□志峯也、」とあり、水海が万葉歌にも詠まれた布勢水海と考えて、そこを南限とする地にあったことがわかる。同地については、近世の阿奴庄等に至るまで各史料に数々、窺うことができる。『越登賀三州志』では、現在の富山県氷見市上庄川流域の上庄谷から余川谷に向かう地域を中心に比定しており、四至にある北に峯と接する地である。

次に、古江郷も阿努郷と同様に、『和名類聚抄』に郷名として見えるものである。高山寺本『和名類聚抄』では「布留衣」、大東急記念文庫本は「布流江」、名古屋市博物館本に「フルヘ」と訓んでいることがわかる。『万葉集』巻十七・十九には古江村（四〇一一・四〇一五左注）、旧江村（三九九一題詞・四一五九題詞）として登場する地に所在したものであろう。

比定地については、『郷荘考』が現在の氷見市下田子付近、『大日本地名辞書』は、現在の同市神代・宮田、富山県高岡市大田の十二町潟南岸付近とするなどして、若干の相違を見る。また、古江の語義が布勢水海の入江を指すとする見解もある。同郷は、布勢水海の南辺で布西郷に西接すると想定されることから、これら三郷の大方の位置関係を窺い知ることができよう。

以上のことから阿努君氏は、現在の氷見市を中心に蟠踞して射水郡領にまで昇ったものと想定される。同氏は君姓を有しているが、君姓氏族は一般的に、中央豪族乃至は地方豪族として存在していたものである。八色の姓では公姓十三氏に真人、大三輪君、上毛野君などの君姓氏族には、朝臣姓に与ったことが窺える。

ところで、『続日本紀』天平宝字三年（七五九）十月八日条には、「天下諸姓、君の字を著くる者は換ふるに公の字を以てし、伊美吉には忌寸を以てす、」として、君から公への改姓を命じている。八色の姓における公と君は、表記から明らかな区別が窺えるが、天皇の「君」を姓とすることや恵美押勝の「美」を回避したことが、理由として挙げられている。しかし、阿努君氏に関してのその後の動向は、不詳である。

そこで、問題となるのが射水郡における阿努君氏と射水臣氏の存在である。大略、阿努君氏は、阿努・宇納・古江・布西郷などを中心基盤としていたと考える。さらに、射水臣氏が射水川下流域及び郡中東部地域をその勢力基盤として、棲み分けていたことも念頭に置くことができるのではなかろうか。

前述したように、能登国の能登臣・羽咋君両氏がかつて二郡を代表するかたちで勢力圏を有していたことを想定したが、越中国射水郡の場合、阿努君・射水臣両氏の二姓が能登国二氏と共通するものの、同一郡を基盤としたであろうこととは相違する。こうしたことは、むしろ、次節で述べる利波臣氏との勢力圏の動勢に留意すべきものと想定している。

さて、先に挙げた『万葉集』中に掾久米朝臣広縄の館で、羽咋郡擬主帳能登臣乙美が家持とともに和歌を詠じている。また、このあとに登場する家持の和歌の左注には、「右は、郡司已下子弟已上の諸人、多く此の会に集ふ、因りて守大伴宿祢家持、此の歌を作れり、」とある。（巻十八―四〇七一）

さらに、天平勝宝二年（七五〇）正月二日には、越中国庁において「諸郡司等」とともに年賀の饗宴を行っている。（巻十八―四一三六題詞）このように、諸郡司及びその一族が折に触れて国府に出仕していたことがわかり、国司と在地勢力との様々な交流の一端を窺うことができる貴重な史料である。

註

（5）建久三年（一一九二）八月「伊勢大神宮神領注文」（皇太神宮建久已下古文書）では、伊勢神宮祢宜等が越中国等の神領子細を注進した中に弘田御厨、射水御厨が見える。この中で弘田御厨は「仁平年中建立」(一一五一～一一五四)、射水御厨は「往古建立」とある。また延文五年(一三六〇)『神鳳鈔』には、「建久四年二宮進官注文」に神宮領越中国弘田御厨、鵜坂御厨とともに、伊水御厨の上進分が記載されている。「伊水」の用字の事例として、留意しておきたい。『越中志徴』では、伊水御厨を射水郡加納村(富山県氷見市加納)に比定する。これは、「加納」の語義に基づくものとも想定されているが、比定地はいまだ不詳である。

(6)『続日本紀』天平勝宝三年(七五一)正月二十七日条には、猪名部王の男「礪波王」(三嶋真人)の存在がある。諸王の場合、郡司の貢上する子女をはじめ、後宮との関わりなど、郡名と考えられる同様の事例からも論議されている。

(7)小林芳規執筆「万葉仮名」(『国史大事典』巻十三　吉川弘文館　一九九二年)では木簡、『古事記』、仏足石歌、『万葉集』、「正倉院文書」の用例を分類して掲載している。諸史料によっては、事例掲載の扱いに相違が見られる。『古事記』や平城宮木簡は呉音、『日本書紀』は漢音を主とするという。『岩波 日本史辞典』(岩波書店　一九九九年)等においても掲載されているので、参照されたい。

(8)同系図は、以下の校合の過程を経たことが添書されている。「内閣文庫所蔵和学講談所旧蔵諸家系図纂巻二十七之中所収南家系図為底本、更以静嘉堂文庫所蔵本(イ)校合了、昭和三十八年六月　甲田利雄」、「右、三善氏系図、更以彰考館文庫所蔵本(ロ)、神宮文庫所蔵本(ハ)校合了　昭和四十四年六月　所功」

第三節　利波臣氏と砺波郡領氏族

一　八、九世紀の利波臣氏―トナミの用字

古代越中において射水臣氏とともに、その顕著な活躍を記すことのできるものが利波臣氏である。日本古代における地方豪族に関しては、あまり史料に恵まれないことが多い中で、同氏の動向は極めて稀なものである。特に、郡司制度に関する研究に投げかけた課題は、大きいと言わざるを得ないものである。以下、各項ごとのテーマに沿って述

べることとしたい。

滋賀県大津市石山寺に現存する「越中国官倉納穀交替記残巻」（石山寺文書、以下「交替記」）は、一筆で書かれて全面に「越中国印」を捺され、延喜十年（九一〇）を最下限としてほどなく記された越中国司の交替公文とされる。記載は、断片的ながら天平勝宝三年（七五一）から百六十年間にもわたるものであり、砺波郡川上村、意斐村をはじめとする村々の正倉の稲穀の収納状況を詳細に留めている。

また、検倉に当たった国司・郡司名が記され、古代の倉庫制度をはじめとする律令地方財政制度の実態を指し示すものとしても重要である。そして、本節においてテーマとする利波臣氏やその他の氏族は、砺波郡司としてこの期間における在任の様子を伝えるものである。様々な歴史的意義を含んだ一国一郡の変遷を俯瞰する古代史料として、夙に留意すべきものである。

同史料の書誌学的研究に関しては、すでに様々に報告されており、それに委ねることとする。ただ同寺には、「周防国玖珂郡玖珂郷延喜八年戸籍残巻」や『延喜交替式』が伝えられていることから、中務省や民部省への報告及び国司交替に関することで、「交替記」との共通点を見出すことも指摘されている。しかし、首尾完結している紙背『伝三昧耶戒私記』がいかなる経緯のもとに所蔵されるに至ったかは、詳らかでない。（石山寺文化財綜合調査団編　一九九六年）

本項では、利波臣氏とともにその他の砺波郡領氏族の動向について取り上げる。まず、トナミの用字について述べてみたい。先に記したように、『続日本紀』には礪波臣志留志が見えるが、この記事が唯一、「礪波臣」とするもので、氏族名は「利波臣」とする。（次項掲載）古代の文献史料にあっては、基本的に八世紀以降の郡名に「砺波」、氏族名は「利波」とすることが窺われる。

しかし、木簡史料では、次の事例が窺われる。まず、平城宮木簡のうち、平城宮造酒司関係の木簡が出土する同地区と推定される遺構から、次の木簡が出土している。人名を表記する他の木簡が伴出するとともに、三字目が「郡」ではないと判読されることから人名とする。（『平城宮木簡　二』一九七五年）

・利波□　　37・(13)・2　6081

次に、平城宮左京二坊坊間大路西側溝から出土した平城宮遷都直前の事例である。（『木簡研究』第十号　一九八八年）

・越中国利波郡川上里鮒雑
・腊一斗五升　和銅三年正月十四日　　105・26・6　032

さらに、平城京左京三条二坊八坪南北溝から出土した、いわゆる「長屋王家木簡」と総称される中にある。（『平城宮発掘調査出土木簡概報』二十七　一九九三年）

・利波郡大野里　　(108)・(30)・5　039

そして、次の木簡は〇九一型式（削り屑）であるが、判読が難しいものである。（『平城宮木簡　五』一九九六年）

・□〔中カ〕国□□□〔利波郡カ〕　　091

さらに第一節において、飛鳥京跡苑池遺構出土の評制下荷札木簡から「高志国利浪評」の釈文は、既に述べたところである。そして、『続日本紀』和銅六年（七一三）五月二日条にみえる、『風土記』の撰進や諸国郡郷名に好字を着すことなどが契機となり、その後、定着していったことが想定される。

ところで、これまでトナミの郡名と氏族名においては、一定の使い分けがなされていたとする見解も見うけられた。しかし、前出の木簡のうち、後二例の場合は年次不明であるものの、他国の事例などから勘案して、「利波郡」とする表記も併存していたことを示すものであろう。そうした意味で木簡は、新たな事例を供してくれるものである。同様のことは、『和名類聚抄』においても見うけられ、越後国磐船郡に「利波郷」の存在が知られる。「丹裏古文書」には、「越後国石船郡津波郷戸主財部志奈布戸口」（『大日本古文書』二五―九一）の表記があるが（傍点筆者）、利波郷と同一のものか不明である。ただ『和名類聚抄』にはこのほかに、越後国磐船郡「坂井郷」、同国沼垂郡「足羽郷」といった、越前国の郡名と同一の郷名も確認されることから、大化四年（六四八）に越と信濃の民を選んで磐舟柵戸を設置し、蝦夷に備えたことなどとの関連も指摘されている。（『日本書紀』）

またその後、度々行われた北陸道諸国による蝦夷征定のための後方支援政策との関わりも考えられる。（『続日本紀』）さらに同用字としては、郷里制をはじめとする地方行政制度の変更にも関わるものでもあろうか。先に挙げた用字の使い分けは、あくまでも古代における公文書等において認められる傾向と思われる。のちに近世、近代における文書に郡名「利波」を用いていることは、言を俟たない。

次に、「交替記」に見られる利波臣氏に関しては、先学の研究やかつて発表した内容を以下に簡潔にまとめて提示する。（表2参照）

㈠「交替記」に見られる利波臣氏は、ほぼ全期間を通して砺波郡司としてその任にあったことがわかる。特に、八世紀半ばからほぼ一世紀以上を経て代を継いで、大・少領、擬大・少領に就いている。しかし、九世紀半ば以降、その在任に濃淡があることは否めない。（次々項参照）

㈡利波真公のように、臣姓を脱漏したと想定されるものや中臣御成に見られる外少初位下⇩大初位下⇩外少初位下と昇位、降位が見られることから、史料の取り扱いに慎重を要するものもある。また利波臣田人の同日位階、正倉の

年月日	大領	擬大領	少領	擬少領	主政	擬主政	主帳	擬主帳	村名
天平勝宝3・6・27（751）			外従八下 利波臣虫足				外大初下 蝮部北理		意斐
天平宝字1・12・4（757）			外従八下 利波臣虫足		外大初上 蝮部北理				意斐
宝亀2・7・22（771）	外正八下 利波真公								意斐
延暦3・6・22（784）		従七上 利波臣大田							意斐
延暦10・6・6（791）		正六上 利波臣大田							意斐
大同2・9・14（807）		従八下 利波臣田人		利波臣豊成					川上
大同2・9・14（807）		従八上 利波臣田人		利波臣豊成					川上
大同3・7・4（808）		利波臣豊成				中臣家成			意斐
弘仁9・10・15（818）			外少初下 利波臣豊成		外従八下 飛鳥戸造有成				意斐
天長4・11・21（827）				従八上 (副)飛鳥戸造浦丸		中臣家成 利波宮成		秦人部古綿	川上
天長7・8・3（830）		外正八下 利波臣甥丸		少初下 (転) 秦人部益継					意斐
承和13・9・2（846）			外従八下 利波臣奥継		外少初下 中臣御成				意斐
仁寿2・11・7（852）		大初下 (転) 中臣御成				大初下 春米吉長			意斐
斉衡2・6・29（855）		外従八上 利波臣氏良 外少初下 中臣御成							意斐
貞観4・8・1（862）	外正八上 利波臣氏良	従八上 利波臣安直							川上

貞観5・4・30（863）		外大初下（転）品治部稲積		飛鳥戸造貞門					意斐
貞観6・7・8（864）		大初下（転）品治部稲積 ←		飛鳥戸造今貞					川上
元慶2・3・3（878）		外大初下 品治部鴨雄		白丁 飛鳥戸造貞氏					意斐
元慶7・3・19（883）		従七上 穂積穀守		従八上 利波臣氏高					意斐
寛平3・3・29（891）		正六上 秦忌寸常岡							意斐
寛平9・8・5（897）		正八下 飛鳥戸造春宝		无位物部連茂生 无位粟田時世					意斐
延喜10・7・9（910）		従八上飛鳥戸造嘉樹 従八上 射水臣常行		従八上 利波臣春生					某(2)
延喜10・10・15（910）		従八上 射水臣常行 ←		従八上 利波臣保影					意斐、川上 某(1)、某(2)

表2 「越中国官倉納穀交替記残巻」にみえる郡司

木本秀樹『越中古代社会の研究』（高志書院　二〇〇二年）より掲載。

寸法や稲穀の収納量そのものにも明らかに誤記が疑われるなど、記載数値に注意を要する内容も窺われる。

㈢利波臣大田は、従七位上から正六位上に昇位していること、利波臣豊成のように、擬少領より擬大領に昇格してから外少初位下に叙位され、次に正任の少領に就任した者がいることは、史料の少ない郡司制度全体のあり方を考えていく上でも、極めて貴重な事例である。一方、利波臣氏良に見られるように、擬大領から正任の大領に昇格するとともに、七年間に外従八位上から外正八位上に二階昇位している。郡領の人事の実態として昇進、昇位の様子を確認することのできるものである。

㈣利波臣氏を通して見ると、内位、外位や大・少領と主政・主帳との相対的な上下関係が見られる。そして、位階も无位から正六位上に至るまでの差異が見うけられるなどの実態を知ることができよう。こうした実態を踏まえて考えると、志留志が无位から一躍、外従五位下に叙せられたことは、特筆すべきである。その意味でも㈢大田の場合は、外長上として位階を極めた事例と言えるのではなかろうか。

㈤貞観四年（八六二）の正任の大領利波臣氏良の存在以降、「交替記」では、すべて擬任郡司のみが登場する。この背景には、史料の残存状況も十分踏まえねばならないものの、擬任郡司を郡務に据えることで郡司制度の系列化を図り、国司としての一層の有利性を保持しようとする思惑が働いたと想定する見解もある。

㈥「交替記」から、一族の続柄を探ることは困難であるが、大田と田人、豊成と宮成、氏良と氏高など、通字と想定されるものも窺われる。また、臣姓を帯びていない宮成を除き、その他の利波臣氏は、すべて叙位に与っている。いずれにしても、奈良時代中期から延喜年間に至るまで、一郡内において郡領としての地位をこれほど保ち得たことは、次に述べるその他の氏族の台頭を認めながら、なお、一定の優位性を保持することのできた源泉でもあったのであろう。

以上が、「交替記」に見える利波臣氏の特徴的な動向である。この中で、㈠に関しては、米田雄介氏が擬任郡司制に関して、八世紀と九世紀との実態の異なることをすでに指摘している。そして、九世紀に入ってからいわゆる後期型擬任郡司の成立によって、利波臣氏以外の新興階層にも郡司補任の途が開かれたり、階層分化の結果をもたらしたとする見解も挙げている。（米田　一九七六年）
郡司の叙位・任用は、選叙令郡司条や叙郡司郡團条にもその要件が記されている。一方、官位相当にはない大領には外従八位上、少領には外従八位下に叙せられ、その選限が十考と規定されている。また、考課令国郡司条をはじめ令条文には、郡司の考課に関して規定されているが、こうした史料そのものが僅少な中で、「交替記」には、砺波郡司の存任の上・下限を知り得る者が記されていることも稀な事例である。

㈢に関して、擬大領から正任の少領になる事例は、『続日本紀』天平十二年（七四〇）九月二十四日条に見ることができる。すなわち、藤原広嗣の乱が勃発して、鎮圧に当たった大将軍大野朝臣東人が、「長門国豊浦郡少領外正八位上額田部広麻呂」に精兵を率いて、派遣せしめた中に登場する。

そして広麻呂は、天平十年「周防国正税帳」（『大日本古文書』二―一三三）に「長門国豊浦郡擬大領正八位下額田部直広麻呂」とあることによるものである。このとき、位階に「外」が欠落したとすれば、少領となって一階昇位したことになる。擬任郡司から正任郡司に任じられるという、極めて数少ない事例であることは間違いないが、郡司制度の実態を示すものとしてさらなる検討を要するものと言えよう。

二　利波臣志留志の活躍

利波臣志留志の動向を挙げる上で、天平年間の政局を概観することとしたい。天平十二年（七四〇）十一月、藤原広嗣の乱が終息したが、それまで諸国を彷徨していた聖武天皇は年末、恭仁宮に行幸し、翌年正月には、恭仁宮で朝賀が行われた。さらに同年二月、国分寺僧寺・尼寺建立の詔が発せられるとともに、恭仁京に遷都、十一月には「大養徳恭仁大宮」と名づけられた。

そして、同十四年正月には大宰府の廃止（同十七年六月復置）、八月には近江国甲賀郡紫香楽村に離宮を造営して行幸している。また、同十五年正月には恭仁京で朝賀が行われ、五月、橘諸兄を左大臣に任命、そして墾田永年私財法も発せられた。さらに十月十五日には、盧舎那仏金銅像一軀造立の詔が発せられて、紫香楽に寺地を開くこととした。（『続日本紀』）

ところが同十六年（七四四）二月、難波宮を皇都とする勅が出されることとなる。そして十一月には、甲賀寺に盧舎那仏像の體骨柱が建って、天皇自らその縄を引いたとある。しかし、同十七年正月、紫香楽宮の垣墻は未完成の状態であり、四月には宮周辺に山火事、五月にわたって地震が頻発するとともに、社会不安も募り、ついに平城に遷都するという混迷を極める期間が続いたのである。地震はその後も頻発するとともに、天皇の不予も伝えられている。（『続日本紀』）

一方、同年八月二十三日、盧舎那仏造立の大事業も大和国に移されて行った。この時の様子は、「大和国添上郡に於いて、同像を造り奉る、天皇専ら御袖を以て土を入れ、持ち運びて御座に加ふ、然る後、氏々の人らを招し集ひて、土を運び、御座を築き堅る、」と記されている。（『東大寺要録』）この数年の間には、政局がめまぐるしく推移していくことになる。

そうした中で同十八年（七四六）六月、大伴家持が越中守に任命される。同十九年三月には、先の「大養徳国」を改めて「大倭国」となった。これは同九年十二月、大養徳国から改められたものが、旧に復したのである。さらに天平宝字二年（七五八）頃には、「大倭国」から「大和国」に改められる。（『続日本紀』）こうした一連の動きは、天平七年からの疫病の大流行に伴い、天皇の薄徳を戒めるとともに、先の恭仁京に大養徳を付したことも皇権の正当性を主張することにあったが、ここに来て藤原仲麻呂の台頭とともに、橘諸兄の影響力の低下を示すものでもあったとされる。

そして、同十九年九月二十九日、盧舎那仏の鋳鎔が始まるのである。（『東大寺要録』）この鋳造工事が行われる僅か前、『続日本紀』同年九月二日条には、次のように伝えている。

乙亥、河内国の人大初位下河俣連人麻呂は銭一千貫、越中国の人无位礪波臣志留志は米三千碩を盧舎那佛の知識に

奉る、並びに外従五位下を授く、

この記事は、利波臣志留志が米三千碩を盧舎那仏の知識に献上して、无位から外従五位下の位階を授けられたことを示している。「造寺材木知識記」（『東大寺要録』）には、東大寺に財物を奉加する者として、十人の名が挙げられているが、その中に「河俣人麿銭一千貫」とともに「利波志留志米五千斛」と記載されている。これらが、志留志の初見史料である。

同知識記には、これら人物の献物記載のあと、「自余の少財は之を録さず、」とあることから、特筆すべき人物を中心に掲載されたことがわかる。この時代、献物叙位のみを通して、国史上に登場する人物は幾人も見うけられるが、志留志はこれに留まらず、こののち、さらなる事績に応えていくことになる。毎年三月、東大寺二月堂で執行される修二会（お水取り）では、今日でもなお、「米五千石奉加せる利波志留《りはしる》の志《さかん》」として読まれている。以下に、志留志の動向を順次、記していく。

次いで、『続日本紀』神護景雲元年（七六七）三月二十日条には、志留志のことが次のように記載されている。

己巳、（略）外従五位下利波臣志留志を越中員外介とす、（略）始めて法王宮職を置く、（略）外従五位下利波臣志留志に従五位上を授く、墾田一百町、東大寺に献ずるを以てなり、

先年、重祚称徳天皇のもとで増長してきた道鏡政権が法王宮職を設置した日であり、前後の動向として、藤原仲麻呂政権の色彩を払拭したり、支持勢力となる人物の任官、叙位が行われて、新たな諸政策を次々に打ち出す状況のもとでの寄進である。この日、志留志は、任官及び叙位に与っているが、ともに東大寺墾田地経営に基づくものであり、道鏡政権に対応しようとする思惑が、透けて見えるであろう。

天平宝字三年（七五九）十一月十四日「越中国礪波郡伊加流伎開田地図」（正倉院所蔵）の四至には「南利波臣志留志地」、南側に「外従五位下利波臣志留志地」とある。また、神護景雲元年十一月十六日「越中国礪波郡伊加留岐

村墾田地図」(正倉院所蔵)の四至には、「南同寺墾田地井山村」とあることから、志留志が東大寺に献じた墾田地は、後の井山庄であったことになる。

井山庄は、天平神護三年(七六七)五月七日「越中国司解」(『大日本古文書』五―六六二)に、「井山庄地壹伯貳拾町」とあり、神護景雲元年(七六七)十一月十六日「越中国礪波郡井山村墾田地図」(正倉院所蔵)にも、「井山村地合壹伯貳拾町」とある。志留志が東大寺に献じた百町の墾田地は、二十町を付加して井山庄に再構成されたものであろう。

これより先、二月六日には太政官符が民部省、十一日には民部省符が越中国司に下されている。これによると、当年は班田が実施される年であったものの、東大寺から訴えがあり、前回の班田のおりに班田国司守阿倍広人等が公田と寺田とを誤って百姓に班給したこと、そして郡司、百姓らが寺田使を捉打したことにより、その紛争の解決を命じたものであった。(『大日本古文書』五―六三九・六四三)

この紛争は二月二十八日、民部省牒が東大寺三綱所に送られて裁定したこと、さらに四月二日には、越中国司が東大寺三綱所に対して、「民部省符壹紙公田与寺家田所相誤勘正状」を検領したことを知らせて、ここにきて紛争に関する一応の決着を見たものであろう。(『大日本古文書』五―六五二・六五七)

ただ、同年五月七日「越中国司解」(前掲)には、四月九日太政官符が出されて、「(略)礪波、射水、新川等参郡に在る東大寺未開田地、肆伯壹拾町参伯参拾貳歩は、宜く便に志留志をして検校せしむべし、」との命令が下されている。そしてこの日、越中国司の連名により、検校の様子を報告したのであった。

この時、志留志は、「従五位上行員外介利波臣志留志」として署名を残している。ここに、員外介としての具体的な活動に従事していることがわかるが、同解記載の各墾田地の総地のうち、見開地や未開地などの数値内訳を詳細に見ていくと、かならずしも合計の一致しないことが知られる。

さらに、同年十一月十六日「越中国司解」（『大日本古文書』五―六八五）には、十処の東大寺墾田幷びに野地の田数及び墾田地図が利波臣浄貞に付して報告された。それにも越中国司とともに、志留志が署名している。その追筆には、同二年九月九日に田図が東大寺三綱所に送られていることもわかる。

同墾田地図は、礪波郡井山・伊加留岐・杵名蛭村、射水郡須加・鳴戸・鹿田村、新川郡大荊村のもので、志留志は「専當国司従五位上行員外介」として署名している。ただ、同解には、五月七日「越中国司解」と比較して、総地及び見開地の短期間での増加が目につくことが指摘される。また経営状況については、先の志留志による寄進にもかかわらず、その推移を見ていくと、見開率の低下や荒地の増加など、所在三郡にそれぞれ異同のあることも指摘されている。

いずれにしても、東大寺の墾田経営には、様々な問題が内在していたと想定せざるを得ないのである。そして、『続日本紀』宝亀十年（七七九）二月二十三日条には、次のように記される。

甲午、従五位上利波臣志留志を以て伊賀守とす、（略）従五位下廣田王を越後守とす、（略）

この時、前年二月四日に伊賀守に任じられた廣田王が一年余で越後守へ転任し、その後任に志留志が任じられることになったのである。そして、延暦二年（七八三）二月二十五日には、外従五位下尾張宿祢弓張が伊賀守に任じられており（『同』）、それまでには、志留志の交替したことがわかる。

ところで尾張宿祢弓張は、延暦元年（七八二）十二月二日の奏言によると、弓張らの二世の祖、近之里が持統四年（六九〇）以降、居地名によって小塞姓を賜ったが、庚午年籍により尾張姓を願い出て許されたとある。左京人正六位上小塞連弓張らは、宝亀八年七月二日に宿祢姓を賜っている。（『続日本紀』）

すでに弓張は、天平勝宝五年（七五三）十一月二十六日に東大寺写経所請経使（『大日本古文書』一二―二八九）、翌年十一月十二日には校生となっており（『同』一三―一一四）、東大寺経営との関わりが窺われる。天応元年

（七八一）六月七日には、外従五位下として内掃部正に任じられている。（『続日本紀』）志留志、弓張の伊賀守補任は、ともに初見史料からすでに三十年を経過しており、両者の年齢相当のほどが窺われる。

また、天平宝字三年七月三日、伊賀守に任じられた人物として、陽侯史令珍が挙げられる。天平勝宝元年五月五日には、陽侯史真身の男、令珍、令珪、令璆、人麻呂四人が、各々銭千貫を献じたことにより、外従五位下を授けられた中にいる。（『続日本紀』）ただ、令珍と志留志とでは、政権の異なる時点での任命であり、伊賀守補任の背景や性格などについては、不詳とせざるを得ない。

ところで、先に挙げた天平神護三年二月二十八日「民部省牒」は、東大寺三綱所に送られたが、越中国のみならず、伊賀国、越前国においても寺田と百姓口分の班給等をめぐるトラブルをかかえていたことを示している。また、伊賀国は、等級が下国（『延喜民部省式』）とは言え、大和国に隣接し、伊賀山作所として経営されていた阿拝郡玉滝杣、名張郡板蝿杣などの存在から、東大寺経営の拠点として様々な物資が供給された国でもあることに注視しなければならない。(9)

志留志の伊賀守補任は、これまでの寄進や越中国での専當国司としての経営手腕が評価されての人事であったとする一方、道鏡政権における墾田寄進及び叙位と、その十二年後の光仁朝における任官が、かならずしも相関関係を有しないとする見解もあることに留意しなければならない。（次項、蝮部氏の項参照）

なお、大伴家持は、宝亀七年（七七六）三月五日に伊勢守に任じられ（国史大系本は六日とする）、同十一年二月一日に伊勢守から参議となっている。(10) 一方、志留志は宝亀十年二月二十三日に伊賀守に任じられて、延暦二年（七八三）二月二十五日に尾張宿祢弓張が後任となるまで在任していたと想定すると、家持と志留志は約一年間、伊賀・伊勢両国を接して在任していたことになる。（『続日本紀』）（中条充子　二〇一四年）

東海道諸国の近国のうち、初国と次国に位置する両国の長官となった経緯は、不明である。しかし、既述の個々の事例を線的に結びつけることが難しいものの、任官を介しての越中国における奇縁も感じざるを得ない。

三　砺波郡領氏族の動向

本章では、これまで利波臣氏及び利波臣志留志の動向について述べてきた。そこで本項においては、「越中国官倉納穀交替記残巻」に登場する利波臣氏を除いた、特徴となる氏族を取り上げ、先学の研究やかつて発表した内容を以下に簡潔にまとめて、提示することとしたい。

㈠八世紀半ばから九世紀半ばにかけて、利波臣氏が大・少領、擬大領をほぼ占有してきた感があるが、それ以降、六氏が擬大領に就任しており、同郡における勢力関係が大きな画期を迎えたことも考えられる。中でも、位階等の記載に疑義が感じられなくもないが、中臣氏が九世紀初期から主政クラスに登場して、擬大領へと昇進していくことが窺われる。

㈡中臣家成と御成のように、通字と覚しき「成」から近親ないしは一族関係を想起させるとともに、代を重ねる中で一族の勢力を砺波郡において維持してきた様子を想定することもできる。特に、中臣家成の擬主政から御成の主政における位階の変遷、そして転擬大領・擬大領への昇進は、その実例から不詳とする点が多いものの、郡司制度のあり方を考える上で、貴重なものと考えられる。

㈢「転」、「副」を付する擬任郡司の在任については、郡司制度としての側面と現実的な処遇上の増員によるものとする点についてである。「交替記」では、百六十年にわたる砺波郡司の在任が断続的ながらも窺われるが、『類聚三代格』では、この時期における正任・擬任郡司に関する規定も度々、変更されている。

おそらく国司の対郡司政策、そして地方支配そのもののあり方が、時代とともに実態を反映していき、時に臨み変遷していかざるを得ないことを示すものであろう。ただ、変更法令の内容が、「交替記」記載の郡司に如何に反映されるかは難解である。

㈣㈡、㈢に関することは、飛鳥戸造氏にも窺われるものであり、断続的ながら、弘仁年間から延喜年間までの九十年余、特に貞観年間以降、砺波郡での勢力を築いてきたことが窺われる。この中でも、擬少領に任じられた貞門、今貞、貞氏が「貞」一字を戴いていることは、注目してよいと思われる。

さらに、貞観五年（八六三）から元慶二年（八七八）までの十五年間、おそらく擬少領に連続的に就任していることも特筆すべきことと思われる。中臣氏と同様、繋累を重ねてきた経緯が寛平、延喜年間における春宝、嘉樹の擬大領就任へと連なっていったものであろうか。

㈤中臣氏や飛鳥戸造氏の動向は品治部稲積、鴨雄の転擬大領就任など、他の氏族にも窺えるものであろう。以上、砺波郡の郡司在任の様子を天平勝宝年間から延喜年間までの百六十年間、二十二次にわたる検倉の様子を概観することができる。この期間には、長短ある二十一年号のうち、断続的とはいえ十四年号に渡って記載されている。郡司職の記載に濃淡あることは否めないが、国司に比して郡司の在任が長いことを考えると、この期間における世代間も、大方の記載をみていると想定できるのではなかろうか。

このほかには、擬大領となった正六位上秦忌寸常岡がいる。『万葉集』に度々登場して詠歌を残す者に、大目秦忌寸八千嶋と少目秦忌寸石竹がいるが、石竹の経歴から考えて中央官人と考えられる。秦忌寸氏には、造寺司関係や東大寺に関わる者、恵美押勝の乱での行賞など、幅広く活躍する人物が窺われる。

しかし、神護景雲元年（七六七）、東大寺墾田地の開田状況を報告した国司の中に、「正六位上行員外掾秦忌寸黒人」を見出すことができる。（前掲）黒人は員外掾であるが、員外介に任じられた志留志と同じく、在地の人物であるかどうかは、不明である。しかし、「交替記」に見える郡司の中で、利波臣大田とともに最高位の正六位上を帯していることは、大領職を経た他氏に比して、注目すべきである。これら常岡と黒人の在任年次や職制には、相違する面があり、一概には論じ得ないが、注目すべきであると考える。

また、『万葉集』（巻十八―四一三八詞書）に登場する主帳多治比部北里が、外大初位下蝮部北理として、一年余後の「交替記」の記述にも登場する。『万葉集』の記載を経て七年余の間には一階昇位するとともに、主政に昇格していることがわかる。このように、郡司の昇位昇任の期間が、内官に比してある程度確認することができることは、律令官位官職制のみならず、地方制度を解明していく上でも重要である。

ところで蝮部氏に関しては、他氏に比して同氏に関わる奈良時代の越中国における史料が散見されることでもあり、以下に若干述べておきたい。まず、神護景雲元年十一月十六日「越中国礪波郡井山村墾田地図」（前掲）には、四至の南側に蝮部千対の地がある。以前、利波臣志留志が所有していた時点において両者の地は、隣接していたものであろう。

そして同荘東には、「東大寺田四段」とともに、「小井郷戸主蝮部三□戸治田二段百廿歩」が所在する。また同荘には、「荊波神分四段」の存在が窺われるが、このことが意斐郷「荊波の里」から、同荘への蝮部氏の進出を物語るものであるとされる。

一方、井山荘や伊加留岐荘の検田に与った中には、「田使砺波郡副擬主帳蝮部公諸木」の存在がある。同じく、砺波郡においても杵名蛭荘では、「田使伝燈満位僧憬寵」がその任に当たっている。蝮部氏は、砺波郡領として同郡東部地域に勢力を有するとともに、東大寺勢力との関係性の強いと想定される専當国司の志留志と行動を共にして、墾田地図にも署名を残している。この時期を前後して、北理や諸木などが郡領としてその政治的影響力を同郡において発揮したことが想定される。

しかし、神護景雲三年（七六九）三月二十八日「砺波郡司買売券文」には、井山荘四至に「南蝮部公千対地」とあるものの、延暦四年（七八五）九月三十日「国司牒」にはその名がなく、「東南四天王寺田幷神麻続連浄万呂墾田」や北にも四天王寺田の存在が確認できる。（『平安遺文』五―一八六二〜六三）[11] また、「交替記」には天平勝宝三年、天平宝字元年には、蝮部北理が少領利波臣虫足とともに検倉に従事しているが、その後、蝮部氏は、郡領としてまったく姿を現していないことが挙げられる。（藤井一二 一九八六・一九九七年）

さらに、東大寺領の周辺域に新たな諸勢力の土地所有の様子が窺われることなどから、以上の事象が蝮部氏の消長とも想定される一面を見て取ることができるのである。このことは、奈良時代中後期の政権の行方と、志留志の伊賀守補任の背景とも符合することが想定できようか。

付項―「越中石黒系図」研究概観

これまで、『続日本紀』や「正倉院文書」、「交替記」等をもとに、利波臣氏の動向について触れてきたが、これらとともに盛んに論議されてきたのが、「越中石黒系図」（東京都世田谷区　石黒弘子氏所蔵）の存在である。同系図研究の先駆けとなったものは、『福光町史　上巻』（富山県西砺波郡福光町　一九七一年）に掲載されたことによるものである。

木倉豊信は、すでに戦前において、利波氏の後裔が石黒氏ではないかとする推論を提示していたが、同系図の刊行からその史料性が論議されるとともに、古代の利波臣氏と中世石黒党とが系譜上において、繋がることを示して注目を得てきた。さらに、同系図を実見した佐伯有清氏が、その書誌学的研究に言及するとともに、利波臣氏の祖先の「波利古臣」が継体朝において「利波評」を賜り、財古臣が舒明朝において「利波評督」となったとする内容を取り上げて論じたものである。この「評」及び「評督」の記載は、史料の僅少な古代史にあって、特に注目されてきたのである。（佐伯　一九七五年）

一方、磯貝正義氏が郡司の任用に関する観点から、一国一郡内における継続的な在任の実態を論じている。（磯貝　一九七八年）同系図の字句の異同については、磯貝・佐伯両氏によって校訂がなされている。また、米田雄介氏は、利波臣氏の成立から院政期に至る画期を踏まえて、その始祖や本貫、砺波郡司全体の動向や中央貴族の進出など、政治史上の問題にも幅広く言及している。（米田　一九七九年）

そして、これら研究を基に米沢康氏は、利波臣氏を含む孝元天皇の後裔氏族全体を俯瞰するとともに、若子宿祢後裔氏族の北陸在地の有力層の系譜と記紀の系譜伝承との関係性について論じたものである。（米沢　一九八九年）また、尾池誠氏が同系図を実見して、明治期の系図研究者の鈴木真年の筆致であることを論じた。（後掲の宝賀寿男氏著書より教示を得て、参考文献に掲載した）それにより、石黒家に伝えられてきた、昭和九年の函館市大火による原本消失や明治末年における石黒良房氏による、筆写を否定する見解も出てきたのである。

しかし、石黒秀雄氏がその真偽について疑問を呈する中で（石黒　一九九〇年）、須原祥二氏も同系図が東京大学総合図書館蔵本「越中国官倉納穀交替記」写本（小中村本）を参考にして、江戸末期以降に作成された偽系図としている。（須原　二〇一一年）これ以前、同系図と「交替記」写本との関係性に注目したのが拙稿であり、当時の九写本の奥書等を可能な限り見聞して、同系図の形成に迫ろうとした。中でも、『尊卑分脈』や『公卿補任』の記載と段階的な同系図作成の過程についても言及したものである。（木本　二〇〇二年）

また、大川原竜一氏は、「交替記」書写系統に検討を加え、鈴木真年自筆本『真香雑記』から、同系図と同一内容を有する「石黒家系図」を踏まえて、その作成過程を論じたものである。諸史料の内容及びその奥書等、書誌学的観点からも詳細に比較検討して新たな方向性を提示した。（大川原　二〇一〇年）

宝賀寿男氏は、同系図が鈴木真年の筆致になることを以前から確認し、同系図収載の古代の部分の「標準世代」数を勘案して、古代部分の記載はほぼ信頼できる内容としている。これを踏まえて宝賀氏は、上記の石黒・須原両氏の研究に対して批判を展開するなど、他系図に関するこれまでの研究を通して、同系図に関して数多くの見解を展開するとともに、上記諸研究に対しても精力的に論述している。（宝賀　二〇〇九・二〇一七年）

さらに下鶴隆氏は、同系図掲載の利波臣氏の中の「諸石」の記述に着目し、「諸」を「誌」の誤記と解釈して、「しるし」と読むことのできる可能性を指摘している。（下鶴　二〇〇五年）志留志に関しては、これまで同系図にその存在を確認できないことをもってして、その信憑性を疑問視する見解があった。しかし、同系図から志留志と活動年代が合致する利波臣虫足・真公らとの世代関係も、「交替記」の記載年次と符合することなどから、宝賀氏は、この見解を高く評価している。「諸石」の記述には、大川原氏の反論もある。（大川原　二〇一五年）

以上、発表の時系列に前後したものもあるが、同系図に関する先学の主な研究を概観してきた。しかしながら、初期の段階で進められてきた研究に対して、その後、疑義を呈するものも見うけられるようになり、さらにそれらに対して、反論も提起されて今日に至っている。そして、同系図の記載内容や「交替記」写本との関係性の問題、さらに鈴木真年の同系図のみならぬ、その他、多くの系図研究に対する評価などが議論の対象となってきていることも窺われる。

伝写されてきた同系図と原史料「交替記」、そしてその原史料写本、さらに他系図との関わりなど、研究への新展開を呈するものである。古代に限って言えば、同系図に古代の「伊弥頭国造」、「庚午年籍」、「利波評」、「利波評督」等の記載や越中国に広く勢力を有した射水臣氏の記載が窺われる。拙稿以降、自身に新たな知見を持ち合わせていないことを痛感するが、古代のみならず、越中中世史における砺波郡の在地勢力に関する研究にも、大きな影響をもたらすものとして、今後も注視していきたい。

註

（9）天平勝宝二年五月二十七日「掃部寺造御塔所解」（『大日本古文書』二五―一二一）の「丹裹古文書」外包には、伊賀山作所に出仕した仕丁として越中国の丈部山、椋部千足の存在を知ることができる。越中国のほか、肥後・河内・尾張国から出仕した者も記載されている。

（10）『公卿補任』宝亀十一年条では、家持の参議就任に当たり、前歴として「(宝亀)七年三月兼伊世守、」とある。しかし、『続日本紀』宝亀六年十一月二十七日条には、家持が衛門督に任じられたが、同七年三月六日条では、家持が伊勢守に任じられ、藤原朝臣家依が治部卿のまま衛門督を兼任していることから、おそらく、『公卿補任』の兼官の記載には、錯簡があることと思われる。

（11）『続日本紀』神護景雲元年十一月壬寅条には、播磨国飾磨郡の四天王寺墾田二百五十五町が戊申の年に百姓の口分田に班給されたため、その代替として大和、山背、摂津、越中、播磨、美作六国の乗田及び没官田を捨入したとある。この月に「壬寅」はなく、十月から十一月にかけての他の記事にも、錯簡がみられることから、総じて慎重を要する。「戊申」の年を巡っても諸説ある。『日本紀略』は、同日記事を十月壬寅(二十六日)とするが、この点にも見解に相違が窺える。なお、宝亀四年二月十一日及び同十四日太政官符には民部省に対して、四天王寺田を収めて位田を百姓口分に班給することが下されている。(『大日本古文書』二一―二七三～二七五) この間の経緯と絡めて、これら錯簡とされる記事を考えていくことが、なお求められる。

第四節　古代越中の神々と在地動向

一　神階奉授と越中国

古代の神々は、在地社会のあり方を如実に反映して、様々な姿を史上に描き出してきた。律令国家は、諸国における神々を如何にして系列下に組み入れていくかに腐心してきた様を見て取ることができるが、それは在地支配そのものに直結することでもあった。本節では、越中国における諸神の中で特徴的なものを取り上げ、そこに映し出されてきた当時の社会像に迫りたいと思う。

本来、官人に叙される位階が神々に奉授されるものを神階、あるいは神位とよぶ。このうち、文位の初見は、天武天皇元年（六七二）七月の大和国高市御県鴨八重事代主神、村屋弥富都比売神、牟佐坐神に対するものであり（『日本書紀』）、品位、武位（勲位）の奉授も奈良時代中期から見うけられる。

古代社会にあっては、国家の大事―特に、蝦夷征定や反乱などによる兵革祈祷、災害をはじめ、個々の事象に対して全国的に奉授されたことが認められる。時には、全国一斉に神々に対して、一階の進位が行われることもあった。（第三章参照）神階奉授の手続きは、諸司や諸国司からの申請に基づき、上卿から天皇への奏聞ののち決定され、内記に位記を作成させた。（『新儀式』巻四・『柱史抄』下）さらに、『延喜式』巻十二　内記には、その書式が規定されている。

一方において、神社の官社化の問題がある。それは、神階奉授と官社化が同時の場合、官社化ののちに神階奉授される場合、神階奉授ののちに官社化される場合があり、両者間には、明確な事由を見い出しにくいことが挙げられるからである。その是非は、本章の本旨ではないが、双方に配意して念頭におく必要があろう。

『延喜式』にみえる越中国式内社及び北陸道各国の式内社数、大・小社数については、本書序章第一項「古代北陸道の国制」において掲載している。本項の展開に当たっては、同史料を参照されたい。また同史料は、後掲図5共々、第三章第二節の記載内容にも関わることを示しておきたい。

『続日本紀』慶雲三年（七〇六）二月二十六日条には、「（略）是の日、甲斐、信濃、越中、但馬、土左等の国の一十九社、始めて祈念の幣帛の例に入る、其の神名は神祇官記に具なり、」とあり、越中国を始めとして律令制成立期の早い段階での注目すべき記事である。これは、同月に行われる祈年祭において、官社に頒幣がなされたことを推測せしめるものである。しかも、時期が平城遷都以前の藤原宮段階で越中等国に対して実施されたものであるが、十九社の具体的な名称は、不明である。

このうち、註書にある「神祇官記」とは、『続日本紀』天平勝宝八歳（七五六）十一月十七日条の新嘗会を廃した記事の註の中にも一例あり、その詳細は不詳であるが、のちの神祇式に掲載される基礎資料となったものとも言われる。そこで、六国史に見える越中国諸神の神階奉授の過程を示したものを以下に掲げて、次項以降の参照としたい。（図5）

二　砺波郡高瀬神と射水郡二上神

本項以下には、越中国における特徴的な神階奉授の事例を挙げることとする。まず、六国史における砺波郡高瀬神と射水郡二上神の神階は、次のように散見される。

(1)『続日本紀』宝亀十一年（七八〇）十二月十四日条
甲辰、越前国丹生郡大虫神、越中国射水郡二上神、砺波郡高瀬神を並びに従五位下に叙す、」（略）

(2)『日本紀略』延暦十四年（七九五）八月十八日条
壬午、（略）」、越中国高瀬神、雄神、二上神を従五位上に叙す、

(3)『続日本後紀』承和七年（八四〇）九月二十九日条
辛丑、越中国砺波郡従四位下高瀬神、射水郡二上神に並びに従四位上を授け奉る、

(4)『日本文徳天皇実録』斉衡元年（八五四）三月七日条

図5　8・9世紀の越中国における神階奉授

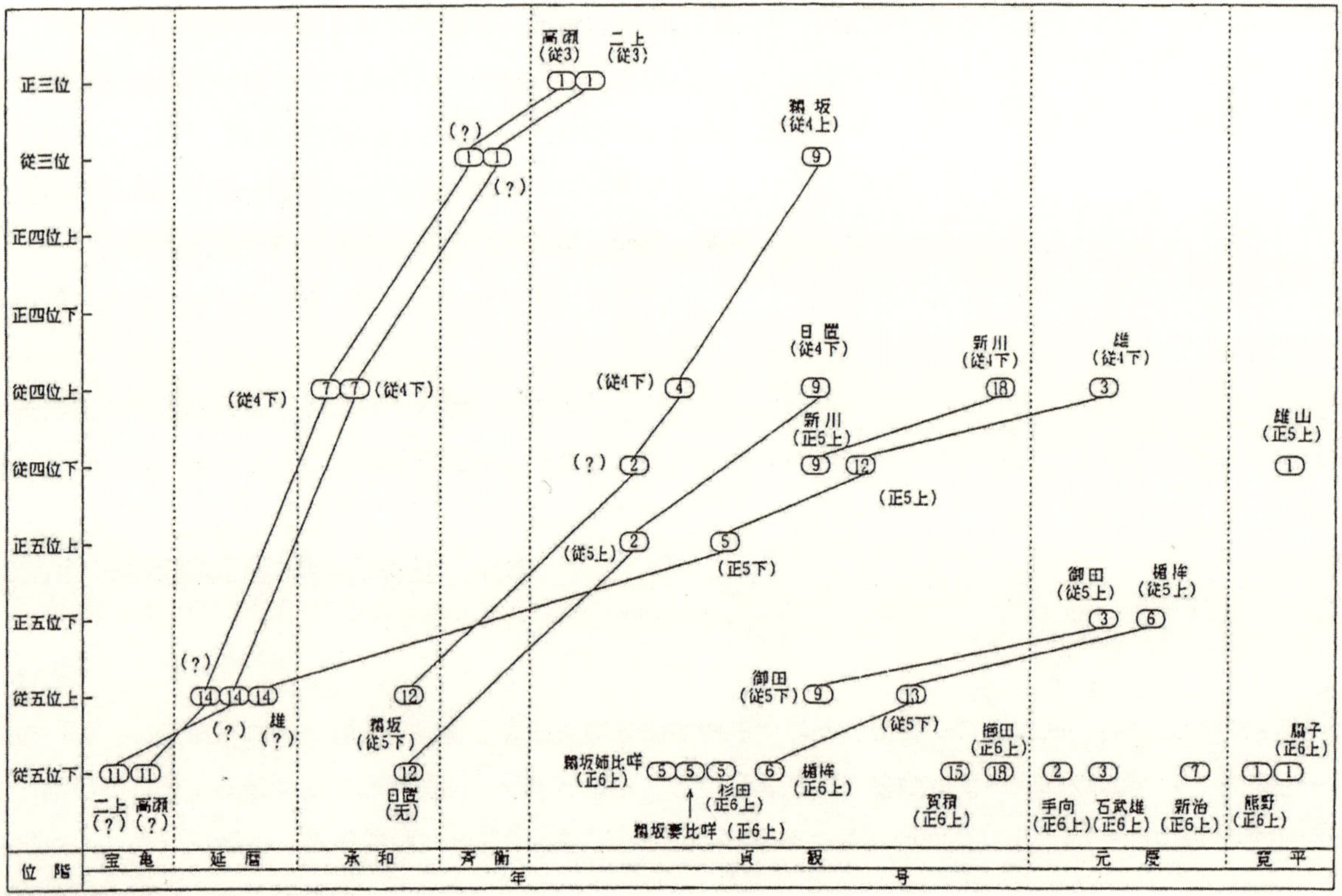

＊⬭の数字は叙位の年次、（　）は昇叙直近の位階を表す。
＊神階は年次及び史料の記載順に記した。

木本秀樹『越中古代社会の研究』（高志書院　2002年）より掲載。

辛卯、越中国高瀬、二上両神に並びに従三位を加ふ、

(5)『日本三代実録』貞観元年（八五九）正月二十七日条

廿七日甲申、京畿七道諸神の階を進め、及び新に叙するもの、惣じて二百六十七社、（略）」越中国従三位高瀬神、二上神に並びに正三位」（略）

明治元年（一八六八）、二上山大権現は、神仏分離令により射水神社と改称、同四年には、国幣中社に列せられた。そして同八年、高岡城址の現在地に遷座している。終戦後、二上の射水神社が独立の神社となり、正式名称を越中総社射水神社、高岡古城公園の同神社は、越中総鎮守射水神社と称する。また、高瀬神が高瀬神社の祭神とすれば、二上神を射水神社のそれに位置づけられるかが求められる。社名と神名とが必ずしも一致しないことは、他国の事例からも首肯されるが、上記の経緯等から、射水神社のそれに見做していきたいと考える。

一方、射水神社は、射水郡式内社の筆頭に掲げられ、出雲本『延喜式』では、「名神大」とあるものの、九条本『同』では、それが気多神社に記載されている。しかし、気多神社が射水郡の最後に配列されていることにより、官社としての創立年次が最新であると暗示されることも指摘されている。さらに、『白山記』にある一宮争いの記事などから、名神大社は、本来射水神社であったものの、気多神社が（第二次能登立国の）天平宝字元年（七五七）前後に気多大社から分祠されるとともに、後に国府権力を背景にして、名神大社の地位を獲得するに至ったとする見解もある。

事実、六国史には、気多神社の記載が皆無であり、その勢力があまり高くないと考えられること、武田祐吉本では、気多神社の項に標注「延」のあることから、『延喜式』編纂時にようやく官社に列せられたのではないかとする。『延喜式神名帳頭注』にも、延喜八年（九〇八）八月十六日、越中気多大神が官幣に預ったとあることもそのこ

とを傍証とする。ただ気多神、居多神は地域神としての性格のみならず、日本海岸諸国一体に広く信仰されてきたことが指摘されている。（後述参照）

ところで、上記の六国史等に見える記事は高瀬神、二上神がともに同日同位に昇叙されていることを示している。しかも、八十年にもわたって両神の同位叙位が確認されるのは、他国においても管見の限りで例を見ないものである。また、『日本文徳天皇実録』斉衡元年（八五四）十二月二十七日条には、「越中国高瀬、二上神等の祢宜、祝に、並びに把笏に預らしむ」とあり、これも同様の措置と考えてよいであろう。

このように、両郡における代表的二祭神が、こうした同等の処遇を受けていることを如何に考えたらよいであろうか。神階奉授の事由については、各国や時期をはじめ、様々な状況の中で想定していくことが求められるが、一例として『続日本紀』に見える北陸道諸国の諸神への奉授を蝦夷征討に関連することも述べられている。（上田正昭　一九八〇年）

また、先の六国史等における神階を与える上での表現を見ていくと、「叙」、「奉授」、「加」、「授」（(5)同記事『類聚国史』）とあって、表現に相違が見うけられる。もとより、こうした表現が、各国史等における編纂方針とも関係するものと考えられるが、六位以下あるいは无位の諸神が如何にして、そののちの叙位に与っていくかを想定する上で検討を要するものでもあろう。

さらに、(1)において「二上神、高瀬神」の順序で記載されているが、(2)以降は、それが「高瀬神、二上神」と逆になっていくことが挙げられる。六国史や式が序列や順序性を重んじることは、編纂の姿勢からも窺われることである。例えば、上位から下位、国郡名なども遠近順、七道毎に記載することなどは、それである。この場合、(1)が記載上の錯簡なのか、あるいは憶測ながら、両者の立場上の逆転なのか、推測の域を出ないものの、ここに留意しておきたいと思う。

そして、⑵と⑶、⑶と⑷間の進階には、昇叙記事があったものと解されるが、それを記録に留めてはいない。また、⑵では、雄神が高瀬・二上両神とともに同位に与るが、その後の雄神の進位のほどは、両神に比して緩やかであり、後発に叙位された鵜坂・日置神に越されていくことが確認される。当初は、高瀬・二上両神に比肩し得るとされたものか、国内事情―とりわけ各郡間の均衡にも配慮したか、あるいは諸神を信奉する在地勢力間の葛藤をも想定せしめる。（次項参照）

一方、前章で能登立国の状況や背景を述べた際、能登臣と羽咋君との政治的立場や勢力圏のあり方に起因することを記したが、本章ですでに述べたように、越中国内における砺波郡の利波臣氏や射水郡の射水臣氏の伝統性や在地支配、勢力圏のあり方などがこうした拮抗する叙位に現れていると言えるのではなかろうか。換言すれば、国内における両郡の在地勢力のあり方を国司、ひいては中央政府が是認することで、均衡を保たせようとする配慮も見え隠れしてくる。

こうした背景には、東大寺や西大寺の墾田地の設定、さらには貴人層の越中国への進出、また、明確ではないが越中国から政府に出仕した人物など、都鄙間における繋がりや影響のほどが歴代の国司層との関わりの中で、如何に機能し得たかも念頭におく必要があろうか。いずれにしても、⑴〜⑸史料のあり方は、二神の特異な史料のあり方を示すとともに、他の諸神との比較検討から、越中古代史の特徴的な歴史像を浮かび上がらせるものとして指摘しておきたいと思う。

三　婦負郡鵜坂神と新川郡日置神

これまで、射水・砺波郡の郡名や氏族名の用字等につき、記述してきたが、婦負郡についても始めに付記しておきたい。『万葉集』巻十七—四〇二二～四〇二三には、婦負郡の初見記載が窺われる。

（略）

婦負郡の鵜坂河の邊にして作る歌一首

4022 鵜坂川渡る瀬多みこの吾が馬の足掻の水に衣濡れにけり

鵜を潜くる人を見て作る歌一首

4023 婦負川の早き瀬ごとに篝さし八十伴の男は鵜川立ちけり

（略）

右の件の歌詞は、春の出擧に依りて、諸郡を巡行し、當時當所屬目して作れり、大伴宿禰家持のなり、

この中で婦負川の呼称は、万葉仮名「賣比河波」（めひかは）に宛てていることがわかる。さらに、巻十七—四〇一六にも次のようにある。

高市連黒人の歌一首 年月審らかならず

4016 婦負の野の薄押し靡べ降る雪に屋戸借る今日し悲しく思ほゆ

右の、此歌を傳へ誦めるひとは、三国眞人五百國是れなり、

この中でも婦負の野の呼称は、「賣比能野」（めひのの）と宛てている。承平年間（九三一～三八）に編纂された『和名類聚抄』には、郡郷名が記載されているが、大東急記念文庫本では、「婦負」の呼称を「祢比」（ねひ）、流布刊本では、「禰比」（ねひ）とする。ところが、名古屋市博物館本では、「メイ」・「子イ」と並記されていることがわかるのである。

また下って、『増訂故實叢書　拾芥抄』（洞院公賢撰）においても、「メヒ」・「ネヒ」双方を記しているものの、尊経閣文庫本及び大東急記念文庫本では、「メヒ」としている。これら写本の系統についても検討を要すると思うが、

呼称の相違が時間差を反映していることも十分、想定される。

ところで喪葬令服紀条には、喪に服する期間が定められ、兄弟の子は七日と規定する。そして、『令集解』同条所引古記説では、「身兄の子、弟の子、案ずるに兄弟の女も亦同じなり、俗に乎備売比と云ふなり」として、兄弟の娘である姪の呼称を「売比」（めひ）、甥を「乎備」（おひ）と訓んでいることがわかる。

古記とは、大宝令の注釈書であり、天平十年（七三八）頃に成立したと考えられている。先に売比川の和歌を詠んだ家持は、同年十月十七日には、内舎人とある。（『万葉集』巻八―一五九一左注）家持の養老二年（七一八）生年説が有力であるならば、この年に二十一歳を迎えたこととなり、古記と同時代の人物となろう。

本居宣長が著した『古事記伝』（巻之三十四）には、応神天皇段の天之日矛伝承に登場する當摩之咩斐について、「咩《メ》斐《ヒ》の義、未だ考へ得ず（和名抄に、越中国婦負郡あり、禰比とあれど、萬葉十七に、賣比河とも、賣比能野ともあれば、禰比は、後の訛にて、めひなるべし、）」としている。こうしたことから考えると、「婦負」の呼称は当初、「めひ」であったものと推定される。さらに、貞観五年（八六三）八月十五日、正六位上から従五位下に叙せられた婦負郡鵜坂妻比咩神、鵜坂姉比咩神の呼称「めひめ」、「ねひめ」も郡名に一考を要するものと思われる。（『日本三代実録』）

そして、名古屋市博物館本では並記されているように、そののち併用される時期もあって、さらに下って、「ねひ」へと変遷していったことも視野に入れてよいのではなかろうか。時代は下るが、「政所賦銘引付」（『親元日記』）文明九年（一四七七）十二月八日条には、「越中国祢位郡内御福之為成若林又太郎」と見えている。両音訓の上下限を示すことは極めて難しいが、一例として挙げておく。婦負郡の呼称に関しては以上のように考えて、次に進めていきたい。[12]

そこで、『続日本後紀』以降に見える婦負郡鵜坂神と新川郡日置神の神階を中心に見ていくと、次のように散見される。

(1)『続日本後紀』承和十二年(八四五)九月一日条
乙巳朔、越中国婦負郡従五位下鵜坂神に従五位上、新川郡无位日置神に従五位下を授け奉る、
(2)『日本三代実録』貞観二年(八六〇)五月二十九日条
廿九日戊寅、越中国鵜坂神の階を進めて、従四位下を加ふ、従五位上日置神に正五位上を授く、
(3)『日本三代実録』貞観四年(八六二)十月九日条
九日甲辰、(略)」越中国従四位下鵜坂神に従四位上を授く、
(4)『日本三代実録』貞観九年(八六七)二月二十七日条
廿七日丁酉、近江国正四位下勲八等兵主神に正四位上、越中国従四位上鵜坂神に従三位、従四位下日置神に従四位上、正五位上新川神に従四位下を授く、」(略)
(5)『日本三代実録』貞観十八年(八七六)七月十一日条
十一日丙戌、甲斐国従四位下勲十二等物部神、越中国新川神に並びに従四位上、甲斐国正五位下美和神に正五位上、美濃国正六位上児安神、越中国櫛田神に並びに従五位下を授く、」(略)

この中で、(1)(2)(4)では、婦負郡鵜坂神と新川郡日置神が同日に叙位に与っている。しかし、日置神の従四位下叙位の時期がいつであるか不明であるものの、それまでの両神位の一階差が(4)では、三階差となって鵜坂神が突出することとなる。

また、斉衡元年の高瀬・二上神の叙位直近の位階が不明である場合を除き、(4)の鵜坂神のように、一躍三階の昇叙

に与ることも同国において他に類を見ないものと言えよう。一方、(2)〜(4)の六年九ヶ月間に、鵜坂神が三度も叙位に与っていることにこそ、その事由を見いだすこともできるのではなかろうか。(第三章第二節参照) そして、雄神の従五位上叙位に遅れること五十年、その後の鵜坂神の進位は、雄神を凌駕するのである。

さらに、(4)においては、新川郡日置神と(同郡)新川神が同日叙位に与っているが、直前の位階から一階差であったことがわかる。日置神のその後の消長は、不明であるが、新川神が九年後の(5)において、一階昇叙していることを考えると、日置神に後塵を拝するかたちになっていたことも想定される。ここに、新川郡内における当時の序列の一端をかいま見ることができるのではなかろうか。鵜坂神と同様、後発の日置神が雄神に先んじて、昇叙したことも一目瞭然である。

そして、高瀬・二上・鵜坂・日置四神の叙位のあり方は、この時期における越中国四郡各郡を代表するものであり、一国内における一定程度の序列の存在を間接的に物語っているとも言えるのではなかろうか。ただ、その他の諸神を見ていく上で、『日本文徳天皇実録』仁寿元年(八五一)正月二十七日条では、「詔す、天下の諸神、有位無位を論ぜず、正六位上に叙す、」とあることに留意する必要がある。

確かに貞観五年(八六三)以降、寛平元年(八八九)に至るまで越中国内においても、正六位上から従五位下に叙せられる諸神の存在が知られる。しかし、仁寿元年以前に无位から一躍、従五位下へ昇叙されたことが確実にわかる日置神の存在は、のちに正六位上に叙された他神と列格上、異なる存在であることを留意すべきと考えている。(図5参照)

ところで後の越中一宮としては、射水・気多・高瀬・雄山神社が挙げられる。一宮の制は、諸国によって成立事情が大きく異なるが、平安時代初期にその萌芽を求め、大略、平安中期から鎌倉期頃までに整備されたものと考えられている。具体的には、令制国に一社を原則として、国津神の系統を引くものが多く、土地の開拓神と深くつながり、在地の崇敬を得たこと、式内社ではあるものの、神階の高低や名神大社、小社には必ずしも拘束されないことも指摘されている。

一方、一宮は、氏人や神人などの特定の社会集団や地域社会にとっての守護神、領主層や民衆の政治的守護神、さらには中世の国家的守護神といった性格なども挙げられている。また、国司が国内を巡拝する神社順に起源を求める見解も見うけられるが、律令制度崩壊後も一宮の名称は残っていった。

そこで越中国の場合、この四社が地域社会（例えば一郡域）において優位性を獲得した時期が、大まかに言えば、射水神社が平安時代前期、気多神社が同後期以降、高瀬神社が鎌倉時代から室町時代前期、雄山神社が室町時代中後期と考えられている。つまり、射水・気多神社は、出雲本・九条家本各『延喜式』に見える「名神大社」の記載や『白山記』に見える一宮争い等、高瀬神社は『類聚既験抄』等、雄山神社は、『神道集』の記述から競合したことが考えられるが、社殿の造営等も踏まえて、こうしたことが想定されている。

中でも、射水郡には射水・気多神社が存在するが、『延喜式』神名帳では、射水神社が射水郡の筆頭にあり、気多神社が最後に配列されている。このことは、後者において官社に与る時期がもっとも遅かったとも想定される。射水・高瀬・雄山神社が氏族名や神名から、在地勢力の信奉を得て存在してきたと想定すると、四社のうちの気多神社は、いかなることを背景として伸張してきたものであろうか。

そこで、先述した気多神社の名神大社としての位置づけには、祭神としての大己貴命や奴奈加波比売命が大和王権にとって、日本海沿岸―出雲から越中、越後方面への進出に有効な手段として認識されていたことによるとも考えてきた。そして、前三社が地域神としての性格や後の在庁官人層の信奉する祭神であったのに対して、気多神社は、中央政府から派遣された国司層による支援があり、近接する国衙からの影響の濃厚な祭神であったことが想定されるのである。

一宮のことは、本項の本旨ではなく詳細を省くが、これまで神階に限って論じてきた既述の高瀬・二上・鵜坂・日置神が、一宮四社と全て一致するわけではない。しかし、十世紀以降の越中国内における神社行政の中で、この四神のほかに気多・雄山神社が台頭する素地があったことをさらに追究していくことが求められるのではないか。その意味において、建暦二年（一二一二）「越中国百万遍勤修人名」（『玉桂寺阿弥陀如来立像胎内文書調査報告書』）に示された、古代氏族の系譜を引く在地層と宮路、清原氏などの派遣された目代層のあり方は、平安時代後期の国衙における勢力の縮図とも言えようか。

また、承暦四年（一〇八〇）六月十日「神祇官奏」には、御体御占により越中国鵜坂・気多・白鳥・三宅神に遣使するとともに、康和五年（一一〇三）同月同日にも同御占により、高瀬・林・鵜坂・白鳥・速川神に遣使して中祓することを奏上している。（『朝野群載』巻六）これは、三宅神の存在が初めて窺われる史料であることや三宅神以外は、全て式内社であるが、鵜坂・気多神など、平安時代後期における越中在地社会のあり方を考える上で留意しておきたい。[13]

四　近江国と新川郡

『延喜式』巻十　神名帳のうち、近江国甲賀・野洲両郡の式内社は、次のように記載されている。

（略）

近江国一百五十五座 大十三座 小一百卌二座

（略）

甲賀郡八座 大二座 小六座

矢川神社　　水口神社
石部鹿塩上神社　　川田神社二座（並名神大、月次神嘗、）
飯道神社　　川枯神社二座
野洲郡九座（大二座 小七座）
御上神社（名神大、月次神嘗、）　　小津神社
下新川神社　　兵主神社（名神大）
比利多神社　　上新川神社
馬路石邊神社　　己尒乃神社二座
（略）

下新川神社は、「（シモノ）ニフカワ」（九条家本『延喜式』）、「シモニヒカワ」（『神祇志料』）と呼称されている。現鎮座地は、滋賀県守山市幸津川町でこのほかに論社はなく、祭神は豊城入彦、新川小楯姫命とされる。上新川神社は、「カムノニフカワ」とあり（九条家本『同』）、野洲川河畔を挟む旧野洲町野洲（現野洲市）及び守山市大字立入に論社のあることから、同川氾濫により立入庄が二分された結果であろうか。いずれか一方が、分霊社である可能性も指摘されているのである。

祭神は須佐之男命、大物主命、奇稲田媛命、新川姫命とある。上下両社は、琵琶湖東の肥沃地にあり、新川姫命、新川小楯姫命が水利・農耕神として崇敬を得たものと想定されている。（式内社研究会　一九八一年）また、「新川」の和訓を比較すると、越中国新川郡は、「爾比可波」（『万葉集』巻十七―四〇〇〇）、「ニヒカハ」・「ニフカハ」（『延喜式』巻十・二十八諸本）とあり、近江国上・下新川神社の音に通ずることもわかる。

『日本三代実録』貞観十一年（八六九）十二月二十五日条には、「(略) 近江国従五位上新川神に並びに正五位下、美濃国正六位上金神に従五位下を授く、(略)」とある。また、『同』仁和元年（八八五）九月二十二日条には、「(略)」近江国正五位下新河上神に、並びに正五位上を授く、」とあるが、国史大系本頭注には「今意補」として、「新河神、三上神」（傍点部補遺）とする。一方、『訓読日本三代実録』（臨川書店）頭注では、新河上神の下に「新河下神」を補う可能性も指摘している。

しかし、三上神は、貞観七年八月二十八日に従五位上から正四位下、同十七年三月二十九日に従三位に昇叙されており、新川神と同日同位となる可能性は、極めて低い。（『日本三代実録』）また、仁和元年九月二十二日条には、「並びに」とあるが、これが他の史料には単神ではなく、複数神の叙位がある場合に入る文言であることから、新河下神をはじめ他神の挿入の可能性が指摘される。そうなると、上・下新川神社の存在から推して、仁和元年以前の段階で新川（河）神が上下に分祀されたことも可能性として想定されるのである。

一方、前項(4)では貞観九年、近江国野洲郡正四位下兵主神に正四位上、越中国正五位上新川神に従四位下が授けられ、同十八年七月十一日には、越中国新川神に従四位上が授けられている。（『同』）ここで注目したいのは、近江国野洲郡兵主神と越中国新川神が同日に叙位されているが、野洲郡には兵主神社とともに、上新川・下新川神社が鎮座していることにある。

越中国の新川神社は、式外社であるが（現在の同社祭神は大己貴命、大新川命他）、進位は、近江国新川神よりも早いことがわかる。既述のように、官社と神階奉授との相関関係は、かならずしも明確なものではないものの、両新川神における何らかの歴史的な関係性を有したものであろうか。神階に関して言えば、平安時代前期における新川神は、日置神に次ぐ優位性を新川郡において確保したことも挙げられよう。ただ神名が郡名と同一のものであることに関しては、如何なることが考えられるか、問題提起としたい。

さらに、近江国との関係性を物語るものには、越中国新川郡川枯郷と近江国甲賀郡川枯神社、水口神社の存在が指摘されるであろう。それは、『先代舊事本紀』巻五　天孫本紀に物部氏系譜が長文で掲載されているが、そのうち、関係する内容のみを抄述、要約すると、「饒速日尊の孫、彦湯支命が淡海の川枯姫を妾として出石心命を生む。出石心命は新河の小楯姫を妻とし、大水口宿祢命・大矢口宿祢命を生む。大矢口宿祢命の三世孫には、大新河命・建新川命がいる。」とあることによる。このように社名、祭神、地名に共通することからくる関係について、事例を挙げてみた次第である。

さらに、『和名類聚抄』掲載の郷名では、新川郡川枯郷が唯一のものである。そのほか、近江国川枯神は、貞観三年（八六一）四月八日に従五位下から正五位下に昇叙している。一方、同四年八月十五日には、和泉国和泉郡の白丁川枯首吉守（『日本三代実録』）、天長十年（八三三）二月十五日、『令義解』の撰上の際、清原真人夏野らとともに川枯首勝成の存在も認め得る。（同書序）

さらに、近江国式内社百五十五座、越中国三十四座のうち、両国に共通する神社名には、草岡・熊野・日置・櫟原各神社などがある。また、越中国四郡にある四十二郷名（『和名類聚抄』）と同一名の近江国神社として、高野・川枯・佐味・岡本（郷）・菅田・大野・小野各神社などを見いだすこともできるのである。

一方、両国同一の郷名においては川上郷、高島郷、また、近江国の郷名と同一名の越中国の神社名においては物部神社、長岡神社（郷）なども抽出することができよう。もとより、他国の同名社（郷）との検討も当然、必要ではあるが、両国間に見える問題の所在として留めておきたい。

註

(12)「妻」、「姉」、「婦」、「姪」などは、女性の呼称として「めひ」、「ねひ」の訓みに通じるものとして挙げてきた。試みに、『史記』巻五十六　陳

丞相世家 第二十六にある「張負」の原注には、「負とは、婦人老宿の偁なり、」と解説している。また、『説文解字』の「説文通訓定聲」には、「負とは、叚借、婦と為す、」とするなど、共に音義に通じることを示している。「婦負」の用字の音義とするには、憶測の域を出ないが、「婦」と「負」が並記されることも含めて参考として留めておく。

(13)「三宅」という語義については、大化前代における「屯倉」、「宮家」から、さらに多岐にわたって用いられる。越中国内では、神護景雲元年「越中国射水郡鹿田村墾田地図」(正倉院蔵)に「三宅所」、同「越中国新川郡大荊村墾田地図」に「三宅里」、正倉院に伝存する天平勝宝四年の紙箋(断簡)に、「戸主三宅黒人」(人名)といった名称も窺えるものの(本章第二節参照)、三宅神の所在については不詳である。同神は、十一世紀後期まで史上に登場することがなかったが、他の式内社とともにみえることから、その存在の程が評価されるのではないか。

主要参考文献

・『富山県史』通史編Ⅰ 原始・古代(富山県 一九七六年)
・『富山県史』通史編Ⅱ 中世(富山県 一九八四年)
・『富山市百塚遺跡発掘調査報告書』(富山市教育委員会 二〇一二年)
・浅香年木『治承・寿永の内乱論序説』(法政大学出版局 一九八一年)
・石黒秀雄「史料批判「越中石黒系図」の真偽を問う」(『姓氏と家紋』第五八号 近藤出版社 一九九〇年)
・石山寺文化財綜合調査団編『石山寺資料叢書 史料篇第一』(法蔵館 一九九六年)
・同『石山寺古経聚英』(法蔵館 一九八五年)
・磯貝正義『郡司及び采女制度の研究』(吉川弘文館 一九七八年)
・一宮研究会編『中世一宮制の歴史的展開 上・下』(岩田書院 二〇〇四年)
・上田正昭「神階昇叙の背景」(『日本古代の国家と宗教 上巻』 吉川弘文館 一九八〇年)
・尾池誠『埋もれた古代氏族系図』(晩稲社 一九八四年)
・大川原竜一「利波氏をめぐる二つの史料—『越中石黒系図』と『越中国官倉納穀交替記』—」(『富山史壇』第一六三号 二〇一〇年)
・同「『越中石黒系図』と利波臣氏」(加藤謙吉編『日本古代の王権と地方』 大和書房 二〇一五年)
・同「国造制の成立とその歴史的背景」(『駿台史學』第一三七号 二〇〇九年)
・小黒智久「古墳時代後期の越中における地域勢力の動向」(『大境』第二五号 富山考古学会 二〇〇五年)
・同「各地の古墳Ⅳ 北陸」(土生田純之・亀田修一編『古墳時代研究の現状と課題 上 古墳研究と地域史研究』 同成社 二〇一二年)
・小矢部市教育委員会・小矢部市古墳発掘調査団『富山県小矢部市若宮古墳(小矢部市埋蔵文化財調査報告書第18冊)』(小矢部市教育委員会 一九八六年)
・小矢部市史編集委員会『小矢部市史—おやべ風土記編—』(富山県小矢部市 二〇〇二年)

・加藤謙吉編『日本古代の王権と地方』（大和書房　二〇一五年）
・鐘江宏之「「国」制の成立」（笹山晴生先生還暦記念会編『日本律令制論集　上』吉川弘文館　一九九三年）
・鎌田元一『律令公民制の研究』（塙書房　二〇〇一年）
・岸俊男『日本古代文物の研究』（塙書房　一九八八年）
・鬼頭清明『律令国家と農民』（塙書房　一九七九年）
・木本秀樹編『古代の越中』（高志書院　二〇〇九年）
・木本秀樹『越中古代社会の研究』（高志書院　二〇〇二年）
・玉桂寺阿弥陀如来立像胎内文書調査団『玉桂寺阿弥陀如来立像胎内文書調査報告書』（滋賀県甲賀郡信楽町　玉桂寺　一九八一年）
・現代神道研究集成編集委員会編『現代神道研究集成　第2巻　神道史研究編Ⅰ』（神社新報社　一九九八年）
・佐伯有清『古代氏族の系図』（学生社　一九七五年）
・式内社研究会『式内社調査報告　第十二巻　東山道1』（皇學館大学出版部　一九八一年）
・同『式内社調査報告　第十七巻　北陸道3』（皇學館大学出版部　一九八五年）
・篠川賢・大川原竜一・鈴木正信編著『国造制の研究―史料編・論考編―』（八木書店　二〇一三年）
・下鶴隆「利波臣志留志」（栄原永遠男編『古代の人物3　平城京の落日』　清文堂　二〇〇五年）
・杉﨑貴英「浄土宗（玉桂寺旧蔵）阿弥陀如来像とその像内納入品の研究のために―関連書誌および結縁交名比定・論及一覧―」（『京都造形芸術大学紀要』第18号　二〇一四年）
・須原祥二『古代地方制度形成過程の研究』（吉川弘文館　二〇一一年）
・高橋浩二『富山の古墳―氷見・雨晴の首長と日本海』（富山県・日本海学推進機構　二〇〇七年）
・同「古墳文化の地域的諸相　七　北陸」（広瀬和雄・和田晴吾編『講座日本の考古学7　古墳時代（上）』青木書店　二〇一一年）
・舘野和己「律令制の成立と木簡―七世紀の木簡をめぐって―」（『木簡研究』二〇号　木簡学会　一九九八年）
・中世諸国一宮制研究会編『中世諸国一宮制の基礎的研究』（岩田書院　二〇〇〇年）
・東野治之『日本古代木簡の研究』（塙書房　一九八三年）
・独立行政法人文化財研究所奈良文化財研究所編『評制下荷札木簡集成』（東京大学出版会　二〇〇六年）
・富山県立山町教育委員会『立山町文化財調査報告書　第12冊　辻遺跡―第2次発掘調査報告書―』（一九九〇年）
・中条充子「大伴家持と古代越中」（越中史壇会創立60周年記念　富山歴史講座　越中史壇会　二〇一四年）
・新潟県考古学会「特集　八幡林遺跡をめぐって」（『新潟考古』第五号　一九九四年）
・新潟県和島村教育委員会『和島村埋蔵文化財調査報告書　八幡林遺跡』第1～3集（一九九二～一九九四年）
・西口順子『平安時代の寺院と民衆』（法蔵館　二〇〇四年）
・二宮正彦『古代の神社と祭祀―その構造と展開』（創元社　一九八八年）

・早川万年「丁丑年三野国木簡についての覚書」（『岐阜史学』九六号　一九九九年）
・速水侑『浄土信仰論』（雄山閣出版　一九七八年）
・原田真由美「三善為康の学問・宗教思想―地方出身者としての側面を中心に―」（『富山史壇』第一七三号　二〇一四年）
・氷見市史編さん委員会『氷見市史七　資料編五　考古』（富山県氷見市　二〇〇二年）
・氷見市史編さん委員会『氷見市史一　通史編一　古代・中世・近世』（富山県氷見市　二〇〇六年）
・氷見市立博物館『特別展　四角い古墳・丸い古墳―王墓の時代の氷見―』（同博物館　二〇一七年）
・藤井一二『初期荘園史の研究』（塙書房　一九八六年）
・同『東大寺開田図の研究』（塙書房　一九九七年）
・藤田富士夫「伊弥頭国造に関する一考察」（『富山史壇』七二号　一九七九年）
・同「富山県における群集墳期の古墳文化―古代氏族の勢力に関連して―」（『富山史壇』七六号　一九八一年）
・婦中町史編纂委員会『婦中町史　通史編』（富山県婦中町　一九九六年）
・古岡英明「古代射水川河口の入江考」（二十周年記念大会研究発表要旨）（『富山史壇』五十・六十合併号　一九七五年）
・宝賀寿男『越と出雲の夜明け―日本海沿岸地域の創世史―』（法令出版　二〇〇九年）。（古代氏族研究会公認ＨＰ『古樹紀之房間』参照）
・同「利波臣のその後―越中石黒氏の末裔たち―」（『姓氏と家系』第17号（通巻第105号）二〇一七年）
・巳波利江子「8・9世紀の神社行政―官社制度と神階を中心として―」（『寧楽史苑』三〇号　一九八五年）
・安江和宣「御体御卜に関する一考察」（『皇學館大学紀要』第十四輯　一九七六年）
・米沢康『北陸古代の政治と社会』（法政大学出版局　一九八九年）
・同『越中古代史の研究―律令国家展開過程における地方史研究の一齣』（越飛文化研究会　一九六五年）
・米田雄介『郡司の研究』（法政大学出版局　一九七六年）
・同『古代国家と地方豪族』（教育社　一九七九年）

第二章　越中国司と古代社会

本章では、これまであまり触れることのなかった越中国司の動向や制度に絡む事象について述べることとする。特に、その動向については前章と同様、新出の木簡や墨書土器の検出に負うところが大きい。

また、奈良時代末より平安時代前期にかけての国司のあり方から、中央政府の動向と関連する動きをかいま見ることができるのではないかと考え、これまでの研究を基にしながら私見を述べてみたいと思う。特にこの時期は、史料的に恵まれないところではあるものの、個々の事象の背景に存する手がかりを提示することが可能ではないかと考えて、以下に構成したものである。

第一節　唐人皇甫東朝の越中介補任

一　天平四年の遣唐使任命と派遣

本節では、日本から渡った遣唐使が帰国する際、それに同船して来日した彼の地からの人々、その中でも唐人であった皇甫東朝が、越中国司に任命されるに至る半生を記すこととする。もとより、日本海沿岸諸国が対岸各国と相対していたことから、対外政策を担っていたことは言うまでもないが、新史料から東朝の補任の経緯などもかいま見ていきたいと考える。

まず、天平四年（七三二）八月十七日、従四位上多治比真人広成、従五位下中臣朝臣名代（出帆時、従五位上）を

それぞれ遣唐大使、副使に任命した。（第十次遣唐使）また平群朝臣広成、秦忌寸朝元、田口朝臣養年富、紀朝臣馬主の四人が判官、録事四人も任命された。（『続日本紀』・『懐風藻』）

遣唐使派遣については、中止や送唐客使の派遣など、舒明二年（六三〇）の第一次派遣より数えて、研究者により回数に相違が見られるが、彼我の史料から奈良時代の国際情勢を窺う上で、興味深い事績が数々残されている。『延喜大蔵省式』蕃使条には、時期や規模によっても異なると思われるが、使節の構成が詳細に記されている。また、同賜客例条には、贈答の品目も詳細に挙げられている。

奈良時代の場合、記述の多くは、『続日本紀』を中心としながらも、『懐風藻』や『唐大和上東征伝』をはじめ、他の漢籍などから国史だけでは、知り得ない貴重な事実が浮かび上がってくる。ただ、それらは本章の主旨ではなく、関連するもののみに留めて、以下に当該派遣における経緯を記したいと思う。

さて同日、これに続いて東海・東山二道、山陰道、西海道に三名の節度使が任命されている。その任務は、同二十二日の勅から軍団兵士や兵器、兵糧への整備等、軍団、兵士の強化に向けてのものであった。そしてその目的は、前年の日本国兵船三百艘の新羅東辺での大破されたことによる、新羅との緊張関係（『三国史記』）に伴う、国内の引き締めにあった。また唐、渤海間の緊張関係にも求められる。同十一日、遣新羅使従五位下角朝臣家主の帰国報告から、総じて海辺防備や対蝦夷政策の強化にあったものであろう。（『続日本紀』）

多治比真人広成らは、同五年三月二十一日に拝朝、閏三月二十六日に辞見して節刀を授けられて、全権を委任されたのである。そして四月三日、遣唐四船は、難波津を出帆したのであった。（『続日本紀』）このとき、山上憶良が広成に贈った「好去好来歌」や「親母贈子歌」などが、残されている。（『万葉集』巻五・九）

この時、若き留学僧普照、栄叡が、これに同行している。そして唐国においては、戒律を「入道之正門」とし、本国に「伝戒人」のないことを踏まえて、東都大福光寺沙門道璿律師を伝戒を為す者に擬し、後に副使中臣朝臣名代の船に乗せて日本へ招請することに成功したのであった。その後、普照、栄叡は、さらに十年にわたって唐国に留学したが、天宝元（天平十四）年十月、揚州大明寺で高僧鑑真に会うことが叶い、日本に招請して伝戒を願うこととなった。

その後、日本に渡航する一行は、幾多の遭難を重ね、辛苦を舐めて渡海を試み、ついに失明した鑑真が大望を果たしたことは、夙に有名である。天平勝宝六年（七五四）正月十二日には、入唐副使大伴宿祢古麻呂が鑑真の大宰府到着を奏し（『続日本紀』は正月十六日条に帰朝を伝える）、二月四日に入京、そして東大寺に安置している。一方、普照は、副使吉備朝臣真備の船に乗船し、帰国を果たしている。しかし、栄叡は天宝七（天平二十）年、帰国途上、漂着してしまい、端州龍興寺において死去したとある。（『唐大和上東征伝』、『続日本紀』）普照の活動については、後項において述べる。

一方、天平六年十一月二十日には、大使広成らが多褹嶋（種子島・屋久島）に来着したことが伝わる。その後、翌年三月十日には、帰国して節刀を返上、二十五日に拝朝、四月二十三日には、正四位上に叙せられた。さらに、同九年九月二十八日には、従三位中納言に昇格したものの、同十一年四月七日に薨じている。入唐した部下の帰国を全て見届けぬ中での死去であった。なお、天平十八年六月十八日の僧玄昉卒伝には、霊亀二年（七一六）に吉備真備とともに入唐していた玄昉が、天平七年に広成らとともに帰国した際、経論五千余巻、諸仏像をもたらしている。（『続日本紀』）

一方、副使中臣朝臣名代は、これに遅れること同八年八月二十三日、唐人三人、波斯人（ペルシャ人）一人とともに拝朝するに及び、十一月三日には、従四位下に昇叙されている。なおこのとき、判官であった正六位上田口朝臣養年富・紀朝臣馬主両名は、途上において没したため、従五位下を追贈されていること、また、准判官従七位下大伴宿祢首名の存在が知られて、これも叙位に与っていることがわかる。名代はその後、藤原広嗣の乱に与したことが知られる（『続日本紀』）

この間の経緯を伝えるものとして、『続日本紀』天平十一年（七三九）十一月三日条には、入唐使判官平群朝臣広成が拝朝して、復命した記事がある。これによると同六年十月、帰国に当たり四船一行が蘇州を出発したが、暴風に遭遇して広成の船百十五人が崑崙国（ベトナム）に漂着してしまい、賊兵により殺害されたり、熱病により死亡して、広成ら四人のみが崑崙王に見えることができ、安置されたという。翌年、唐国欽州の熟崑崙にあるとき、密かに船に乗って唐国に至る。そして、学生阿倍仲麻呂を通じて玄宗に奏上し、渤海路を取って帰国することを乞い、許されたという。

同十年三月、登州を出発して五月に渤海の堺に至ったが、渤海国王大欽茂が日本への使者派遣を画していたことから、それに同船することとなった。しかし、渤海大使らが難破して没死し、広成が副使己珍蒙らとともに、出羽国に漂着して天平十一年十月二十七日、ついに入京を果したのである。一方、己珍蒙は十二月十日、拝朝して国書と方物を奉り、この中で広成を同行した経緯も伝えている。（『続日本紀』）

また、広成は在唐中、正六位上から外従五位下に叙せられていることがわかり、帰国後の十二月二十一日には、正五位上を授けられている。もう一人の判官、秦忌寸朝元は、任命前年に正六位上から外従五位下に昇叙され、同九年十二月二十三日には、外従五位上図書頭となっている。（『続日本紀』）特に在唐時、朝元の父（釈弁正）が唐において没したことを皇帝が憐れみ、厚く賞賜したことが窺える。（『懐風藻』）

二　天平八年の唐人皇甫東朝の来朝

天平六年十一月二十日、多治比真人広成らが多褹嶋に来着してから、翌年三月二十五日に拝朝、さらに同八年八月二十三日、中臣朝臣名代が拝朝したことは、すでに述べた。そして同十一年十一月三日には、平群朝臣広成が拝朝して復命したように、渡航、帰国ともに困難を極めたことが窺える。

ところで先に、これら帰国に当たり、中臣朝臣名代が唐人三人、波斯人一人とともに拝朝したとある。国史からだけではわかりにくいが、他の史料から唐僧道璿、波羅門僧菩提僊那、林邑僧仏徹（哲）らが、名代に従って同年五月十八日に大宰府に到着、八月八日には、摂津国で前僧正大徳行基の歓迎を受けて入京するとともに、勅により、大安寺に住したことがわかるのである。（『南天竺波羅門僧正碑并序』、『唐大和上東征伝』、『道璿和上伝纂』、『大安寺碑文』等）そして、来日したこれら人物のその後の日本での動向を見ていくと、次のようになる。

道璿は天平勝宝三年（七五一）四月二十二日、[1]律師となり、盧舎那仏開眼供養会のおりには、「大安寺道璿律師」として咒願を勤めるとともに、鑑真の来朝に当たって弟子を派遣して、迎労したとある。次いで菩提僊那は、道璿の律師任命と同日、僧綱の首席となる僧正となり、開眼供養会における開眼師を勤めている。また、道璿とともに、鑑真の慰問にも臨んでいることが知られる。

さらに、仏徹は林邑楽を伝えるとともに、開眼会においては、「雅楽之師」と称され、贍波国（インド北東部）において習得した菩薩儛、部侶、抜頭等儛を伝習せしめるなど、当代の篤き信任を得て、斯界において重きをなした、これら人物たちであった。（『続日本紀』、『東大寺要録』、『唐大和上東征伝』、『元亨釈書』等）

また、天平八年十一月三日の名代の昇叙とともに、唐人皇甫東朝と波斯人李密翳が、叙位に与っている。名代の拝朝のおりには、「唐人三人、波斯人一人」とあることから、この時、同乗してきたとみてよかろう。李密翳に関しては、このこと以外の具体的な事績については、不詳である。一方、天平神護二年（七六六）十月二十一日には、唐楽を奏したことにより、李忌寸元環（環）、[2]袁晋卿、皇甫東朝、皇甫昇女に、従五位下が授けられている。昇女は、このほかに史料がなく不詳であるが、東朝とともに来日したものであろうか。

また、袁晋卿は宝亀九年（七七八）十二月十八日、清村宿祢姓を賜り、唐人として天平七年に多治比真人広成ら一行と来日したことがわかる。この時、十八、九歳であり、後に文選爾雅の音を学んで大学の音博士となり、神護景雲元年（七六七）二月七日、称徳天皇の大学行幸で釈奠を行ったおりに、従五位上を授けられた識者である。後に大学頭、日向守、玄蕃頭、安房守を歴任している。（『続日本紀』）

李元瓌（環）の確実な来日は、詳らかでないものの、この唐人らの叙位や任官、賜姓の様子から、天平七年から順次帰国した、いづれかに乗船してのものであろうか。また、名代が拝朝したおりの「唐人三人」のほかにも、存在したものかとも想定される。（「唐人」には唐僧を含まず）そして天平宝字五年（七六一）十二月十六日、李忌寸姓を賜り、織部正兼出雲介、出雲員外介、正五位下に昇っている。（『続日本紀』）このように、来日した人々は、各々もてる力量を駆使するとともに、律令官人としての途を歩んでいった様子が窺えるのである。

三　皇甫東朝の活躍

これまで、来日した人物の概略を記してきたが、本節のテーマである皇甫東朝については、次に述べてみよう。まず、天平宝字八年の恵美押勝の乱後、道鏡が大臣禅師となり、淳仁天皇を廃して称徳天皇が重祚した。そして翌天平神護元年（七六五）、道鏡が太政大臣禅師となり、西大寺の造営が始まる。

さらに同二年十月二十日、隅寺の毘沙門像から舎利が出現して法華寺に奉じられ、詔によりそれを寿ぎ、道鏡を法王とすることが宣せられた。（この舎利は後に詐偽と判明する）また、北家・藤原朝臣永手を左大臣、吉備朝臣真備を右大臣に任命する人事もなされたのである。

そしてその翌日、勅が出されて舎利の出現を祝う叙位がなされるとともに、先述した舎利会に伴う皇甫東朝らへの昇叙がなされる。以下に、当該の『続日本紀』天平神護二年十月二十一日条の記事を取り上げる。

癸卯、勅したまはく、（略）」従五位下李忌寸元瓌に従五以上、正六位上袁晋卿、従六位上皇甫東朝、皇甫昇女には並に従五位下を授く、舎利会に唐楽を奏るを以てなり、

前日の法華寺舎利会で大唐楽を奏して皇甫東朝、皇甫昇女が、一気に三階を経て五位を得ている。東朝、昇女の続柄については、中国でも夫婦同姓の可能性が少なく、兄妹、あるいは姉弟、さらに同姓ながら他人、同族とすることも想定されるものの、これ以上のことは、不詳である。

皇甫姓は、歴代王朝において登場する名族であるが、玄宗の代における内部抗争を契機として、あるいは来日したことも想定されている。法華寺は、もとの藤原不比等第にあった皇后宮を天平十七年五月に、宮寺としたものである。このののち、十二月十二日には、西大寺への行幸とともに、人心一新しての叙位が、この年内に打ち続くことになる。

そして、神護景雲元年（七六七）三月二十日、東朝は、雅楽員外助兼花苑司正に任命される。この日は、道鏡のための機関となる、法王宮職が設置されたことでも知られる。また、外従五位下利波臣志留志が越中員外介に任命されるとともに（第一章第三節参照）、墾田百町を東大寺に献上して、従五位上を授けられた日でもあった。（『続日本紀』）

東朝が任じられた雅楽員外介は、職員令雅楽寮条によれば、宮廷における雅曲、雑楽などを掌るもので、その専当の次官職である。この官司は、日本在来の歌舞のほか唐楽、高麗楽、百済楽、新羅楽、伎楽なども掌ることになっていた。先に挙げたように、法華寺での唐楽を奏した東朝にとっては、誠に適任と言うべきではなかろうか。

また花苑司正は、花苑司の長官に当たると考えられる。神護景雲三年十月以後宝亀元年（七七〇）六月以前と想定される「仏事捧物歴名」（『大日本古文書』五―七〇八）[3]には、「花薗正従五位上皇甫東朝　花一樻」とある。樻は櫃にも通じ、箱などに入れて献じたものであろうか。花苑司の職掌については詳らかでないが、宮内省園地司（御料地や庭園の管理）、「鵤造花苑所」や「造花所」（『平城宮発掘調査出土木簡概報』（十一）・（五））などが見うけられ、推し量られる。

一方、天平宝字四年「雑物請用帳」には、「東花苑」より綿を請うたこと（『大日本古文書』四―四五九）、天平勝宝四年「請画師啓案」に勅旨により仏像に彩色するに当たり、画師を請うた中に「西花苑天井画」が見えること（『大日本古文書』一二―二五二）、また、「右花苑」の存在も知ることができる。（『大日本古文書』二五―二六八）この時代においては、令外官として一時的に置かれたものか。（明治期の宮内省官制には、「花苑司」を見る）これ以後の東朝の活動については、次項以降に記す。

四　皇甫東朝と西大寺―墨書土器の出土

奈良市教育委員会では、平成二十一年四月から七月、西大寺旧境内第二十五次調査（奈良市西大寺新田町）を実施した。調査地は、同寺十一面堂院と西南角院推定地の間を通る、東西の区画道路部分に相当する箇所（三百二十一平方メートル）である。発掘調査の結果、東西方向の溝二条を検出、このうち南側は、西大寺造営以前の平城京の道路側溝の可能性があり、それを埋立てて溝幅を拡張しているという。(4) 以下に、同調査報告をもとにその内容を概説したい。

十一面堂院と西南角院とは、伽藍周辺に配置された各院が「西大寺資財流記帳」（『寧楽遺文』中巻）に記述され、金堂院、十一面堂院、西南角院、東南角院、四王院、小塔院、食堂院、馬屋房、政所院、正倉院、瓦葺仏門、離散屋倉とある中の二院である。奈良時代の大寺院の伽藍復元から、僧房は、中心伽藍周辺に配置される。

しかし、鎌倉期「西大寺敷地之図」・「西大寺往古敷地図」（東京大学文学部蔵）によると、同寺僧房は、各院の中に分散して配置される。この二院間には通路が推定され、調査地は、その位置に相当するという。

第二十五次調査では瓦塼類、土器類、土製品、木製品、木簡、金属製品、銭、石製品、石器、自然遺物が出土した。土器類には土師器、黒色土器A類、須恵器、製塩土器、奈良三彩、緑釉陶器、灰釉陶器、白磁、青磁、国産陶磁

器、イスラム陶器があり、破片数一万五九五六点を数えるという。

この中でも、平城京跡から初めてイスラム陶器（青緑釉陶器短頸壷）の破片三十四点が出土した。このうち、三十点が古木屑層からの出土であり、同層出土の土器は奈良時代後半、木簡には、神護景雲二年（七六八）三月五日の年紀があり、同時期に投棄されたと思われる。同陶器の性格から、伝世品の可能性もあり、製作年代が一層遡ることも想定される。これまで、国内出土の初期イスラム陶器片は百九点前後、福岡県福岡市鴻臚館跡では、最も多く四十三点出土し、九世紀末を上限としてきたが、今回の出土資料は、確実に八世紀代のものであり、国内最古例となるとされるものである。

出土文字資料としては木簡一九三九点、墨書土器二八九点などがある。そして、概ね神護景雲二年以降、数年間の時期の内容であること、また、「西大寺」の記載が多く見られることから、当該時期の西大寺に関するものである。内容は多岐にわたり、仏教的内容や三綱務所の記載があることから、宗教活動が本格的に稼働していたものとみられる。習書、手控えなども、多く見られる。

まず、木簡を見ていくと、石上宅嗣の官職と位階を記したものがある。記載されている官職、位階の内容から、『続日本紀』により神護景雲二年（七六八）正月から、宝亀元年（七七〇）九月までのものである。西大寺旧境内から、こうした木簡が出土したことの背景には、『経国集』掲載の石上宅嗣の漢詩「三月三日於西大寺侍宴応詔」が想定される。「三月三日」の年次は、特定できないが、『続日本紀』神護景雲元年三月壬子（三日）条に、「西大寺の法院に幸して、文士をして曲水を賦はしめたまふ、五位已上及び文士に禄を賜ふ、」とあり、文人官僚が称徳天皇行幸のおり、西大寺での宴に列席したことを伝える。

石上宅嗣は、当時「文人之首」(5)と称され、漢詩に秀でた文人で、これに参加した可能性が高く、前述の漢詩の内容に関わる記事ともみられる。この宴は、恐らく節会の宴であり、年中行事に伴う宴席が西大寺で開催されたのであれば、石上宅嗣が定期的に西大寺に赴く機会もあったのであろうとする。

また、木簡の削屑であるが、三綱務所の名が見える。三綱務所とは、寺内組織を運営統括する三綱（上座、寺主、都維那）の僧職の総称であり、寺務機関を指す。この削屑は、西大寺における三綱務所に関する文書の一部であったとみられる。

さらに、「籤引き」の木簡とみられるものも発見されている。内容的には、「法王」から始まり、「律師」、「法師」、「沙弥」といった僧位が書かれたものがあり、最後に「我（餓）鬼」がある。「法王」と言えば、称徳朝における道鏡の存在を反映したものであろうか。寺院旧境内地より出土したことからすると、当時の寺院生活の一端をかいま見ることができよう。

東□〔朝カ〕　『所』
皇浦（甫）　『所』／『水』

図６　「皇甫東朝」墨書土器
（奈良市教育委員会所蔵）

次に墨書土器の内容を見ていくと、人名、場所・組織、内容物、その他、記号・断片、墨絵・不明などに分類することができる。その中でも、皇甫東朝の銘をもつ墨書土器は、国史上に登場する人物として、数少ない貴重な遺物である。釈文及び写真を掲載すると、次のようになる。（図６参照）

同墨書土器のデータを挙げると、須恵器・杯Aの口径約一五・六センチメートル、器高三・一センチメートルで口縁部内外面ロクロナデ、底部内面ヨコナデである。文字は、口縁底部外面に記すが、関連性のないと思われる習書（所、水）もある。口縁部には、焼けた痕跡が見られ、灯明などに使われたかと想定される。文字はやや稚拙で、当時の表現方法として一般的でない左行（縦書きで左から右へ書くこと）を採用していること、他にも習書のあること から、同報告書では、習書の可能性を指摘しているのである。

同墨書土器は、年紀をもつ先の木簡と同時期のものと推定されている。奈良県立橿原考古学研究所附属博物館にお いてこの墨書土器を実見する機会を得たが、「甫」は「浦」と墨書、「東」右下部と四字目右半が欠損するものの、左 半分（偏）が「卓」で、皇甫東朝と同一人物と想定しても問題なかろう。東朝自身による献灯の可能性については、 不詳である。

これまで、皇甫東朝と西大寺との関係について触れてきたが、先学の研究から、両者のさらなる関係性が指摘され る。それは、宝亀十一年（七八〇）十二月二十五日「西大寺資財流記帳」（『寧楽遺文』中巻）の中の「楽器衣服第 六」の項があり、その中に、次のような唐楽関係の記述があることである。

以下は楽器、装束、衣服具の内容に関する箇所を逐次、列挙してみたものである。なお、それぞれの員数は記載し たが、収納法や材質等についての記載もあるものの、省略することとした。

○大唐楽器一具

箏一面・琴柱十三枚・琵琶一面・黄楊撥一枚・箜篌一張・方響一臺・鎚二枝・班竹合笙一口・班竹竿一口・篳篥二 口・簫一口・班竹尺八一口・班竹横笛一口・銅鈸子一具・嗔面頭一面・鞨鼓一面・腰鼓一面・雞樓一面・罸二杖・ 倒鼓一柄・揩鼓一面・古楽鼓三面　・大鼓一面・百子一連・革帯卅六條・靴鞜廿両・木太刀二柄・唐漆琴一面

○唐楽器

箜篌六面・琵琶六面・箏六面・方響六臺・笙六管・横笛六管・尺八八管・大篳篥六管・小篳篥六管・銅鈸子六具・ 百子六連・腰鼓六面・鞨鼓六面・雞樓六面・鞀鼓六面・揩鼓六面・大鼓六面・古楽鼓一具

○羅陵王装束一具

冑一頭・面一面・絁甲一領・木釵一口・梓一竿・紫袍一領・緑襖子一領・帛汗衫一領・帛袴一腰・袴奴一腰・紫攝腰一條・彫履一両

○唐楽衣服具

袍卅四領・半臂卅四領・襖子卅四領・汗衫卅四領・袴卅六腰・褌卅四腰（傍点筆者。袴のみ数量が異なる）

（略）

この項には、唐楽と同様に呉楽、高麗楽の楽器や衣服も詳細に収載されている。この中で、「雑書卅九巻」の中の「四巻　献入楽器衣服帳」に、「一巻　刪唐楽、高麗楽、神護景雲三年」、「一巻　呉楽和装束　（略）神護景雲四年」、「一巻　同楽呉装束　（略）神護景雲四年」などとあるが、こうした楽器や衣服が供養会などに用いられ、西大寺に納れられたものである。

東朝は天平神護二年、法華寺において唐楽を奏したこと、雅楽員外助の補任、そして、西大寺旧境内における同墨書土器の検出という事績から、同資財帳に見える、これら唐楽関係の楽器や装束等の存在が、より深い繋がりをもって浮かび上がってくることが想定されるのではなかろうか。

五　皇甫東朝の越中介補任とその背景

『続日本紀』神護景雲三年（七六九）八月九日条には、次のように記載されている。

甲辰、尾張国海部・中嶋の二郡に大水あり、尤も貧しき者に穀人ごとに一斗を賜ふ、」従五位下皇甫東朝に従五位上を授く、

先に、唐楽を奏して従五位下を授けられてから三年を経ぬ中で、東朝が従五位上に昇叙されていることがわかる。

そして、『続日本紀』宝亀元年（七七〇）十二月二十八日条には、東朝の越中介の補任を伝えている。

丙辰、従五位下大原真人継麻呂を中務員外少輔とす、（略）従五位下紀朝臣鯖麻呂を美濃員外介、従五位下巨勢朝臣池長を越前員外介、従五位下皇甫東朝を越中介、大判事従五位下藤原朝臣長道を兼讃岐員外介、従五位下高向朝臣家主を筑後守、従五位下紀朝臣大純を肥後介、

東朝がこの日、従五位下で越中介に任命されている。ここで、底本に「従五位下」とあるは、従五位上の誤りである。[6]しかし、同日条では、従五位下大原真人継麻呂が中務員外少輔、従五位下紀朝臣鯖麻呂が美濃員外介に任じられているが、継麻呂は天平神護二年十一月五日、鯖麻呂も同元年閏十月三日に、すでに従五位上に叙されていることがわかるのである。[7]

さらに、鯖麻呂は神護景雲二年七月一日、（従五位上）美濃員外介に任命されているのである。鯖麻呂の美濃員外介補任の重出記事については、不詳である。また、高向朝臣家主も宝亀六年九月十三日に、筑後守補任の重出記事があるが、重ねて補任されたものか、これも不詳である。（『続日本紀』）それ故に、宝亀元年十二月二十八日条記載の叙位、任官の取り扱いについては、慎重を要すると思われる。

また、東朝の越中介補任につき、葛継勇氏は註の中で、「奈良時代に来日した渤海使の上陸地は、ほとんど出羽国で、常陸国・越前国で安置・供給されたことから、皇甫東朝を越中国の介に左遷したのは、彼の行事・儀式の知識を渤海使の接待の際に活用するという意図があるかもしれない。大同五年（八一〇）五月、渤海使高多仏が越中国に安置・供給された際、史生羽栗馬長が派遣されて彼から渤海語を学んでいる。」としている。（葛　二〇一四年）

この点に関して、まず渤海使の上陸地には、越前・能登（放還）・越後国等もあり、（時期的な考慮は必要であるものの）「ほとんど出羽国」であったとする積極的根拠は、見出すことができない。（序章参照のこと）また、この時の史生羽栗馬長の渤海語の習得やその背景については、すでに拙稿において述べている。[8]

ただ、東朝の補任が、行事・儀式の知識を渤海使の接待に活用しようとするという葛氏の見解は、ある程度首肯されるべきではある。しかしながら、むしろ渤海使への存問や政府への緊急報告、安置、また時には、渤海使の放還といった政府の窓口としての重要な職責に当たることにこそ補任の意図があり、（おそらく共通外語としての）漢語に通じた東朝の存在が、こうした職務に求められたのではなかろうか。そのように想定しての越中国史生馬長の渤海語習得と考えれば、なお東朝の越中介補任の意図に適うことにもならないであろうか。

次に、矢野建一氏の研究から、東朝の越中介補任を左遷とするか、否かについて述べているので、次に取り挙げてみたい。まず、矢野氏の引用する史料の中で、『続日本紀』に記載されている記事を「従五位下李忌寸元環に従五位下を授く。」、「従五位下皇甫東朝を越中介と為す。」として、李忌寸元環及び皇甫東朝の従五位上昇叙の解釈を誤っている。また本文中、東朝の越中介補任を「大国とはいえ辺縁の地への赴任であることから、」とか、「越前介は東朝の従五位下相当であり、」などとしていることである。（傍点筆者。矢野　二〇一二年）

越中国が、この時期に大国であったとする証左は一切なく、また、東朝の補任前後の越中介四名が、従五位下であることを挙げて、従五位下相当としていることは、官位令の規定ではなく、同時期における同介の位階を「相当」と想定してのものなのか、疑問とするところである。因みに大国介の官位相当は、官位令では「正六位下」である。（おそらく、奈良後期における五位以上の官人の増加による対応か）

しかしながら、上記の傍点箇所が単なる論文の校正上の誤植であるとしても、前後の文意から論理に矛盾が生じて、氏の見解である従五位上東朝の越中介補任を左遷とは見なさないという結論には、至らないのではなかろうか。(9)それに対して、葛氏は「従五位上の人物が従五位下相当の国に任ぜられたとすれば、それはやはり左遷ということも考えられるだろう。」としている。（前掲書）

しかし、こうした見解も、矢野氏の挙げた前後四名の越中介の位階（従五位下）を「相当」として考えながら、一階上位にある東朝を左遷とするものであろうが、矢野氏と同様、従五位下「相当」とする前提に立って他国との比較に及ぶなどしない限り、根拠に乏しいと言わざるを得ない。両氏の結論は、正反対でありながら、「相当」とする根拠において論証そのものが共に成り立ち得ないということになると考えるからである。

実際、天平年間から延暦年間までの越中介を見ても、任官及び在任時において従五位上を有する者は、兼官を除いて東朝以外に確認することができないばかりか、従五位下で守に任官する者を幾例も見出すことができるのである。しかしながら、他国の事例を見てみると、等級に相違することを踏まえながら従五位上で介に任命される事例を幾例も確認することができる。

また、史料の残存状況から、断定はできないものの、東朝がこれまでに外官に出仕した形跡が窺えないことも一因としてあり得ようか。判断は難しいものの、先述した対外交渉における役割を念頭においての任官といったことも想定している。

皇甫東朝の越中介補任をめぐる背景については、同資財帳に見える次の記載にも注目してみたいと思う。それは、越中国関係の記述であり、当該部分を掲載すると、次のようになる。

西大寺資財流記帳巻第一

（略）

官符図書第五

（略）

雑書卅九巻

（略）

一巻　越中国没官物并田籍五通景雲三年

（略）

田薗山野図漆拾参巻

（略）

越中国四巻

二巻　射水郡榛山庄一紙、在国印、一布、在国印、

一巻　同郡中野庄布在国印

一巻　同新川郡佐味庄紙在国印

（略）

宝亀十一年十二月廿五日　少都維那修行満位證瓊

上座傳燈法師位勝傳

大寺主傳燈法師位長良

都維那傳燈満位奉寵

第一巻

小寺主修学満位恵訴

少都維那傳燈満位芬惠

鎮

大鎮傳燈大法師位普照

少鎮修学満位恵融

可信

（略）

（略）

この中で、神護景雲三年の「越中国没官物并田籍」一巻（五通）の存在が窺われる。さらに、越中国の「田薗山野図」四巻―射水郡榛山庄・中野庄、新川郡佐味庄の所領関係の紙製・布製の図籍も挙げられているのである。こうしたことから、東朝の越中介補任の背景には、先の西大寺の唐楽関係やこれら西大寺所領をめぐる管理、安定的確保といった任務もかいま見えてくる。

また、次に挙げる「平城京木簡」（西隆寺木簡）の出土からも越中国との関わりについて想定される。（『西隆寺発掘調査報告書』）

・「越中國婦負郡川合郷戸主□□」
・「□〔五〕カ日浪米五斗　天平神護三年」　120×21×2　051

西隆寺は、西大寺（僧寺）とともに道鏡主導によるもので尼寺であり、造西隆寺司も設置されたことがわかる。神護景雲元年八月二十九日には、従四位上伊勢朝臣老人を造西隆寺長官に任命するとともに、同二年五月二十八日、恵美仲麻呂の越前国の地二百町、藤原朝臣御楯の地百町を西隆寺に捨入して、経済的基盤が固められていったものである。（『続日本紀』）

また、境内地は、西大寺地東の右京一条二坊の地四町四段に建立され、創建時から政権側の厚い加護を受けたものの、次第に衰退して、元慶四年（八八〇）五月十九日には、西大寺の摂領するところとなった。（『日本三代実録』）

そして鎌倉時代には、廃寺となっているのである。

昭和四十六年（一九七一）には、発掘調査が実施され、金堂跡、東門跡、塔跡、僧坊跡が確認された。また、木簡も七十九点の検出をみて、そのうちの一点が同木簡である。これら木簡から、同寺の下部組織や食料の支給及び請求、資材の調達、役夫の就労など、国史からだけでは窺い知れない内容を確認することができる。

同木簡には、「天平神護三年」の記載があるが、天平神護三年は、八月十六日に改元して神護景雲元年（七六七）となる。（『続日本紀』）また、この年、越中国婦負郡川合郷戸主某から、米五斗が西隆寺造営に当たってもたらされたことがわかる。米は、越中国のほかに伊予・参河国、塩も紀伊国から運ばれている。

天平神護元年に造営が始まったと考えられる西大寺、そしてほどなく、西隆寺も造営が開始される中で、越中国との関わりも形成されていったものと思われるが、そうした経緯での東朝の越中介補任である。しかしこれ以後、東朝に関することは、史料から確認することはできない。ただ、宝亀五年（七七四）三月五日には、従五位下牟都伎王が越中介に任じられていることから、それまで東朝が存任であったとすれば三年三ヶ月ほど、赴任していたことになろうか。

さらに越中介に任命された宝亀元年は、東朝が来日してすでに三十五年を数える。また吉備真備、玄昉とともに、唐に渡った阿倍仲麻呂が、この年一月に彼の地で死去している。すでに、唐における安禄山の乱の報から、東朝が皇帝玄宗の動向も耳にするとともに、天武系から天智系への皇統の交替も目の当たりにして、時代の大きな変化を感ぜずにはおれなかったことであろう、その上での越中介補任であったものと思われる。

ところで同資財帳には、日付の後に大鎮であった普照の名を見ることができることにも触れておきたい。留学僧として渡唐した普照が、鑑真を請来したことはすでに述べたが、この普照と同一人物であるとすれば、西大寺を介して東朝との関わりをみることができよう。この点に関して、矢野氏は慎重な表現ながらも、「普照と東朝の戒壇制度の確立とともに仏教儀礼と音楽を結びつける試みが、四十四年の時を超えて奈良西大寺で花開いたことになる。」とす

る。（前掲書）
　渡唐前には興福寺、帰国後に東大寺、西大寺を経て、斯界において重きをなしてきた普照、一方、先端を行く唐の諸制度に精通し、五位に位して律令官人としての途にあった東朝、もとより身命を賭しての渡海を果たした両者は、その後、いかなる関係性を持ち得ていったものであろうか。仏教儀礼や音楽もさることながら、時代のもつ変化に翻弄され、余儀なくされた一面も看過し得ないものを感じる。

註

（1）国史大系本『続日本紀』では、同日の干支甲戌を二十三日とするが、甲戌は新日本古典文学大系本において二十二日とする。二十三日は乙亥であり、後者を是とする。
（2）李忌寸元瓌（環）の用字につき、国史大系本『続日本紀』や『新撰姓氏禄』は、「環」とするが、新日本古典文学大系『続日本紀　四』（岩波書店　一九九五年）の同日条「李元瓌（李元環）」に関する補注を参照のこと。
（3）同文書の年次については、断簡であるために定かなことはわからないが、一応、同書注書にある見解に従っておく。
（4）『奈良市埋蔵文化財調査研究報告　第3冊　西大寺旧境内発掘調査報告書1―西大寺旧境内第25次調査―（本篇）』（奈良市教育委員会　二〇一三年）、『奈良市埋蔵文化財調査研究報告　第3冊　西大寺旧境内発掘調査報告書1―西大寺旧境内第25次調査―（文字資料篇）』（奈良市教育委員会　二〇一三年）。以下、同調査内容は、両調査報告書によるものとする。
（5）『続日本紀』天応元年（七八一）六月辛亥（二十四日）条の石上大朝臣宅嗣の薨伝には、「宝字より後、宅嗣と淡海真人三船とを文人の首とす」とあり、この時期に三船とともに文人の双璧を為したことを指す。
（6）国史大系本『続日本紀』は、底本を改めて「従五位上」とする。新日本古典文学大系『続日本紀　四』（岩波書店　一九九五年）の同日条は注書において底本のままとし、従五位上の誤りとしている。ともに従五位上とすることで異論はないが、詳細は、「皇甫東朝」に関する同条の補注を参照のこと。以下、両本には記載内容において、こうした対応のあることを付記しておく。
（7）国史大系本『続日本紀』は、継麻呂について何ら校訂していない。しかし、新日本古典文学大系本宝亀三年四月十九日条には、従五位上とある。一方、鯖麻呂については、補注において誤りを想定している。
（8）『越中古代社会の研究』及び本書序章等を参照のこと。
（9）このほかにも、「雅楽寮員外介」や「造西大寺使」をはじめ官司、官職等の表記、さらに史料の引用に看過し得ない不備が窺われる。（傍点筆者）

第二節　五百井女王と越中国司

一　五百井女王と越中国

本節では、天皇の系譜を引く五百井女王とその一族や越中国との関係、そして、但馬国より出土した新史料などから、当時の王家と地方政治との関わりが如何なるものであったか、かいま見てみたいと考える。
五百井女王と越中国との関わりが初めてみられるのは、次の延暦六年（七八七）三月二十日「五百井女王家寄進状」及び同七年三月四日「五百井女王家符案」（『東南院文書』三―四一）である。以下に、それを提示する。

「東女墾田文花厳院田」

「宇治院田」

従四位上五百井女王家
　合墾田伍町在越中国、
右、華厳院永進納如件、
　　　　延暦六年三月廿日
　　　　　知家事中宮史生従八位下高向村主「諸上」

「符須加庄長川辺白麻呂
合開田伍町
右、被命云、以件開田、奉入宇治花厳院已訖、宜知此状、依数割分、令知院使者、宜知状依命旨施行、符到奉行、
知家事兵部大録正六位上大弁
国依
中宮史生従八位下高向諸上
延暦七年三月四日
以捺郷印為験、」
「捺印廿六処」

この中で、宇治華厳院に寄進することとして、一年近くのちに須加庄長川辺白麻呂に命じて開田五町歩を割分させていることがわかる。また、女王家の知家事が事務処理に当たっていることもわかるのである。

ところで、女王は天智天皇の子、施基皇子の曾孫である、市原王と光仁天皇皇女、能登女王（内親王）との間に生まれ、五百枝王と兄妹ないし姉弟をなすものである。（『続日本紀』天応元年（七八一）二月十七日条の能登内親王薨伝）そこで、女王をめぐる関わりについて、若干述べておきたい。

まず、五百井女王・五百枝王両者の叙位にあずかった年月日やその後の昇叙、経緯、記載上の順序性、また、先学の研究などから考えると、女王が姉、王が弟であった可能性が高い。さらに、五百枝王が臣籍降下して春原朝臣姓となり、天長六年（八二九）二月十五日（一本、十二月十九日）に参議で薨じたとき、七十歳であったことを勘案すると（『公卿補任』同年条）、王の生年は、天平宝字四年（七六〇）となる。（九条公爵家所蔵本『公卿補任』弘仁三年

条では、天平宝字三年とする）
　これらを目安にすると、弘仁八年（八一七）十月十日に薨じた女王は、推定年齢六十歳前半ないしは六十歳前後となろうか。（『日本紀略』）さらに、宇治華厳院への須加庄墾田五町寄進時の延暦六年（七八七）三月には、女王が同じく三十歳前半ないしは三十歳を前後する年齢になっていたと推定されるのである。
　また、先の母能登内親王薨伝には、「薨時年卌九」とあることから、生年は天平五年（七三三）となり、五百井女王の先の推定年齢は、ほぼ無理なく首肯されるであろう。五百井女王、五百枝王両者の年齢に関して初めて述べたのは、米沢康氏である。[10]その決め手となった史料は、五百枝王（春原朝臣五百枝）と能登女王のこの薨年からにほかならないが、米沢氏は、私よりもやや幅を持たせた推定をしているものの、いずれにしても大きな差異はないものと考えている。
　ただ、父市原王については、不明な点が感じられる。それは、市原王が天平八年（七三六）に詠んだ和歌「市原王、独子を悲しめる歌一首」（『万葉集』巻六―一〇〇七）から、市原王自身が「既に相当の年令であったことがうかがわれる。」とする見解があることである。この和歌は、自分に兄弟のいないことを悲しんだことによるものとされているが、このことが市原王自身の「相当の年令」として、直接的に結び付くものであろうか、甚だ疑問とするところである。[11]
　ところで、市原王はこののち、天平十五年に無位から従五位下に叙せられ、天平勝宝元年（七四九）に従五位上、同二年には正五位下となったものの、その後の進位は、確認することができないのである。平城左京四条二坊に所在した市原王の邸宅は、藤原仲麻呂第と隣接している。しかしながら、恵美押勝の乱以後、市原王が史上にまったく登場しなくなることから、何かと両者の関係性が取りざたされてもいる。[12]さらに、どの程度の年令で能登女王と婚姻関係になったものか、不詳な面が少なくないことを指摘しておきたい。

一方、弘仁六年（八一五）十月三十日「東大寺請納文」（『東南院文書』三―四一）においては、弘仁六年十月二十五日「五百井女王家施入状」（同）の記載内容を挙げる中で、「大和國十市庄越中國礪波郡杵名蛭庄長船木弟虫給符状」を一端取り上げながら、その後、この項目が削除されている。ここにおいて、先の五百井女王家の射水郡須加庄及び砺波郡杵名蛭庄が史上に登場することの背景には、両庄が越中国東大寺墾田地として知られることにほかならない。

そして、この地に女王家の所領の存在したことは、米沢氏の見解にもあるように造東大寺司、写経司、玄蕃寮等の長官を数々、歴任した父市原王の存在を抜きにしては、考えられないことが挙げられよう。さらに、大伴宿祢家持の編纂に関わるともされる『万葉集』巻六・二十に、宴席で家持と伴に和歌を詠んだ市原王との親交が窺われることなどから、父から娘への所領の伝領や家持の越中守在任時における同庄獲得のための介在によることが想定されるのである。[13]

市原王は、同様に越中国のほかにも、たとえば伊賀国阿拝郡柘殖郷の地への所領獲得が挙げられている。この点に関しても藤井一二氏は、王の東大寺経営と関係の深い伊賀国の存在に注目するとともに、その時期を墾田永年私財法以後の比較的早い段階を想定している。[14]

二　五百井女王関係木簡の出土

平城京長屋王家木簡が大量に出土したことで、これまで詳かでなかった王家や家政機関の運営及び機能などを窺い知ることができるようになってきたことは、記憶に新たなところである。また、地方官衙等より出土する木簡をはじめ、遺物等からこれまで以上に都鄙間交流のあり方が明確になってくるなど、史料の僅少な古代にあって、考古学的調査による新たな成果は、このの ちも期待がもたれるものであろう。

ところで、延暦六年（七八七）三月、越中国須加庄のうち墾田五町を宇治華厳院に寄進した五百井女王に関係する木簡資料が、新たに兵庫県豊岡市において出土したので、ここに紹介する。そして、以下に同女王をめぐる若干の考察も踏まえながら、今後もこうした資・史料に関わる、新たな歴史的事実の積み重ねを行っていくことが求められると考えている。

五百井女王関係木簡（以下、同木簡と略す）は、兵庫県豊岡市日高町祢布に所在する祢布ケ森遺跡（以下、同遺跡と略す）から出土した。同遺跡は、昭和四十八年から本格的な調査が実施され、この時点で四十二次に及ぶものである。これまで正殿は、未検出であるものの、「コ」字形に配置された建物群や四脚門、築地塀、輸入陶磁器等の集中的な出土、延長九十メートルにわたる南北溝などを検出している。以下、当該調査時点での内容である。

『日本後紀』延暦二十三年（八〇四）正月二十六日条には、「但馬国治を気多郡高田郷に遷す、」とあり、国府の遷移したことが知られる。こうした事実から、同遺跡がいわゆる第二次但馬国府跡推定地とされている所以である。

（初期国府の所在については、不詳である）

・典尚従三位五百井女王
・
(145)×47×5.5　019

図７　五百井女王関係木簡
（豊岡市立歴史博物館　提供）

そして同遺跡からは、これまで兵庫県下で最多、全国の国府跡では、下野国府に次ぐ二百八点の木簡が出土している。これら木簡の内容は国府の行政事務、郡鄙間でのやりとり、高い文化水準を示すものなど、平安時代初期の但馬国府の機能を窺う上でも、極めて貴重なものであるという。[15]

このうち、平成二十年四月から五月にかけて行われた第四十一次調査（調査地　日高町祢布字祢布ケ森）において出土したものが、ここに掲げる同木簡である。そして〇一九型式で下端は、裏から刃物を入れて二次的に切断し、上端を山形につくり左右両辺削りとなっている。文書木簡としては特異なもので、内容は、封戸に関わる可能性が指摘されている。[16]

女王は、『日本後紀』大同三年（八〇八）十一月十九日条に藤原朝臣勒子とともに、正四位上から従三位に昇叙され、さらに、『同』弘仁四年（八一三）正月八日条で正三位に叙せられていることから、同木簡は、この四年余の期間に相当するものであろう。なお、同木簡の出土した同遺跡B区からは、「弘仁四年」銘をもつ木簡が伴出していることからも近似する年紀を想定することが可能である。

一方、『同』大同元年二月二十三日条には、「尚縫正四位下」とあり、『日本紀略』弘仁八年十月十日条には、「尚侍従二位」で薨去しているが、弘仁六年十月二十五日「五百井女王家施入状」（『東南院文書』三―四一）では、この時点で同じく「尚侍従二位」とある。こうしたことから、尚侍任命の下限は薨年より、さらに二年ほど縮めることが可能である。

尚縫は後宮職員令縫司条、尚侍は同令内侍司条にみえる官職であるが、同木簡にみえる「典尚」の釈読について、「すけかみ」と呼称して、尚侍の誤記である可能性を指摘されている。[17]なお、女王の従姉弟に当たる従五位下良岑朝臣安世が弘仁元年九月十六日、左近衛少将・左少弁として但馬介を兼任、同四年正月十日には、（正五位下）左少弁として但馬守を兼任していることも付記しておく。（『日本後紀』）

先述の想定から、同木簡が封戸に関するものであるとするならば、その設定に当たっては、こうした姻戚や国司といった関係性も指摘することができるであろう。また、こうした王家と国司との繋がりが但馬国のみならず、全国の国府の機能を考える上でも貴重なものと言えるのではなかろうか。

三　王家と諸国の関わり

既に指摘されている先学の研究等から、五百井女王の越中国における進出について述べてきたが、それでは、但馬国への進出の背景にいかなることが考えられるであろうか。この点に関して、但馬国司補任に関する次の亀田隆之氏の見解があり、その論点について必要な点につき、私なりにまとめて抄述する。(18)

㈠延暦二十五年（八〇六）までの但馬守は（他国においても多少みうけられるが）、国の等級が中国守相当位を超える官人、さらには、文才・名声をもった者が任命されていること。

㈡天平宝字元年（七五七）以降、令制の上国となって守に四位以上の者、介に至っても天平宝字四年以降、ほぼ恒常的に従五位下の者が任命されていること。

㈢宝亀元年（七七〇）以降、守に京官兼国で四位以上の例が多いこと。

㈣天平宝字元年以後、但馬守を歴任して三位以上あるいは、参議（非参議を含む）以上の議政官に就いた者が八名いること。特に、大同元年から斉衡三年（八五六）の間に、守を歴任したり、兼官したりするこうした高官は、確認できるだけで十九名中、十名を数えるに至る。

こうした事象から、但馬守補任が当時の官人の望む地位となっていたこと、そうした背景に畿内近国、さらに交通の要衝、役民徴発等の政治的、経済的条件が評価されていたことを想定している。

また、土田直鎮氏の研究を引用する中で、仁和四年（八八八）より寿永二年（一一八三）までの参議及び非参議の就任兼国を多いものから順次、AからEへの五分類にしてみていくと、但馬国はC（八例）となる。さらに、公卿の前歴の国守についても考察していくと、同様にC（十例）となり、当時の公卿層の一定の評価を得ていたことを物語るものとしている。[19]

ところで五百井女王、五百枝王は、天皇の系譜を引くものとして、また、母能登内親王薨伝にもあるように、両者を二世王とするなど、貴人として扱われていたことは、言うまでもない。さらに、五百枝王が藤原種継事件に坐して、伊予国に配流の身となったものの、後に許されて大同元年（八〇六）五月、詔により二世王に復して春原朝臣姓として臣籍に降下するなど、波乱な人生を送ったことは、平安初期における政治的情勢のめまぐるしさを感じさせるものがある。

しかし、五百枝王（春原朝臣五百枝）が、弘仁三年に非参議として高官に列し（『公卿補任』同年条）、同十年二月までその地位にあったことがわかる。さらにそれ以後、王が参議に昇格してから、継続してその任にあったことは、その存在感の知らしめるところであろう。

そこで、五百井女王に関する先の木簡についてであるが、僅か一点の検出から述べるに慎重を期すべきことは、言うまでもない。ただ、この時の状況から、越中国と関わりのある父市原王の存在とは異なった、皇統や政争をめぐる平安初期の複雑な政治的情勢をかいま見ることができる。一方、高官としての春原朝臣五百枝の存在、但馬国のもつ政治的、また歴史的背景が女王家の拠点をこの地に設定せしめたがゆえのものではなかったか、ともみなされるのである。

こうした意味において、父市原王の時代とは大きく異なった背景が姉弟周辺に漂い込めていたのであり、そうした反映が様々なかたちとなって諸国に波及していったことを物語るものではなかろうか。このたび、但馬国府跡から五百井女王関係の木簡が出土したことは、前の越中国のように王家・家政機関と地方政治との関わりを想定する点において、注目すべきものである。

また、但馬国府跡からは、全国初の『毛詩』関係木簡など、当時の漢詩受容の過程を示すものや輸入陶磁器、施釉陶器など、高い文化水準を推し量る遺物も出土している。近年、千字文や論語をはじめ、漢籍受容をめぐる問題、習書、則天文字の普及、木簡の文字の筆致などの研究も盛んであり、その伝播の過程を探ることが求められる。そして但馬国と同様、日本海対岸諸国との関わりをもつ北陸道諸国としても同様のことが想定され、こののちも注目していくことが求められる。

すでに、周知の先学の研究成果や史料を取り上げて、女王をめぐる経緯を再確認したが、同遺跡における今後の発掘調査も注目していく必要があろう。そして、同遺跡の成立以前に、越中国にその所領を求めた女王家とそれを取り巻く政治的、経済的情勢の推移もなお、注視していきたいと考える。

特に、従前からさけばれているように、大伴宿祢家持の越中守在任中の『万葉集』巻十七から十九の詠歌左註や題詞等、東大寺開田図をはじめ、その他の史料から窺える都鄙間のあり方が、こうした新出資料の登場によって、更なる歴史像を投影することが今後とも期待される。越中国とは、空間を隔てた但馬国ではあるが、様々な観点から共有可能な事象を注目していく必要性を痛感している。憶測にばかり終始したが、同木簡の出土を通して改めてここに問題を提起することとしたい。

註

(10) 米沢康「五百井女王家の越中墾田—その成立事情をめぐる一試論—」(『富山史壇』三七号　越中史壇会　一九六七年)。加齢は数え年をもってするが、諸書には、時に満年齢で換算している事例も数々見うけられる。一見して迂遠なようであるが、改めてこの点を指摘しておきたい。

(11) 『日本古代人名辞典　第一巻』(吉川弘文館　一九七三年)の「市原王」の項。なお、稲岡耕二氏は、この和歌の題詞の解釈について、「(かつて)自分の子がたった一人しかいないことを悲しむ歌とする説があったが、市原王は天平十五年五月に従五位下に始めて叙せられており、(この和歌が詠まれた)天平八年はきわめて若かったと考えられること、市原王に嫁し二児の母となった能登内親王が天平五年生まれで天平八年には四歳であったことなどから否定された。」としている(『和歌文学大系2　萬葉集(二)』(明治書院　二〇〇二年)所収の当該和歌解説）。一方、大森亮尚「志貴皇子子孫の年譜考―市原王から安貴王へ―」（『萬葉』一二一号　一九八五年）から、この和歌を推定十八歳頃のものと解釈されている。

(12) この間の東大寺をめぐる政治的情勢に関しては、岸俊男「東大寺をめぐる政治的情勢」・「藤原仲麻呂の田村第」（『日本古代政治史研究』所収　塙書房　一九七一年）、同『藤原仲麻呂』（吉川弘文館　一九六九年）等、参照のこと。また、市原王の年譜に関する研究として、田辺爵「市原王の系譜と作品」（『美夫君志』一五号　一九七二年）がある。さらに市原王に関しては、これまでに数々の研究が挙げられるが、近年のものとして北條朝彦「市原王考」（『日本古代の史料と制度』所収　岩田書院　二〇〇四年）の註書において詳細に扱われており、参照されたい。

(13) 越中国における情勢に関しては註(10)のほかに、米沢康『越中古代史の研究―律令国家展開過程における地方史研究の一齣―』（越飛文化研究会　一九六五年）、同『北陸古代の政治と社会』（法政大学出版局　一九八九年）掲載の諸論考を参照されたい。なお、伊藤博「十五巻本万葉集の意味するもの」（『万葉集の構造と成立・下―古代和歌史研究2』所収　塙書房　一九七四年）において、家持との親交を通して『万葉集』編纂に関わった経緯が述べられている。

(14) 藤井一二「律令田制と荘園の成立」（『初期荘園史の研究』所収　塙書房　一九八六年）。その他、当時の貴人が諸国に獲得した所領や封戸等の存在については、先学の研究で幾例も取り上げられている。本論ではこうした点は踏まえつつも、逐次掲載することは、略させていただいた。

(15) 兵庫県豊岡市日高町祢布に所在する祢布ケ森遺跡第四十一次調査に関しては、平成二十年十二月六・七日に開催された、第三十回木簡学会研究集会における前岡孝彰氏（豊岡市教育委員会　但馬国府・国分寺館）の研究報告資料「祢布ケ森遺跡（但馬国府跡）の調査と木簡」に基づくものである。

(16)『但馬国府・国分寺館　年報』第4号（豊岡市教育委員会　但馬国府・国分寺館　二〇一〇年）、『豊岡市文化財調査報告書　第4集　第2次但馬国府跡の調査1　祢布ケ森遺跡第40・41次発掘調査報告書』（同　二〇一二年）。祢布ケ森遺跡（第二次但馬国府跡）第40・41次発掘調査では、木簡二一六点が出土し、『詩経』をはじめ漢籍を記すものが含まれるなど、新たな成果が報告されている。以下、調査に関わる内容は、これら調査報告に基づくものである。

(17)「典尚」に関しては、「尚侍」の誤記かとも考えられている。また、後宮職員令内侍司条に、尚侍の定員が二人であること、さらに、「典侍」が「掌らむこと尚侍に同じ、唯し奏請、宣傳することを得ず、若し尚侍无くば、奏請、宣傳すること得む」とあることなどから、同木簡の釈文の解釈や性格をめぐって、今後、さらに検討することも求められよう。

(18) 亀田隆之「古代但馬国」（『日本古代制度史論』所収　吉川弘文館　一九八〇年）。

(19) 土田直鎮「公卿補任を通じて見た諸国の格付け」（『栃木県史研究』九号　一九七五年。後に、『奈良平安時代史研究』所収　吉川弘文館　一九九二年）。

○本稿は、「五百井女王関係木簡について」（『富山史壇』一五九号　二〇〇九年）をもとに作成したものである。

第三節　越中介興世朝臣高世の慶雲奏上

一　興世朝臣高世の越中介補任

『続日本後紀』承和四年（八三七）六月二十八日条には、興世朝臣高世の賜姓を次のように伝える。（なお、原史料の字句に異同のあるもののうち、訂正を要する刊本など、後掲註書において取り上げたものにつき、その所在を明確にするために本史料に関しては、原文のまま掲載することとした。以下同様）

（略）」右京人左京亮従五位上吉田宿祢書主、越中介外従五位下同姓高世等、賜二姓興世朝臣一、始祖塩垂津、大倭人也、後順二国命一、往居二三己汶地一、其地遂隷二百済一、塩垂津八世孫、達率吉大尚、其弟少尚等、有レ懐二土心一、相尋来朝、世伝二医術一、兼通二文芸一、子孫家二奈良京田村里一、仍賜二姓吉田連一、」（略）（傍点筆者）[20]

この中で、吉田宿祢書主・高世が興世朝臣の賜姓に与ったことやその始祖の塩垂津が国命により任那に渡ったこと、そしてその地が百済の領地となり、子孫の吉大尚・少尚が来朝して医術を伝え、文芸に通じていたとある。その子孫は平城京田村里に住んで吉田連を賜るとあり、始祖からの系譜を巡っては、佐伯有清氏の研究がある。[21]ただ、こうした伝承が渡来系氏族の身分から脱却するために系譜を日本の氏族に付会しようとしたものとする見解もあるなど、評価の分かれるところである。

奈良時代には、神亀元年（七二四）五月に吉智首、吉宜が吉田連を賜り、さらに吉田連古麻呂（吉宜の子・興世朝臣書主の父）、また斐太麻呂、兄人などの医術に秀でた人物を輩出してきたことで知られる。（『続日本紀』及び後掲

『日本文徳天皇実録』）さらに伝未詳であるが、大伴宿祢家持の戯歌に登場する吉田連老（石麻呂）もいる。（『万葉集』巻十六—三八五三・三八五四左注）[22]

さらに、『日本後紀』弘仁二年（八一一）九月四日条では、「（略）」右京人正六位上吉田連宮麻呂等、姓を宿祢と賜ふ、」とあり、吉田氏の賜姓の範囲は詳らかでないものの、連から宿祢への改姓が確認される。そして、上記史料の時点で朝臣姓に与っていることがわかるのである。また、始祖から興世朝臣に至る経緯については上記史料のほかに、『日本文徳天皇実録』嘉祥三年（八五〇）十一月六日条にみえる興世朝臣書主卒伝からも窺うことができる。（後掲）

高世が越中介に任じられたのは、『続日本後紀』承和三年（八三六）閏五月一日条に、「皇太子朝覲す、」是の日、越中介従五位下石川朝臣越智人を以て大膳亮と為す、大膳亮外従五位下吉田宿祢高世を越中介と為す、」とあることからわかる。ここで、高世が石川朝臣越智人と相互に官職を交替したことが知られるが、越智人は『同』承和元年（八三四）正月十二日条に、「（略）従五位下石川朝臣越智人を越中介と為す、（略）」とあることから、二年四ヶ月ほどの越中介在任であったことになる。

一方、高世の越中介在任の下限は、『同』同七年（八四〇）正月三十日条に、「（略）従五位下長岑宿祢秀名を越中介と為す、（略）」とあることによる。高世の在任期間は、この時点で交替していれば最長でも三年八ヶ月ほどになる。慶雲奏上についてはこの間になされたものであり、後に触れる。

ところで、高世の越中介在任時における守の在任について述べておきたい。まず、『同』同五年（八三八）十一月二十日条には、次のようにある。

（略）侍従従四位下正行王為二兼越中守一、（略）（傍点筆者）[23]

侍従正行王は、ここで越中守を兼任したことがわかる。そして、『日本文徳天皇実録』天安二年（八五八）七月十日条の正行王卒伝には、「（略）承和五年越中守を兼ね、九年遷て左馬頭と為す、（略）」とあることから、承和九年

（八四二）まで在任したことになる。このことは、『続日本後紀』承和九年（八四二）正月十三日条に「（略）参議正四位下朝野宿祢鹿取、兼て越中守と為す、（略）」とあることから、この時点で朝野宿祢鹿取と遷替したことが確認されよう。おそらく正行王は京官（侍従職）にあって、越中国には赴任していないものと思われる。

それでは、越中守正行王の前任はだれに当たるのであろうか。『公卿補任』承和元年（八三四）条には、参議従四位下藤原良房が天長七年（八三〇）十一月、「十一月―兼越中守、閏十二月加賀守、」として越中守を兼ねていることがわかる。しかし、九條公爵家所蔵本及び前田侯爵家所蔵新寫一本には、越中権守とある。

さらに遡ると、同四年（八二七）五月十四日には、従四位下行越中守南淵朝臣永河が在任していることがわかる。（『経国集』）少なくとも国司の任期等から勘案して、（『公卿補任』写本に官職の異同があるものの）良房以降には、越中守補任のあったことが想定されるが、正行王の前任者がだれであるか不明である。

二　降灰の報告

『続日本後紀』承和五年（八三八）九月二十九日条には、次のようにある。

七月より今月に至て、河内、参河、遠江、駿河、伊豆、甲斐、武蔵、上総、美濃、飛騨、信濃、越前、加賀、越中、播磨、紀伊等の十六国、一一相続けて言す、灰の如き物有り、天より雨れり、日を累ねて止ず、但し恠異に似たりと云へども損害有ることなし、今ならびに畿内七道、倶に是れ豊稔なり、五穀の価賤く、老農此の物を米花と名づくと云ふ、

この中で越中国をはじめ十六カ国から、相次いで降灰の報告がなされている。そして、怪異に似た現象ではあるものの損害がなく、この年は豊稔となって「米花」と名付けたという。（第三章第二節参照）この現象は同年七月五

日夜、伊豆国賀茂郡上津嶋（神津嶋）に起こった噴火であることがわかる。以下、『同』承和七年（八四〇）九月二十三日条の記載を挙げる。

伊豆国言す、賀茂郡に造作せる嶋有り、本の名は上津嶋なり、此の嶋に坐す阿波神は、是れ三嶋大社の本后なり、又坐す物忌奈乃命は、即ち前の社の御子神なり、新に神宮四院、石室二間、屋二間、闇室十三基を作す、（略）去る承和五年七月五日夜、火出て、上津嶋の左右の海中焼け、炎野火の如し、十二童子相接して炬を取り、海に下りて火を附し、諸の童子潮を履すこと地の如し、地に入ること水の如し、大石を震り上げ、火を以て焼摧し、炎煬天に達す、其の状、朦朧として、所々燄飛し、其の間、旬を経る、灰雨りて部を満つ、仍て諸の祝刀祢等を召集し、其の祟を卜求して云く、阿波神は、三嶋大社の本后、五子相生めり、而して後后に冠位を授賜ふ、我が本后未だ其色に預ず、茲に因て我殊に恠異を示す、将に冠位に預む、若し祢宜祝等此の祟を申ずば、麁火を出し将に祢宜等を亡む、国郡司労ずば、将に国郡司を亡む、若し我が欲する所成せば、天下国郡平安なり、産業をして豊登せむ、今年七月十二日、彼の嶋を眇望むに、雲烟四面を覆し、都状を見ず、漸く戻近に比して、雲霧霽朗す、神の作る院岳等の類、露に其の貌を見む、斯くの神明の感ずる所なり、

伊豆国上津嶋の神威については、本旨ではなく省略することとするが、同五年（八三八）七月五日夜の怪異や神々がその後の位階に預からなかったことによる祟りのこと、そして叙位を成就することで平安や豊稔が保たれることを説いている。さらに同七年七月十二日、上津嶋がこれまで雲烟で覆われていたものの、最近その眺望を見通せるようになり、これが神の観応によるものとしている。

すでに、『同』同五年（八三八）七月十八日条では、「粉の如き物有り、天より散零す、雨に逢へども銷ず、或は降り或は止む、」とあり、京において粉のようなものが雨にも融けず、降ったり止んだりしている。また同月二十日条にも、「東方に聲有り、大鼓を伐つが如し、」とあって、東方（上津嶋か）から大鼓のような音がしたことを伝えてい

る。[24] この噴火による現象とも考えられている。[25] こうした一連の史料は、同年九月の諸国の降灰と豊稔との因果関係を暗示するものとして収載されたものであろう。

三　慶雲の奏上

『続日本後紀』承和六年（八三九）十二月八日条では、参河・越中両国からの慶雲に関する奏上を次のように伝えている。

丙辰、太政官、左大臣正二位臣藤原朝臣緒嗣、右大臣従二位兼皇太子傅臣藤原朝臣三守、（略）参議従四位下守刑部卿臣安倍朝臣安仁等奏言、臣聞、惟天玄默、匪レ徳不レ動、惟神著明、有レ誠必感、故人君孝治、昊穹不レ能レ愛二其霊貺一、至徳潜通、岳涜以レ之効二其禎祥一、伏惟、皇帝陛下、狗齊伴レ徳、允恭配レ美、纂二洪基於累聖一、弘二前烈於重光一、浹宇渙レ和、環瀛楽レ道、凡厥群生、孰不レ霑レ仁、伏見二参河国守従五位下橘朝臣本継等奏一偁、去年十一月三日五色雲見二宝飯郡形原郷一、又越中国介外従五位下興世朝臣高世等奏偁、去六月廿八日慶雲見二新川郡若佐野村一、並皆彩色奇麗、形象非レ常、臣等謹検、孫子瑞応図曰、慶雲、太平之応也、礼斗威儀曰、政和平則慶雲至、又孝経援神契曰、徳至二山陵一、則慶雲出、普閲二嚢篇一、緬尋二夐牒一、両国上奏、事叶二古典一、夫自レ非下道格二區宇一、仁覃中海隅上、何亦降二斯玄符一、錫二彼景福一、臣等幸属二生涯一、榮叨二簪紱一、見二未レ見於今日一、遇二未レ遇於茲晨一、不レ任二抃躍之至一、謹拝表陳賀以聞、』勅、（略）古人不レ云乎、見レ祥増レ戒、則休徴応レ機至也、人貢二忠誠一、以輔二不逮一、重賀之事、都所レ不レ允、（傍点筆者）[26]

この中で左大臣藤原朝臣緒嗣以下、参議安倍朝臣安仁に至る太政官の公卿十四名が、参河・越中両国からの祥瑞の報告を『孫子瑞応図』、『礼斗威儀』、『孝経援神契』等、古典に照らすとともに仁明天皇に祝賀を送り、その治世を賞賛したものである。これに対して天皇の勅が下り、自らを謙遜するとともに、公卿等に一層の忠勤を求めて重ねての祝賀の奏上を允さざることとしたのである。（第三章第二節参照）同日の記事には、祥瑞の出現に関する手続きや平安時代初期の仁明天皇の治世に至る評価、天人相関思想をはじめ様々な要素が介在するが、本論では、越中介外従五位下興世朝臣高世を取り巻く様子について述べる。

まず、平安時代初期の政治状況から見ていくと、桓武天皇は、天智系の皇統に連なる白壁王（光仁天皇）と高野新笠の間に生まれている。高野新笠は光仁天皇の夫人であり、早良親王、能登内親王の生母でもある。新笠の父は和乙継で、和氏は百済武寧王の子孫を称する渡来系氏族である。高野朝臣姓は、光仁天皇の即位後に賜姓されたものである。

また、興世朝臣氏に関する伝承は、『日本文徳天皇実録』嘉祥三年（八五〇）十一月六日条にみえる興世朝臣書主の卒伝に詳しい。その冒頭には、次のようにある。

従四位下治部大輔興世朝臣書主卒す、書主は右京人なり、本姓は吉田連、其の先は百済より出る、祖は正五位上図書頭兼内薬正相模介吉田連宜、父は内薬正正五位下古麻呂なり、並に侍医と為す、累代に供奉し、宜等兼て儒道に長ず、門徒録有り、書主は人の為に恭謹にして、容止観るべし、昔は嵯峨太上天皇在藩の時、殊に其の進退を憐み、延暦廿五年尾張少目と為す、（略）承和四年上請して、姓を改め興世朝臣と為す、（略）嘉祥三年八月遷て治部大輔と為す、年老ひ身衰ふを以て、聊か山林之地を抜き、常に観念の業を発す、卒し時年七十三なり、

この中で、同氏が右京人で百済に始祖を発することや祖父宜、父古麻呂等、医薬、儒道に通じていたことを伝えている。また、書主が嵯峨天皇の愛顧を蒙っていたことも窺える。このように、桓武及び子の嵯峨天皇による百済系氏族の登用、そして嵯峨の子の仁明天皇により、興世朝臣の賜姓に与っていることが挙げられる。桓武から仁明、文徳に至る皇統には、様々な葛藤も見られるとともに、藤原氏の他氏排斥事件とされる承和の変（同九年）以降、藤原北家の良房が権勢を振るって隆盛を極めていくことになる、まさに嵯峨上皇崩御直前の様相である。

一方、先に挙げた正行王の存在も一考を要するものと思われる。『日本文徳天皇実録』天安二年（八五八）七月十日条には、王の卒伝がある。以下に挙げてみる。

正四位下弾正大弼兼美作権守正行王卒す、正行王は、贈一品萬多親王の第二子なり、初めて兄正躬王と、大学に受業す、初めて太上天皇詔有り、之が命を徴し、嵯峨院に直す、天長十年三月従四位下を授け、侍従と為す、時に年十八なり、天皇甚だ之を寵遇す、　承和五年越中守を兼ね、九年遷て左馬頭と為す、十三年従四位上に叙し、転じて左京大夫と為す、仁寿元年加賀守に除し、斉衡二年弾正大弼と為す、天安二年兼て美作権守と為し、其の年官に卒す、正行が性文酒に耽り、日夕怠ること無し、鷹馬の類、愛翫すること殊に甚し、

正行王は桓武天皇の子の萬多親王の第二子で、兄の正躬王と大学に学んで嵯峨上皇の命により嵯峨院に仕えたとある。さらに天長十年（八三三）三月、仁明天皇の即位に伴って無位から従四位下に叙されて侍従に任命、時に十八歳。天皇から非常な寵遇を受けていることがわかる。

先述したように、正行王が越中守を兼任した時点では、越中国に赴任していないことが想定されるとともに、それ故の介としての高世の慶雲奏上であろう。守、介両職にある両者が、嵯峨・仁明朝において寵愛を受けていることを想定するとき、気脈を通じた中での慶雲奏上といった印象を抱かざるを得ないものがある。

一方、高世とともに奏上した参河守橘朝臣本継についても触れておきたい。本継は慶雲奏上後、承和十三年（八四六）正月に武蔵介、嘉祥二年（八四九）正月には、武蔵守に昇格している。同氏には、嵯峨天皇皇后の橘朝臣嘉智子（檀林皇后、仁明母）の存在は言うまでもなく、系譜は不明であるが本継とほぼ同時代を過ごして、貞観二年（八六〇）十月に薨去した中納言橘朝臣岑継（母は仁明天皇乳母、田口朝臣真仲）のように、仁明朝において重用されるなど、時の政権と深い関わりを有してきたことも挙げられよう。こうした点に関しては、政治史の視点からの研究に委ねたいと考える。

註

(20) 吉田宿祢高世の位階に関しては、『続日本後紀　上・下　全現代語訳　森田悌』（講談社学術文庫　二〇一〇年）において、「外従五位下」とする。（以下、『講談社本』とする）それに対して、『増補　六国史　続日本後紀』（朝日新聞社　一九四〇年）及び『新訂増補　国史大系　続日本後紀』（吉川弘文館　一九七二年）は、「従五位下」とする。（以下、『朝日新聞社本』、『国史大系本』とする）『朝日新聞社本』、『国史大系本』が、『続日本後紀』承和三年（八三六）閏五月己巳朔条に、「外従五位下」とあること、また、『朝日新聞社本』が、『続日本後紀』承和六年（八三九）十二月丙辰条でも高世を「外従五位下」とする。次に「塩垂津」については、『国史大系本』が「塩乗津」、『講談社本』及び佐伯有清『新撰姓氏録の研究　考證篇第二』（吉川弘文館　一九八二年）が、「塩垂津」とする。さらに「往」については、『講談社本』のみが「住」とするが如何か。朝廷の命により任那の三已汶に移り住んだとする文意から、二本にある「往」とした。『朝日新聞社本』解説及び『国史大系本』凡例では、『続日本後紀』に錯簡や脱漏の多いことが指摘され、各々底本と諸本との校合の相違によって異同の見うけられることは、否めないものと思われる。諸本・校合本の所在については、同解説・凡例を参照されたい。『講談社本』凡例では、これら刊本の成果及びその後の研究成果を踏まえて、原史料が掲載されていることを指摘している。以下、引用する史料には字句に異同があるものの、これらを参照して掲載することとした。以下、必要に応じて、原文のまま掲載する場合があることをお断りしておきたい。

(21) 註(20) 佐伯氏前掲書。

(22) 『万葉集』巻十六—三八五三・三八五四左注には、「右は、吉田連老といふひとあり、字は石麿と曰へり、所謂仁敬の子なり、（略）」とある。『日本古代人名辞典』（吉川弘文館　一九七二年）は、この仁敬（教）について老の父名とするが、日本古典文学大系『萬葉集　四』（岩波書店　一九六五年）は、「仁敬の行いある者の意か、字（あざな）か不明。」とする。新日本古典文学大系4『萬葉集　4』（岩波書店　二〇〇三年）においては、「左注の「仁敬」は、仁にして且つ敬の意。「君仁敬なるときは則ち時雨之れに従ふ」（尚書・洪範注・芸文類聚・雨）」とする。新編日本古典文学全集9『萬葉集　4』（小学館　一九九六年）は、「伝未詳。あるいはその人柄、仁慈・敬虔であることから（多少皮肉を込めて）付けたあだ名か。」とする。仁敬の前に「所謂」と付すことから、人名ではなく人柄を表すものと解するなど、さまざまである。

(23) 『国史大系本』では、「侍従四位下正行王為二兼越中守一、」として、頭注に「侍」を「當衍」とする。『朝日新聞社本』及び『講談社本』は、「従」を補意とする。（「侍従従四位下」傍点筆者）なお、『朝日新聞社本』頭注では、「侍従従四位下正行王、閣本前本中本等従一字なし山崎校本には侍従の二字を衍文とす」と解説している。一例を挙げると、『続日本後紀』天長十年（八三三）二月丁亥条では、「（略）侍従従五位上藤原朝臣長良為二左兵衛権佐一（略）」とある。私は、『国史大系本』が「侍」を衍とするのではなく、「従」を補意とすべきと考える。（拙稿「古代越中国司一覧稿」（『越中古代社会の研究』高志書院　二〇〇二年））ただ、「従」が連続する用字のあり方には、例えば『続日本後紀』承和十三年（八四六）正月乙卯条で「（略）従五位下藤原朝臣良方、従五位下源朝臣興為二侍従一、従四位上正行王為二右京大夫一、（略）」、『同』同元年（八三四）十一月乙丑条で「以二従五位下清原真人秋雄一為二侍従一、々四位下紀朝臣深江為二兵部大輔一、（略）」とあるように、「従、従」と「従、々」の双方が見うけられる。『同』に見える侍従の事例から、前者の表記が多いことを指摘しておく。

(24)『日本書紀』天武十三年（六八四）十月壬辰条ではこの日、大地震が起こり、諸国で甚大な被害が出たことを伝える。そして、「是夕、有二鳴聲一如レ鼓、聞二于東方一、有レ人曰、伊豆嶋西北二面、自然増益、三百餘丈、更為二一嶋一、則如二鼓音一者、神造二是嶋一響也、」として、鼓のような鳴声が飛鳥の地において聞こえ、それが伊豆嶋（大島か）からのものとすることを伝えた人がいたという。同史料に関しては噴火を示唆する一方で、石橋克彦氏が「飛鳥で聞こえた鼓のような音は、（略）津波の音ではないか、（略）」とする見解がある。（石橋克彦「文献史料からみた東海・南海巨大地震―1．14世紀前半までのまとめ―」（『地学雑誌』第九六五号　㈳東京地学協会　一九九九年））この点に関しては、第三章において詳述したい。

(25) 註(20)『講談社本』同日条。

(26) 越中介興世朝臣高世の位階につき、『朝日新聞社本』及び『講談社本』は、「外従五位下」とする。註(20)に同義。

第四節　越中国司の補任と諸相

一　宝亀・天応・延暦年間の越中守・介の補任

㈠国司の任期

越中国司と言えば、大伴家持と『万葉集』収載のものが取り上げられるが、その他の人物に関しても、これまでにいくつかの問題を提起したことがあった。本節では、変遷する国司制度の中で、奈良末・平安初期における任期や補任から窺える事象について、取り上げる。また、越中国に所在した、式部省大学寮の所領と越中国司との関わりについても述べてみたいと思う。

選叙令遷代条には、初位以上の長上官の成選の年限や進階について規定している。遷代は遷替とも称され、義解にもあるように官職の異動を指す。官人の評定は、毎年行われて考を定め、それを重ねる中で選の対象となる資格を得る成選の選限が、官職によって分かれていた。

官位令に記載された官職（職事）、別勅才伎長上、散位五位以上、内舎人などは、内長上に区分され、六考（六年）とされるのが原則であった。大宝令では、選任令と称していたものと思われ、同条に引く古記も「六考」としている。国司は、これに該当する。我が国における官人の身分秩序の基本は位階であり、それに応じて官職に任命されたと考えられている。

そのほか内分番（八考）、外長上（十考）、外散位（十二考）に分けられたが、五位以上は勅授であり、進位に定法はなく、官人全体の中で調整が図られながら、幾度かの変遷を遂げている。本節のテーマである国司の任期を見ていくと、慶雲三年（七〇六）には四年、天平宝字元年（七五七）に養老令が施行され、それに合わせて翌二年（七五八）には六年に改められ、三年毎に巡察使が派遣されたが、史生は四年とされた。しかしながら、同八年（七六四）には、四年に戻る。（任期の大まかな変遷をとらえるため月日省略、以下同様）

その後、宝亀十一年（七八〇）に大宰府管内国司には五年、大同二年（八〇七）に六年、さらに、弘仁六年（八一五）に四年、天長元年（八二四）には守・介のみ六年、承和二年（八三五）には守・介のみ四年、すでに陸奥・出羽・大宰府は五年とされるなど、めまぐるしく、時々の政治状況や実態に応じてなされたものであろう。史生、医師、弩師等は、別途規定されていた。（『続日本紀』・『類聚三代格』巻五）

しかし、奈良時代の国司の任期に関して言えば、大伴宿祢家持のように、越中守在任が五年を超えることが明白なものもあるが、実際に、三年に満たない事例が多く見出されることは、夙に知られている。ここに、令規定や格による変更法令とは別に、五位以上の官人の増加や国の統廃合をはじめとする様々な政治的情勢の中で、人事が行われていたであろう事が推測される。

ただ、国司の任官に当たっては、史料の残存状況から守ないし介の記載が比較的多いものの、それ以下の掾や目などは、極めて少ないのが実情である。次に、越中守・介の任官の状況を取り上げてみる。

㈡越中守・介の補任

宝亀・延暦年間の治世は、めまぐるしく動いていく。その様子を概観していくと、まず宝亀元年（七七〇）、称徳天皇が崩御して白壁王が立太子、そして即位して光仁天皇となる。聖武天皇の皇女井上内親王の立后も図られる。しかし、同三年、皇后井上内親王の巫蠱事件により廃后、皇太子他戸親王も廃されて、同六年には、幽閉されていた母子がともに没するという不可解なことが起きる。

こうした一連の動向は、藤原氏内部における抗争をはじめ、道鏡政権後の政情の不安定要素が、なお継続していたことを物語っている。そして同四年正月、渡来系の和新笠の子、山部親王が立太子して、新たな展開が図られていくことになる。

天応元年（七八一）、光仁天皇が、病気により山部親王に譲位して桓武天皇の誕生をみることとなったが、光仁太上天皇は、その年末に薨去する。不穏な動きの中で、称徳天皇まで続いた天武系の皇統は、天智系の白壁王に移ったが、氷上川継の謀反、藤原種継の暗殺、皇太子早良親王の憤死など、後々まで社会不安を及ぼす事件も頻々として起こった。

そうした中で、延暦三年（七八四）、桓武天皇は、長岡京造営に着工して遷都を実行、さらに同十三年には、平安京への遷都を果たすことになる。また、宝亀年間以降、蝦夷征討に関する政策も次々に実施に移され、渤海使の来日、そして遣唐使の派遣など、対外交渉の記載も目立つ。しかし、延暦二十四年十二月、参議藤原朝臣緒嗣と菅野朝臣真道が天下の徳政を相論する中で、緒嗣が「方今天下の苦しむ所は、軍事と造作となり、此の両事を停むれば百姓

安ぜむ」と述べるに至った。(徳政論争)

そして、天皇は緒嗣の主張を容れ、蝦夷征定と平安京造営を中止することとなる。さらに翌年には、桓武天皇が崩御する。このように、奈良時代からの政策が転換点を迎え、さらに聖武太上天皇、光明皇太后の没後、恵美押勝の専政、淳仁天皇を廃して配流、称徳天皇重祚、道鏡排斥となるなど、打ち続く中での平安時代の到来を模索するめまぐるしい時期でもあったことがわかる。

ところで八、九世紀の国司―特に守、介の任官や在任の様子は、基本的に六国史の記載に依るところが大きい。さらに、古文書類に在任をみることも可能である。奈良時代に関しては、『万葉集』に掲載されている、越中守大伴宿祢家持及びその下僚に関する和歌や題詞等から、家持在任期間中の動向が窺われることで、特筆すべきものである。大伴宿祢家持の五カ年の在任期間中には、介が内蔵忌寸縄麻呂のみ窺うことができるものの、掾、大・少目の在任まで確認することができる。

しかしながら、越中国司の初見となる天平四年(七三二)九月の越中守田口朝臣年足補任から、神護景雲年間までの三十数年間において、守の補任が確認されるのは五人、在任は二人、介は員外介を含めても補任は三人、在任も三人を数えるばかりである。また、他国と同様に守、介といった高官が掾、目に比して、多く登場することも自明のことである。

また、国司制度が名実ともに整備された大宝令施行以降、年足までの三十年間は、国史上においてその存在が一際、不明である。そして『万葉集』に登場したり、「越中国東大寺領墾田絵図」等に自署を残すことで、その存在を知ることができることも、古代越中の史料の残存状況に依るものである。

さらに、「越中国官倉納穀交替記残巻」(石山寺文書)には、天平勝宝三年(七五一)から延喜十年(九一〇)に及ぶ、約百六十年にもわたる国司の在任記録があり、国史上からは窺えない人物をここに補完することができるのであ

天平神護2	(766)・	7・22	任介	従五下	国見真人安曇		続　紀		
神護景雲2	(768)・	閏6・3	任守	従五上	甘南備真人伊香	4.5	同		
宝　亀　元	(770)・	12・28	任介	従五上	皇甫東朝		同	3.10	
宝　亀　3	(772)・	4・26	任守	従五上	石川朝臣真守	3.3	同		
同　5	(774)・	3・5	任介	従五下	牟都伎王		同	3.11	
同　7	(776)・	3・5	任守	従五下	牟都伎王	2.0	同		☆
同　7	(776)・	3・5	任介	従五下	小治田朝臣諸成		同	1.7	☆
同　8	(777)・	10・13	任守	従五下	安倍朝臣笠成	1.11	同		
同　9	(778)・	2・23	任介	従五下	紀朝臣宮人		同		
同　9	(778)・	8・20	任介	従五下	路真人石成	0.6	同	5.4	
延　暦　元	(782)・	閏正・17	任兼介	従五下	物部多芸宿祢国足	3.6	同		
同　2	(783)・	2・25	任守	従五上	調使王	3.1	同		
同　4	(785)・	正・15	任介	従五下	佐伯宿祢鷹守		同	4.0	
同　6	(787)・	2・5	任守	従五下	紀朝臣馬守	4.1	同		
同　8	(789)・	2・5	任兼介	従五上	橘朝臣綿裳		同	4.4	
同　10	(791)・	6・5	任守	従五下	石浦王		同		
同　10	(791)・	6・6	見守	従五下	藤原朝臣鷹養	9.11	交替記	7.7	
同　18	(799)・	正・29	任守	従五上	石淵王		後　紀		◆
同　18	(799)・	正・29	任介	外従五下	村国連息継		同		◆
同　23	(804)・	正・24	任兼介	従五下	藤原朝臣山人	5.0	同		

表3　宝亀・天応・延暦年間における越中守・介補任

（註）任は任命、見は在任、兼は他官との兼任、続紀は『続日本紀』、後紀は『日本後紀』、交替記は「越中国官倉納穀交替記残巻」（石山寺文書）、位階は任命、在任時のものを指す。（国史大系本『続日本紀』の期日と異にするものがある。）また、正月や十二月などが、同年における他の月と西暦（ユリウス暦）で一致しないことも儘あるものの、前後者との任期の比較を換算しやすくするために便宜上、統一した。☆◆は守介同日補任をさす。

る。越中古代史は、様々な意味において、こうした史料のもつ恩恵を蒙っていると言える。

ところで、宝亀年間から延暦年間までの三十五年にわたる、越中守・介の任命及び在任の様子を一覧にすると、次のようになる。この中で在任の一例である、「越中国官倉納穀交替記残巻」にみえる藤原朝臣鷹養を除き[27]、すべて『続日本紀』及び『日本後紀』における任命記事である。（表3）

このことは同史料の性格上、頷くことができる一方、それまでの史料のあり方とは、やや異にするものである。また、任命記事そのものが当該国司の確かな初見、つまり在任期間を確認する上での上限を示すものでもある。（以下、特に断らない限り『続日本紀』及び『日本後紀』を出典とする）

さらに十世紀に入ると、前代に比してその数も激減する。ただ、史料のあり方がこれまで述べてきた傾向にはあるものの、宝亀から延暦年間における任官には、他の期間にはない傾向もかいま見

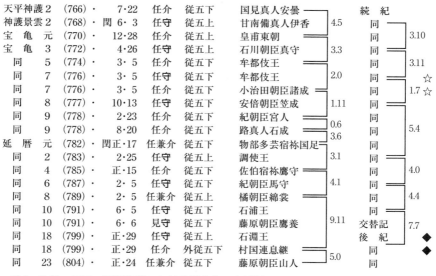

ることができるのではないかと考え、以下、それらを取り上げていきたい。それは、奈良時代後期における『続日本紀』を中心とする任命記事が、比較的連続して登場することにあると考える。

一方、延暦年間以降の補任の様子をみていくと、兼官、権官として史上に登場する越中国司がみられるようになる一方、『日本後紀』以後の国史上においては、任官、見官を断続的に確認するものが、主たるものとなっていくことによる。奈良時代前・中期における史料的事情とは、異にする点があると思われる。

そこで、史料上確認し得る直近の前任命者との比較から、表中に天平神護二年、神護景雲二年の事例も掲載したが、延暦年間以降、最直後に守・介の任命が確認されるのが、弘仁三年（八一二）以後であることから、先に挙げた任期を勘案して一覧から外した。さらに、史料上の前・後任者の在任したと想定される期間を年・月で数値化したものである。（計算上、閏月を算入するとともに、日付の関係から一ヶ月未満の場合、切捨するなど、期間の目安として記載した）

また、次にこの期間の正官・兼官・権官の各守、介を列挙するが、この間には、佐伯宿祢御形（「薬師院文書」）が守、利波臣志留志（『続日本紀』・「東南院文書」）、藤原朝臣長継（「越中国官倉納穀交替記残巻」）の両名が員外介として在任しているものの、本論の主旨に直接影響はないものと考えて、省略することとした。

まず、守と直近の介の任命までの期間を取り上げることとしたい。在任期間を表すために前任者から後任者への期間を記すとともに、史料上でも確認されるように国司の上位二官が同時ではなく、交互に交替することが行政運営上、一般的であるとの観点から、直近の守、介との任命期間を加味して考えることとした。

もとより、任命記事がないからといって、前任、後任の間に被任命者がなかったとする証拠にはならないし、予期せぬ事情により、交替がなされることも当然、想定しなければならない。しかしながら、この時期の任命記事が、これだけ集中して残存していることを考えると、奈良時代前中期までとは異なる制度的側面もみえてくるのではないかと考えるからにほかならない。

そこで守、介が各々交互に任命された期間をみていくと、守、介同日補任や明らかな史料の欠失などを除き、二年六ヶ月から四ヶ月という長短の間隔はあるものの、ほぼ二カ年を前後する期間において、両官の人事を確認することができる。またこの中で、物部多芸宿祢国足は中宮少進と兼ね、橘朝臣綿裳は、延暦三年四月に大判事に任命されて以来、越中介となるまでも兼ねていることがわかるが、両者とも京官にあることから、越中国への赴任が疑問視されるものである。

次いで、守の在任及び間隔の期間をみていくと、一年七ヶ月から七年七ヶ月に及ぶことが知られるとともに、三十一年の期間に八ないし九名の守の存在が確認されることである。このことは前述したように、奈良時代前中期の史料のあり方とは大きく異なるとともに、交替の実態が比較的史料上に反映していることを示しているのではなかろうか。

しかしながら、安倍朝臣笠成と調使王、石浦王と（藤原朝臣鷹養、ないしは）石淵王との間に、少なくとも各々一名の任命のあったことが想定されないであろうか。特に、前者において、五年四ヶ月の間に介の任命が正官、兼官も含めて三名もみられることは、こうした想定を窺わせるものでもあろう。

同じく、介の在任及び間隔の期間をみていくと、六ヶ月から九年十一ヶ月に及ぶことが知られるとともに、三十八年の期間において十一名の介の存在が確認される。これも守と同様、交替の実態が比較的、史料上に反映していることを示すものと考えられる。しかしながら、橘朝臣綿裳と村国連息継との間に、一ないし二名の介の任命のあったことが想定されないであろうか。また、紀朝臣宮人と路真人石成が、六ヶ月の間隔で任命されている。こうした事例は、他国司においても窺われるが、事由は不詳である。

以上、こうしたことから、宝亀元年（あるいはその前任）から、延暦十年の石浦王の任命までに憶測ではあるが、守では、安倍朝臣笠成と調使王の間を除き、ほぼ表3に見える人事の実態を反映して、交替がなされたのではなかろうか。また介においては、先の推測を除いてほぼこの時系列により、補任が展開されていったことが想定されるのである。

少ない史料から憶測ばかりを試みてきたが、先述の如く制約される条件はいくつかあるものの、この期間における守、介の任命は、断片的な史料の残存にも関わらず、大略その実態を示すものとして考えた次第である。奈良・平安期の越中国にあって、これだけの任官の実態を示す稀な時期のものでもあろう。

㈢越中守・介同日補任

さらに、この期間に窺われる興味深い事例として守、介同日補任という事例が窺われるということである。まず、牟都伎王であるが、宝亀五年（七七四）三月に介に任命されてから、ちょうど二カ年を経て守に昇任しているとともに、同日に小治田朝臣諸成が介に任命されていることがわかる。

そして、その一年七ヶ月後には、安倍朝臣笠成が守に任命されているが、この時点において、牟都伎王が守を解任されたと仮定するならば、越中国における介、そして守としての在任期間は、都合三年七ヶ月に及んだことになる。先に述べたように、地方行政の継続性という観点から言えば、内部昇格によってそれが可能となり、守、介同日補任というあまり例をみない措置となったものと思われる。後に左馬頭に再任、少納言等を歴任する。

次に、延暦十八年（七九九）正月任命の石淵王と村国連息継の事例は、いかがであろうか。石淵王は、天応元年（七八一）正月に正六位上から従五位下に叙せられ、同年五月には正親正、延暦二年十一月に大監物、同六年二月に若狭守に任命された。さらに、同十年七月には大監物に再任され、同十三年三月に伊勢奉幣使となっている。この時、従五位上であった。（『類聚国史』三）

石淵王が、牟都伎王と同様に介から守に昇格したのであれば、同日補任の本旨ということも想定されるが、史料上それを確認することはできない。王は、越中守補任前の時点において、正任の若狭守（中国であれば正六位下相当）の任にあることや正親正（正六位上相当）、大監物（従五位下相当）の官職を歴任している。

ところが村国連息継は、延暦十八年六月十六日に阿波権介に任命されながら、同九月十日には正任の介、そして、式部少輔従五位下和気朝臣広世が、兼阿波守に同日補任されていることがわかる。息継のその後の動向は不明であるが、和気朝臣広世が京官と兼任して阿波守に赴任していない可能性を考えると、阿波権介、阿波介の任命の意図が領けるとともに、越中介から五ヶ月を経ずしての転任には、含みのある措置であったことも考えられるのではなかろうか。

ところでこの時期から下るが、このほかにも越中守、介同日補任の事例が見うけられる。それは、『続日本後紀』嘉祥元年（八四八）正月十三日条に、従五位上藤原朝臣安永と外従五位下安墀宿祢豊額為、『日本文徳天皇実録』仁寿二年（八五二）正月十五日条には、従四位上源朝臣寛と従五位下山代宿祢氏益が、それぞれ守と介に任命されていることがわかる。

藤原朝臣安永と安墀宿祢豊額のこの後の任官過程は、不明である。次いで、源朝臣寛はこの時、刑部卿と兼任していることがわかることから、越中国には赴任していないものと思われ、それに伴う措置であったことも考えられよう。山代宿祢氏益のその後の任官過程も、不明である。

こうした事例を考えるとき、他国との相互比較も求められるものと思われるが、難解さを伴う。そこで、『続日本紀』以降の五国史上の正任の守、介同日補任の件数だけに限って上げると、次のようになる。『続日本紀』では二十六か国四十四件、『日本後紀』では十七か国十九件、『続日本後紀』では十六か国二十二件、『日本文徳天皇実録』では十五か国十六件、『日本三代実録』では、二十八か国三十八件を数える。

また国史上では、兼官との同日補任が時期とともに減少していくのに対し、権官とのそれは、増加していく。さらに、正任の守・介と権官との三者同日補任の割合は、『日本三代実録』において一気に増加する。こうした背景には、権官（官人）の増加、俸禄のあり方、そして、国史各々の編纂方針による掲載の相違などもあるいは憶測されるが、今はその傾向を挙げるに留めておきたいと思う。

二　越中国司と大学寮田の成立

富山県南砺市高瀬一三五（旧東砺波郡高瀬村高瀬字勧学院）には、「大学寮勧学院田址」が所在する。そして、「勧学院塚」があり、昭和四十一年（一九六六）七月一日、井波町指定史跡（現在は南砺市指定史跡）となっている。この地には、勧学院の地名が残ることから、一帯に大学寮勧学田があったとする。また、神仏習合の時代には、高瀬神社の神宮寺としての真言宗深法寺があり、その勧学院僧を祀った塚とも伝える。同三十九年まで富山県指定文化財であったが、確証不十分のため、指定解除となった。（以上、南砺市教育委員会解説）

上記の解説は現在もなお、勧学院、神子畑、大宮司田をはじめ、堂や門など寺社に関わると考えられる字名が広範に残存していることから、後掲の『延喜式』条文に結びつけて、これまで提示されてきたものである。しかし、様々な状況からいずれにも可能性を秘めながら、なお、定説を見ないものである。そこで、以下に史料を挙げてその背景につき、述べてみる。

貞享二年（一六八五）、加賀藩が領内寺社に由緒書を提出させた中に、高瀬神社の由緒が収載されている。その第二項においては、次のように述べている。（『加越能寺社由来　下巻』）

一　私持分の社、砺波郡高瀬村神社かうらい（高麗）権現は右大同年中に、社は相建て申す由申し伝へ候、誰の建立か知り申さず候、古は社僧等多く之有るの由にて、山号はかうらい山、寺号は神保寺と申し伝へ候へ共、乱世の節、社僧も退転仕り、唯今御座なく候、私居屋鋪は百姓共より寄進地に罷り有り申し候事、

越中砺波郡庄村社家

八兵衛

貞享弐年六月二日

宝永元年（一七〇四）十月「高瀬村権現縁起由来之御事」にも大同元年草創、真言宗、山号を高麗山、寺号を深法寺、院号を勧学院として、三百六十坊あるいは、百余坊を有したともする。また、「高瀬村肝煎、三社権現・首塚・大門・蛍河・勧学院塚の由緒御尋につき答書控」には、深法寺が一山の大寺、勧学院は、大寺に相副え別院であると伝えるなど、関係性に相違も見られる。（高瀬光源寺文書『井波町史　上・下巻』）このほか、高瀬神社が高麗権現、大同年中（八〇六〜八一〇）草創を伝えるものや浄土真宗本願寺派高麗山光源寺が勧学院の後身であることなど、各々真偽の程は別として、同神社の神宮寺の存在を彷彿とさせるものがある。

康永元年（一三四二）十二月十五日「足利尊氏寄進状」（東大寺文書）には、高瀬荘地頭職が東大寺八幡宮に寄進され、南北朝期から同八幡宮領であったことがわかる。また、奈良時代には、砺波郡に東大寺領杵名蛭荘をはじめとする諸荘の存在が知られることから、東大寺との関係の深さも窺われることである。特に、平安期になると、東大寺には真言密教が入るようになり、深法寺などもその影響を受けたことが考えられている。

現在、光源寺に伝わる密教法具等の存在もまた然りである。同地における勧学院は、東大寺真言院勧学院に因むものとも解されているが、不詳である。いずれにしても、これらの史料から一様ではないものの、幾重にもわたる事象

が絡み合って、由緒等に伝えられてきたことを想定して、次に進めていきたい。

『延喜式』巻二十　大学寮の諸国稲条及び諸国田条には、次のように規定されている。

・凡そ常陸国の稲五万四千束、近江、越中、備前、伊予等の国の各一万束は、国司に預けて出挙せよ、其の息利を以て、舂米并びに軽物に交易し、毎年貢調使に附して送納し、寮家の雑用に充てよ、若し未進有らば、主計寮に移し、使の返抄を拘めよ、(28)

・凡そ越中国砺波郡の墾田地壱拾捌町肆段貳佰歩、中に就きて熟田は十三町二段卌歩、未開地は五町二段百六十歩、播磨国印南郡の墾田地壹拾漆町佰捌拾歩、中に就きて熟田は五町二段二百八十八歩、未開地は九町七段二百五十二歩、荒田は一町九段三百廿四歩、山城国久世郡七町、

右、田は郷価の賃租に准じて、以て学生の食に充てよ、

（略）

学生らの年中の食料鹽は、備前国司に仰せて毎年正税一千束を出挙し、その息利を以て交関して進らしめよ、

諸国稲条では、各国に割り当てられた稲が国司に預けて出挙が行われ、その息利をもとに舂米や軽物を購入して貢調使に付し、大学寮家の雑用に充てられることになっていた。ところが『延喜式』巻二十六　主税上諸国本稲条では、備前国が「一万一千束」となり、丹後国が「八百束」を割り当てられるという異同も見うけられる。（丹後国のことは、後述する意見十二箇条に掲載されている）さらに、備前国の「一万一千束」は、本条の一万束と鹽の一千束に当たるものであろう。また、『同』勘租帳条によると、学校田、勧学田、諸司田などは、不輸租田とされていたことがわかる。

次いで、諸国田条では、越中・播磨・山城国の墾田地を定めて賃租を行い、その収入で大学寮の学生の食糧に充

ていることもわかる。養老田令公田条は、公田の賃租の方式やその価の使途に関する規定であるが、『令集解』同条所引古記説においては、「公田は不輸租、十分の二の地子を以て価とするなり、」とある。また、『延喜式』巻二十六　主税上　獲稲品条でも、「地子は、おのおの田品に依りて五分の一を輸さしめよ、」と同率の地子が規定されている。

同条の規定から、大学寮墾田地が公田とすると、収穫の二割に当たる収入があることになるが、「郷土估価」においては、「国例」に依ることも想定されている。(元慶五年二月八日官符　『類聚三代格』巻十五)こうしたことから各国司による、当該国での「郷価」に基づいて、運営されていたものであろう。

勧学田の始まりは、天平宝字元年(七五七)八月二十三日、大学寮公廨田三十町を設置したことに見られる。(『続日本紀』)さらに、延暦十三年(七九四)十一月七日、学生の人数が多く費用の不足を来したため、坐した大伴宿祢家持の越前国加賀郡没官田百町余を加えて、「勧学田」と称したことによる。(『類聚国史』一〇七)

これらの経緯は、延喜十四年(九一四)四月二十八日、三善清行の意見十二箇条の第四箇条「一、大学生徒の食料を加給せられむことを請ふの事、」からも窺うことができる。さらに、延暦十七年九月八日には、大学寮勧学田のうち、大和国及び近江国十三町が典薬寮勧学田及び主馬寮公廨田に充てることとなっていったのである。(『類聚三代格』巻十五・『本朝文粋』等)(29)

翌年二月二十一日、和気朝臣清麻呂薨伝に続いて、長子広世が大学別当となり、墾田二十町を大学寮に入れて、勧学田としたことが見えることである。(『日本後紀』)さらに、天長元年(八二四)十一月十七日には山城国地五町九段、同四年三月十三日に河内国荒閑地五十町を大学寮に給されたが、同五年四月十三日に河内国渋河郡田六段、畠四町四段を割いて、内教坊に給したことが見える。しかし、意見十二箇条から家持没官田の返給や勅によって、山城国久世郡三十町が四分割され、その内の三分を他司へ割いて僅かに七町を残すなど、減少の一途をたどっていった経緯も窺うことができる。（『類聚国史』百七・『本朝文粋』・『延喜式』）

意見十二箇条には、山城国久世郡の地や常陸国九万四千束、丹後国八百束の出挙のことが、具体的に記載されている。しかし、「常陸丹後両国の出擧稻は、度度の交替に依りて本稻を欠き、皆失ひて利稻有ること無し、當今遺る所は、唯々大炊寮の飯料米六斗、山城國久世郡の遺田七町なりて已む、此の小儲を以て數百の生徒に充つ、」という困窮状態であった。

そのため、常陸国五万四千束、近江・越中・備前・伊予各国に、一万束を分担させて財源の確保を図ったものであろう。『弘仁主税寮式』には、備前国に大学寮料一千束とあるが、越中・伊予国は記載されず、常陸・近江国は、前欠のために確認することができない。こうした経緯が認められるとするならば、越中国への分担は、三善清行の意見書以後、『延喜式』に掲載されたことになろうか。

次に、越中国砺波郡墾田地の設定時期がいつなのか、また、同条がいつ掲載されたのか、さらに、いつから実効を得たものかを確定することは、きわめて難しい問題である。格に比して、式のもつ難解さがこうした点にあるが、これに関して、米沢康氏が九世紀に任命された大学寮官人の御船宿祢氏主、春日臣雄継、善淵朝臣永貞、源朝臣明の存在を指摘している。(30)

そこで、これら人物の大学寮に関する任官、在任の様子をさらに詳細に見ていくと、次のようになる。まず、従五位上御船宿祢氏主は、承和十年（八四三）六月二十八日、大学博士に在って越中守を兼任している。（『続日本後紀』）氏主の任官については、これ以外のことは、不詳である。

次に正四位下源朝臣明は、承和十四年（八四七）正月十二日、刑部卿にあって越中守を兼任している。（『続日本後紀』）その卒伝から、すでに天長九年（八三二）に大学頭となり、承和五・六両年（八三八〜八三九）にも在任していることが確認される。そして承和九年（八四二）八月十一日には、左京大夫に任命されていること、同年九月八日には、播磨守に兼任されていることから、大学頭に七年以上にわたって在任していたことが想定される。（『日本文徳天皇実録』・『続日本後紀』）一方、九世紀における大学助にあって、越中国司と兼任した事例は、確認することができない。

さらに従五位下春日臣雄継は、仁寿三年（八五三）七月一日、大学博士にあって越中権守に任命されている。すでに、嘉祥三年（八五〇）五月十七日に大学博士、仁寿元年（八五一）四月八日には、次侍従に任命されている。そして、斉衡三年（八五六）八月二十七日には、「大学博士兼越中権守従五位上」として、大春日朝臣姓を賜っている。さらにこれ以降、貞観十年（八六八）四月二十三日に七十九歳で卒するまでの十二史料にわたり、兼官は都度変わりながらも、大学博士の官職を全うしていることがわかる。時に従四位下大学博士とある。（『日本文徳天皇実録』・『日本三代実録』）

そして従五位上善淵朝臣永貞は、貞観十八年（八七六）四月十一日に、大学博士兼越中守として在任していることがわかる。すでに早く、同六年（八六四）三月八日には、助教として越後介を兼任し、同八年（八六六）正月七日に同兼任、従五位下に叙位、同十四年（八七二）二月七日まで助教在任を確認することができる。元慶元年（八七七）二月十四日には、大学博士兼越中守在任、そして同三年（八七九）四月二十六日まで同在任を確認することができる。同八年（八八四）二月二十三日には、正五位下に叙位され、大学博士在任、以後、仁和元年（八八五）十二月十一日に卒するまで、大学博士に在任したことがわかる。時に七十三歳、「官に卒す、」という結びが永貞の生前を物語っている。（『日本三代実録』）

越中国と関係する人物は、この四名であるが、これらの官途における前後者を『続日本後紀』以降の三国史から辿っていくと、次のようになる。（出典省略）まず、御船宿祢氏主後任の直近の越中守は、源朝臣明である。また、承和十四年（八四七）二月十一日には、外従五位下善友朝臣穎主が大学博士に任命されていることから、氏主は遅くとも、このときまでに両職を退任したものと想定される。

さらに、源朝臣明後任の直近の大学頭は、承和九年（八四二）八月十一日に任命された従四位下茂世王である。[31]また、源朝臣明後任の直近の越中守は、嘉祥元年（八四八）正月十三日任命の従五位上藤原朝臣安永、同年三月二十日任命の従五位下和気朝臣豊永である。

善友朝臣穎主後任の直近の大学博士は、嘉祥三年（八五〇）五月十七日に任命された春日臣雄継である。大学博士にあって、春日臣雄継後任の直近の越中権守は、天安二年（八五八）三月八日任命の従四位下房世王であるが、雄継の退任はこれ以前のものか、不詳である。大春日臣雄継後任の直近の大学博士は、貞観十二年（八七〇）正月二十五日に在任している従五位上菅野朝臣佐世であり、同十三年（八七一）十月二十一日まで、その在任を確認することができる。

菅野朝臣佐世後任の直近の大学博士は、善淵朝臣永貞であり、元慶三年（八七九）まで兼越中守、仁和元年（八八五）まで大学博士とある。（前掲）以上のことから、御船宿祢氏主から源朝臣明、大春日臣雄継に至るまでの確認し得る十三年余の越中守及び権守の在任、氏主の越中守兼任前年まで大学頭を長年にわたり歴任した明の存在は、断片的ながらも本旨における、深い関係性を有したことが想定されるのではなかろうか。さらに時期は少し下るが、越中守とともに、大学博士を長らく務めた善淵朝臣永貞の存在も看過し得ないものであろう。

一方、源朝臣明は、承和六年（八三九）正月十一日、大学頭にあって近江守を兼任している。[32]また、大春日臣雄継も貞観七年（八六五）三月二十八日、大学博士にあって、伊予権守を兼任するとともに、同十年（八六八）二月二十五日まで、その在任を確認することができる。先の『延喜式』大学寮諸国稲条の掲載が、十世紀に入ってからとは言うものの、この近江・伊予両国との兼任は、何らかの意義を有するものであろうか。また、九世紀を中心として大学頭、大学博士と『延喜式』の大学寮諸国稲・諸国田条に見える、近江・越中・伊予国以外の国司と兼任する事例は、管見の限りで見出すことができないが、問題意識としてここに挙げるに留めたい。

これまで、僅少な史料からやや憶測に終始したが、上記四名の越中国司、大学寮官人としての任命及び在任の隙間をかいま見てきた。しかしながら、南砺市高瀬に残る字名や関連する由緒と如何に関わってくるのか、全国に残る同地名や藤原氏の勧学院の存在など、なお検討を要するものと考えている。

註

(27) 藤原朝臣鷹養については、「越中国官倉納穀交替記残巻」の中で延暦十年六月六日に在任したことが知られるが、『日本後紀』弘仁三年正月十二日条に従五位上で越中守として任命、同六年二月九日条には、すでに同位で卒していたことがわかる。同五年十二月二日には、従五位上登美真人藤津が越中守に任命されているので、その前に卒したものか。しかし、鷹養の越中守在任を再任と見るか、また、「越中国官倉納穀交替記残巻」の鷹養を別人と見るかである。「越中国官倉納穀交替記残巻」の鷹養在任の日付の前日には、石浦王が越中守に任命されているが、同史料が交替公文に関わると考えられるだけに、意味深長なものを感じる。この間の経緯に関しては、拙著『越中古代社会の研究』（高志書院　二〇〇二年）を参照されたい。

(28) 虎尾俊哉編『訳注日本史料　延喜式　中』（集英社　二〇〇七年）によると、底本国立歴史民俗博物館所蔵（旧田中文庫蔵）土御門本には、同条「稲」の直上に「稱」の字があるものの、九条家本にはなく、衍とする。同書補注の解説等も踏まえて、以下に記述した。

(29) 『類聚国史』巻百七では、「大学寮田二十町」として十町の差異を生じ、都合「一百二十余町」とする。

(30) 米沢氏の見解は、『井波町史　上巻』（富山県東砺波郡井波町　一九七〇年）に記載されているが、九世紀の越中国司の任官の過程及び越中国司補任等については、拙稿『越中古代社会の研究』（高志書院　二〇〇二年）を参照されたい。

(31) 『続日本後紀』承和九年（八四二）七月五日条の藤原朝臣継業薨伝には、大学頭左兵衛佐兼信濃守に遷任されたことが見えるが、文意から大同三年（八〇八）以前のことであり、源朝臣明の後任たり得ないことがわかる。

(32) 『日本後紀』弘仁五年（八一四）七月二十六日条には、従五位下藤原朝臣濱主が近江介にあって大学頭を兼任していることを挙げておく。

第五節　『喚起泉達録』にみえる古代社会

一　『喚起泉達録』にみえる太夫川考

『喚起泉達録』には、『古事記』、『日本書紀』を中心として、『風土記』等の記事を活用したり、「越中舊記抜書一覧」の中の大伴家持関係史料にみえるように、『万葉集』や六国史など、古代における史料を随所に引用して、構成されていることがわかる。また、史実と伝承とが混在するものの、野崎傳助が撰述した時点ですでに散逸したり、途絶えてしまった史料や伝承の存在をかいま見ることもできる。

すでに指摘されているように、この記載内容の全てを古代社会の実態とすることはできないものの、こうした伝承等の起源をたどる中で、たとえば、巻之五「槐村之縁ノ事、併薗宮越中御下向之事」などにもみえるように、漢籍等も含めた当時の史書等に対する姿勢や学問的な水準、その背景となる歴史像や思想なども、少なからず見据えることができると想定される。

また、何らかの機縁をもって記録に残されたり、伝承されてきたものや、さらには、古代史料を踏まえて投影された中近世社会の実態を探る機会にもなると思われ、それらを解き明かしていきたいと考える。

㈠　巻之十一「越中名物太夫川爵鱸之事」

『喚起泉達録』巻之十一（桂本巻之十五）には、「越中名物太夫川爵鱸之事」がみえる。この説話の大意を提示する

と、次のようになる。(33)

父老が曰く、当国で山川海陸の産物で名物になっている物は種々あるが、砺波郡祖父川の鱸をその最上位とする。およそ、当国に限らず諸国にある名物には必ず謂われがあるが、当国で彼の川の鱸を最上とするについても謂われがある。昔、仲哀天皇が越前ノ行宮に御座た時、当国の屯倉子・民達が種々の貢物を捧げた。東の山に近い者は山から、西の川に近い者は川から採った貢物を捧げた。（略）川から取った物を捧げることにした百姓は、川魚を捕らえようと川毎に見回ったが、雑魚ばかりで大きな魚はいなかった。砺波郡祖父川にきて藻のある辺りを覗いて見ると何と太魚がいた。喜び川に入って手取ろうとするが、大鰭の魚は敏捷で捕らえられなかった。その頃は「藤津武弟ノ命」がいたので、百姓共は藤津に事の次第を申し上げた。藤津は川で魚を捕る方法を工夫して教えた。百姓共は教えられた通りにすると何の造作もなく、しかも見事な程の太魚が捕れた。（略）天皇はこの太魚をご覧になってご機嫌麗しく、御爵で太魚の背鰭を押さえながら、汝は鱸であろうと仰せられ調理するように命じられた。平野ノ澄人が勅命により御前で噺しながら調理し献上した。これ故に、爵之鱸之包丁刀として料理人の家に伝えられ秘事となっている。この川を大夫川という。爵ノ鱸魚がいるからである。しかし、何れの頃より誰かの誤りか、祖父川と書いている。是非もないことであるが、正しくは大夫川である。この川には今も鱸魚が多い。しかしながら、所々で捕獲が禁じられていて妄りに捕る者はいない。この魚の風味は、因州松江之鱸にも優るとも劣らないという。（略）

この説話は、文意がやや難解であるため、解釈をより明確にする上で敢えて口語訳を掲載したが、大意は以上のようになる。因州松江の鱸は、夙に全国に知られた名物であるが、それに匹敵するとは、やや大袈裟な表現であるものの、調理を秘事としたり、捕獲を禁止したりするなど、何らかの神意性をもたせようとしたものであろうか。また、河川の名称を「大夫」とすることは、その由来に伝統的権威を包含しようとする意図も、読み取ることができるのではなかろうか。（文中の「太夫川」、「大夫川」の用字は、原文のままとした。）

㈡古代史料にみえる遊部

富山県南砺市（旧福光町）には遊部、遊部川原という地名が現存する。現在、「あそぶ」と呼称しているが、これが、古代の歴史性を示す地名であると考えられる。そこで、次に挙げる喪葬令親王一品条には、この遊部の存在が窺われ、古代における職業部であることがわかる。

凡そ親王一品には、方相轜車各一具、鼓一百面、大角五十口、小角一百口、（略）二品には（略）、太政大臣には、方相轜車各一具、鼓一百四十面、大角七十口、小角一百四十口、幡五百竿、金鉦鐃鼓各四面、楯九枚、發喪五日、以外の葬具及び遊部は、並に別式に従えよ、（略。傍点筆者）

この条文の中で、貴人の葬儀に列したものが遊部であり、喪葬令集解釈説では、「（略）、遊部とは、幽顕の境を隔し、凶癘魂を鎮むるの氏なり、身を終るまで事ること勿れ、故に遊部と云ふ、」として、遊部が終身にわたり、死者の魂を鎮めることに当たった集団であることがわかる。

さらに、大宝令の注釈書である同古記説では、同条文の解釈として、「遊部とは、大倭国高市郡に在り、生目天皇の苗裔なり、遊部を負ふ所以は、生目天皇の孽、圓目王、伊賀比自支和気の女を娶り、妻と為すなり、凡そ天皇の崩時には、比自支和気等殯所に到り、而して其の事に供奉す、仍りて其の氏二人を取り、名づけて祢義余比と称するなり、祢義とは、刀を負ひ并びに戈を持てり、余比とは、酒食を持ち并びに刀を負ふ、並びに内に入りて供奉するなり、（略）」とある。

つまり、大和国高市郡に居して、生目天皇（垂仁）の庶子（後裔）円目王が伊賀の比自支和気の女を娶って妻としたこと、そして天皇崩御の際、比自支和気が殯宮に入り供奉し、刀と戈をもつ祢義、酒食と刀をもつ余比の奉仕したことがみえている。

ところで、この遊部に関する地名を史料から辿っていくと、高山寺本『和名類聚抄』では、大和国高市郡に遊部郷、飛騨国荒城郡にも遊口郷が確認され、大東急記念文庫本『同』では、「遊々郷」とあって、「阿曾布」（あそふ）の音に当てている。[34] 大和国の場合、『大和志』では、「遊部《ゆふ》己廃存今井四条二村」とあり、現在の奈良県橿原市今井町・四条町付近に比定している。また、時代が下って『卯花日記』（津田長道著　文政二年）には、興味ある既述がなされており、冒頭を次に引用する。

今井の里遊部井とて、此里の南口にさゝやかなる跡有て、今ハ水涸て跡はあり也。遊部ハ倭名鈔郷名古き名也。こは飛鳥川の流をいにしゑ遊部川といふ。万葉ニハ吉野川の事も由布《ゆふ》とよみたる所あり。こは水の流のいさきよきを木綿《ゆふ》にたとへたるなるべし。此飛鳥川は今井の里の末を流るなれは、此所を遊部の岡といふ。今のこけの宮のあたりの古き名也。後にあそふ岡といひ、遊の川といひたるなるべし。今の曽武《そぶ》又は尊坊《そんぼ》といへるはあそふのよこなまれるなり。（略。傍点・ふりがな筆者）

現在の奈良県橿原市四分《しぶ》町一帯、同市を流れる飛鳥川を尊坊川、『大和志』では遊部《そぶ》川と呼称して、遊部郷がこの流域に比定されるという。宝賀寿男氏によれば、四分は遊部に由来して、「アソブ→ソブ→シブ」と転訛したものとしている。また、江戸期を通して越中国新川郡奥田村の豪農であった赤祖父氏の先祖が、「赤染」を名乗ったり、新潟県新潟市（旧白根市）にある「赤染」という地名が、中世には、赤曽根村であったことも傍証として挙げられてい

る。（宝賀　二〇〇九年）

さらに、『日本三代実録』元慶四年（八八〇）十月二十日条には、「勅すらく、大和国十市郡百済川辺の田一町七段百六十歩、高市郡夜部村の田十町七段二百五十歩を大安寺に返入せよと、是より先、彼の寺の三綱申牒して稱く、（略）天武天皇、高市郡夜部村に遷し立て、號して高市大官寺と曰ひ、封七百戸を施入す（略）」とあるが、夜部《やぶ》を遊《ゆ》部《ぶ》の転訛したものとする。一方、『日本三代実録』貞観九年（八六七）十月五日条では、飛騨国正六位上遊幡石《ゆうはたいし》神に従五位下を授けた記事がみえるが、これも飛騨国の当郷に関係するものとされている。

そして、このことは人名にも窺うことができる。天平勝宝三年（七五一）三月七日「茨田久比麻呂解」（大日本古文書三―四九一）によれば、山背国紀伊郡人で遊部足得が茨田久比麻呂らとともに、山背忌寸族登与足ら東大寺奴婢の賤にあらざることを訴えた中にみられる。この地にも遊部の痕跡を確認することができよう。

㈢『喚起泉達録』にみる太夫（祖父）川

先に挙げた『喚起泉達録』の説話には、様々な背景が込められていようが、私は、この中で「太夫」、「祖父」などが、ともに注視すべき用語であると考えている。中でも、『喚起泉達録』が太夫を正しいものと強調していることは、爵の太魚に由来するとすること、また、禁漁とする場所もあるなど、伝承として禁忌や神聖視した内容を意識していることが窺えるからである。

ところで、大（太）夫の本来の語義は、律令や六国史をはじめ、諸史料に著されているので詳細は省くこととするが、律令制官司の長官、五位以上の位階を有する者から、中近世社会には、神職や芸能者の呼称にまで広く用いられたものであった。また、祖父は、本来の語義としての二親等の祖父を指す一方、宣命等には、「おや」とも呼称して、広く祖先として解釈していることも窺われる。

他方、「祖」に限って探っていくと、『説文』には「祖、始廟也」とあって、先祖の廟を指すことがわかる。また、『胡培翬正義』には「此死者将行設稱、亦謂之祖」とあり、供え物をして死者を祀るの意ともしている。両者の字義は、このほかにも窺われるが、先の養老令に規定された遊部の職掌を考えるとき、「祖」のもつ意味をこのように考えることもあるいは可能であろうか。いずれにしても、宝賀氏の指摘した音韻の変化は、諸史料からも首肯されるとともに、祖父、大夫は、ともに『喚起泉達録』の説話内容とも叶った表現と解されるのである。

ところで、先に挙げたソブ、シブの語源や語義について可能な限り、次に取り上げてみたい。まずソブについて、『日本方言大辞典　上巻』（小学館　一九八九年）では、泥の中の酸化鉄や錆色の水、湯垢、水垢といった語義としてとらえ、富山県東砺波地方、岐阜県飛騨地方、新潟県佐渡地方に方言として今も残っているという。特に、前二者の地方は、先の遊部の比定地を包含するといった共通の関わりから、注目に値すると思われる。これらの語義は、『日本国語大辞典　第八巻』（小学館　二〇〇一年）においても、ほぼ同様に踏襲されていることがわかるとともに、砺波地方には、「そおぶ」という音もあることが示されている。

一方、『地名用語語源辞典』（東京堂出版　一九八三年）では、鉄錆のように光るもの、地渋、田渋、泥の中の酸化鉄（長野県下水内郡の方言）といったことを指し、各地には祖父、曾父、蘇父、蘇武といった用字を宛てて、地名として残っているという。また、『地名語源辞典』（校倉書房　一九八二年）では錆、佐備、佐美、佐比といった地名用字が知られ、鉄分のため、水が濁っている状態を意味するとしている。さらに、類似する地名としては、富山県高岡市に残る赤祖父、岐阜県、愛知県などの祖父江の地名を宛てていることも、大変興味深い。

次にシブについて、『日本国語大辞典』（同上）では柿渋、水垢、錆、さらに防腐剤（タンニン）、『地名用語語源辞典』（同上）でもソブの転訛したもの、水垢、水錆のほかに沼地や泥地、さらには、シブイ（渋）から「円滑でない状態、なめらかでない地形」といった意にも介されている。これは地名として渋、志布、四分といった用字にも宛てられており、先の奈良県の用例も踏まえて注視されよう。

一方、『地名語源辞典』（同上）では、上記と類似する語義としてとらえながら、全国に残る地名として渋の湯、渋沢、赤渋、祖父江（渋江、寒江、佐比江と同義とする）、赤祖父、佐美、渋峠、渋温泉といった広範な地名に連なるとしていることも極めて興味深い。特に、古代から「正倉院文書」や『万葉集』、『延喜式』などで、越中国の地名として確認される佐美（佐比）郷や寒江郷、渋谿といった地名が挙げられることは、個々には異なった語義をもつことも想定されるものの、既述の地名とともに一考を要するものと考えている。

全国のこうした個々の地名の由来を特定していくことは難しいが、アソブ、ソブ、シブといった語義には、このような内容や語源、さらに転訛の過程をもつもののあることが知られよう。ただ、地名の成立には、多様な要素が包含されていることも見過ごすことはできず、全て一義的に解釈できるものでないことも理解しておかねばなるまい。山間部や河川、海岸など、地形による特徴や地味等を如何にとらえているかなど、複雑に絡む要素も当然含まれると想定されるからである。

さて富山県下には、先に挙げた南砺市遊部の地名のほかに、同市（旧井口村・利賀村境）に赤祖父と呼称する山、川、溜池がある。また、高岡市赤祖父（旧射水郡赤祖父村）もある。『越中志徴』巻四（射水郡）では、「赤祖父村」について「此村アカソブと呼べり、礪波郡井口郷東西原村に赤そぶ山あり、又その流を赤そぶ川と云、此山川も赤祖父と書けり、井口郷内に此山川ありけるに、射水郡井口本郷村の近邑に赤祖父邑あるも、よく似たる地名なり、今諸村に鐵氣ある地を、赤そぶと呼べり、」とあり（傍点筆者）、鉄分を含んだ土地を赤祖父と呼称しているとする。また、赤祖父を赤渋とも書く史料もいくつか見受けられ、先に挙げた全国の地名及び語義とも符合するものとして興味深いものがある。

ところで、『越中志徴』巻二（礪波郡）では、「祖父川」について、「矢木村領より川形有之、岡御所村領にて所々用水落合、射水郡早川村領にて小矢部川へ落合、土屋義休の山川記に、曾部川、是は戸井出村近辺の清水にて無頭水也、和田新町の南を流て、西は大源寺村にて小矢部川に落る、此川の鱒は名物なりとあり、」とあって、砺波市域から発する祖父川が、現在の高岡市で小矢部川に合流することがわかる。また、名物の鱒も遡上していたことが窺われ、上述の鱸説話を彷彿とさせる。

古代の遊部に由来すると考えられる地名が砺波地方、しかも隣接したり、比較的限られた地域にこれほど見出せることは、興味の尽きぬ思いがする。また、全国的にも数少ない古代の地名が、南砺地域や隣接する飛騨地域にも残存することから、南北する河川水系等を通じて、何らかの関わりを有していたものであろうか。いずれにしても遊部の地名が、今日までよく残り、職業部としての集団が同地に存在したであろう事を想起させるものであり、また一方、越中古代史の痕跡を色濃く留めている、同地のもつ性格を物語るものでもあろう。

以上、遊部とソブ、シブ、先に挙げた大和国のように共通する事例を挙げたが、越中国の場合も遊部という特異な地名から、ひとつの可能性としてここに問題提起として取り上げることとした。

『喚起泉達録』のもつ行間に潜む歴史像の抽出を図る中では、中近世史、さらには、それ以前の越中社会の有り様を探る手だてとして、深く考えていく必要のある書物であることを痛感する。すでに指摘されている通り、『喚起泉達録』が古代における記紀などを踏まえて構成されていることは、言を俟たないものの、今後、原文の裏付けとなる諸史料の字句からも、個々の説話等を追究することを試みたいと考えている。

さらに、『喚起泉達録』にみえる構成要素を探るとき、如何なる史料をもとに（あるいは二次的に）作成されたかを窺い知ることは、当時の学問的な水準を推し量る上でも、必要なことと考える。また、その背景に残る個々の事象の中には、看過し得ないものも窺われることでもあり、これまでの問題の所在を指し示すとともに、改めて後考を期すこととしたい。

二　『喚起泉達録』にみえる古代関係史料

『喚起泉達録』には、「古風土記」としての性格を有していると感じさせる内容が窺われるとともに、五行や陰陽思想、律令条文、『先代旧事本紀』や『延喜式』に記載された内容など、古代における史料や思想を遠因とするものが随所に織り込まれて構成されており、その多彩な内容には、目を見張るものがある。

また、作者野崎傳助が撰述した時点ですでに散逸したり、途絶えてしまった史料や伝承の存在を暗に窺い知ることができるなど、読み進めていくと、実に興味の尽きぬものがある。さらには、現存する諸国『風土記』の内容構成を想起させるとともに、古老の口伝等を近世後期の段階でこのように記録したことは、『古事記』の成立をはじめとする、こうした書籍の原形態や「語り」の在り方を彷彿とさせるものでもある。そして、成瀬哲生氏による書名に関する考察も見うけられる。（成瀬　一九九七年）

もとより、この記録の全てを古代社会の実態に求め得ることはできないものの、何らかの裏付けや謂われをもって記録に残されたり、伝承されてきたことや古代史料を援用して表現することの意義を考える機会になるものと思われ、その残像を探る手だてとしたいと考えている。

(一)　巻之五「槐村之縁ノ事、併薗宮越中御下向之事」について

『喚起泉達録』巻之五（清水本）には、「槐村之縁ノ事、併薗宮越中御下向之事」という一章がある。薗宮は、天武天皇皇子舎人親王の第二皇子とあり、兄弟に大炊王（のちの淳仁天皇、淡路廃帝）などがいるという。

しかしながら、他の史書から、舎人親王に薗宮という皇子の存在を確認することはできないものの、興味ある説話

を掲載しており、一見冗長に過ぎるかもしれないが、その要約を以下に挙げ、今後の研究の端緒としたい。

（略）この薗宮は、御年七年になっても言語が出来ず、風格もなかった。陰陽博士が占って、「遥か北国の地に、内山という所があり、そこに十囲に余る槐木が一株ある。この槐木は、薗宮が昔一度人間界に御降臨されここに葬られ、墓の印に槐木を植えた。その槐木は、今、数囲に成長しているが、薗宮は帝の皇子に生まれたものの、このことを知らない。彼の地の人民も昔を知らず、ご恩を忘れて廟を穢し槐木一本と侮っている。このことが今皇子に報い、吃になられた。皇子が御幸して類木を探せば、その木の下で言語ができるようになるだろう」と、奏上した。これによって帝は皇子を越之地へ赴かせた。（略）彼方此方と槐を尋ね巡ると、数囲に及ぶ槐が一株あった。これかと怪しみ御輿を寄せると宮は突然「まみ」といった。お供の人々は悦び、「これぞ、槐にて候」と声を上げた。それより宮は言語を滞らせなくなった。（略）（要約は、註（33）に依拠する）

この説話には、内山大夫が宮の供となったり、神武天皇が派遣したとする、甲良人麿の墓所の存在、そして、槐木の存する高梨野や「まみ」から馬見、さらに、駒見（現富山市）の地の由来なども、これに続いて記されている。ところで、この説話の初元的なモティーフとなった思われるものが、次に挙げる『日本書紀』垂仁天皇二十三年条にみえるものであろう。

二十三年の秋九月丙寅朔丁卯に、群卿に詔して曰はく、「譽津別王は是生年既に三十、八掬髯鬚むすまでに、猶泣つること兒の如し。常に言はざること、何由ぞ。因りて有司せて議れ」とのたまふ。

冬十月乙丑朔壬申に、天皇、大殿の前に立ちたまへり。譽津別皇子侍り。時に鳴鵠有りて、大虚を度る。皇子仰ぎて鵠を観して曰はく、「是何物ぞ」とのたまふ。天皇、則ち皇子の鵠を見て言ふこと得たりと知しめして喜びたまふ。左右に詔して曰はく、「誰か能く是の鳥を捕へて献らむ」とのたまふ。是に、鳥取造の祖天湯河板譽奏して言さく、「臣、必ず捕へて献らむ」とまうす。則ち天皇、湯河板譽板譽、此をば挖儺と云ふ。に詔して曰はく、「汝是の鳥を献らば、必ず敦く賞せむ」とのたまふ。時に湯河板譽、遠く鵠の飛びし方を望みて、追ひ尋ぎて出雲に詣りて、捕獲へつ。或る曰はく、「但馬国に得つ」といふ。

十一月甲午朔乙未に、湯河板譽、鵠を献る。譽津別命、是の鵠を弄びて、遂に言語ふこと得つ。是に由りて、敦く湯河板譽に賞す。即ち姓を賜ひて鳥取造と曰ふ。因りて亦鳥取部・鳥養部・譽津部を定む。

この中で、登場人物や背景は、全く異なるものの、言語不明瞭な天皇の皇子が本復したことで相共通するものがある。

一方、『古事記』中巻　垂仁天皇段では、次のようになっている。

然るに是の御子、八拳鬚心の前に至るまで真事登波受、此の三字は音を以ゐよ。故、今高往く鵠の音を聞きて、始めて阿芸登比阿より下の四字は音を以ゐよ。為たまひき、爾に山辺の大鶙此は人の名なり。を遣はして、其の鳥を取らしめたまひき、故、是の人　其の鵠を追ひ尋ねて、木国より針間国に到り、亦追ひて稲羽国に越え、即ち旦波国、多遅麻国に到り、東の方に追ひ廻りて、近淡海国に到り、乃ち三野国に越え、尾張国より伝ひて科野国に追ひ、遂に高志国に追ひ到りて、和那美の水門に網を張りて、其の鳥を取りて持ち上りて献りき、故、其の水門を号けて和那美の水門と謂ふなり、亦其の鳥を見たまはば、物言はむと思ほせしに、思ほすが如くに言ひたまふ事鳴勿かりき、

この中でも、皇子の不明瞭な言語を治癒するために、鵠を探すことでは共通しているものの、後者では、捕まえたところが高志国であるとする。また、皇子に鵠を見せても遂に治らなかった点においては、『日本書紀』の記載内容

と相違していることが指摘されることである。

もとより、『喚起泉達録』巻之四に登場する、姉倉比売の後妻打ち譚の背景には、久保尚文氏による中世末から、近世初頭にかけての内山家や牛ヶ首用水開削事業の諸問題を舟倉・小竹両姉倉比売神社に転じて、生み出された説話譚としてとらえることが挙げられる。（久保　二〇〇八・二〇一四年）また古川知明氏は、小佐波御前山と舟倉御前山とを神体とした、古代的信仰形態と中世の石動山信仰との相克から発展した地域信仰間の対立を古代の神々に擬して、創世記神話に転化したとする見解も見うけられる。（古川　二〇〇六年）

つまり、同書から越中国を舞台としながらも、古代神話を援用して、中世における地域社会像を描こうとした配慮が、これらから読み取れるとするものである。その他、古代史料を踏まえて、中世的世界を構想していこうとする姿勢も、各章の随所から感じ取ることが可能ではなかろうか。

筆者は、『喚起泉達録』にみられるこうした古代史像が、中・近世社会の直接的な投影であるとする見解を首肯するものである。ただ、一方において、どのような古代史料に基づいて、こうした構想に立ち至ったのかを一考してみることも、当時の歴史認識や視点、史料集攬のあり方などをかいま見ることにもなるものと、想起したからにほかならない。

以上のように考えると、皇子の治療の手段としては、槐木と鵠の違いがあるものの、『清水本』の記述内容は直接的、あるいは伝承等を踏まえながらも、こうした記紀両者の記事を何らかのものとして反映させ、それを取り入れて作成された感があると思わざるを得ないのである。

古代における鵠（白鳥）のもつ性格については、かつて論じたことがあるが、それではここにみえる槐木には、はたして如何なる意味合いをもたせようとしているのであろうか。ここで想起されるものは、『三国志　魏　高柔伝』にみえる、槐木に纏わる謂われについてである。

この中で、「古者、政刑に疑はしき有るときは、輒ち槐棘の下に議す、今より後、朝に疑義及び刑獄の大事有るときは、宜しく数々、以て三公に咨訪すべし、」とあることによる。つまり周代には、三公九卿の宮廷に槐棘を植樹して、その下で訟を聴いたことに由来することが挙げられよう。

さらに、『日本書紀』景行天皇四十年是歳条では、日本武尊が亡くなって、その亡骸が白鳥となって国中を飛び回り、降りたところに陵を造ったとする有名な記事がある。このことから、先の鵠のことと白鳥、そして『清水本』にみえる墓の印に槐木を植えたこととが符合する感のあることである。

言わば、各地を巡行して、墓所や槐木を植えた「聖域」にようやくたどり着き、一定の目的を達成して、ストーリーを結んでいることになるのである。ある意味において古書を用いて、手の込んだ造作もなされていると感じざるを得ない。

一方、この地域の有力層となった神官嵯峨氏や内山家にも、これに類する家伝のあることが知られるが、諸史料を駆使して、その起源伝承を古代における鳥取部の行動に由来するとする宝賀寿男氏の見解もまた、窺うことができる。（前掲書）こうした伝承等の起源を辿る中で、漢籍も踏まえながら、当時の史書に対する姿勢や学問的な水準、背景となる歴史像なども垣間見ることができるものと想定されるが、事象や語彙をさらに深く追究していくことを通して問題を提起したい。

㈡「越中舊記抜書一覧」にみえる大伴家持関係史料

『喚起泉達録』解説では、原著の散逸により、その全容を窺うことはできないものの、若林宰家所蔵写本がもっとも整っている。そして最終巻表紙には、「十五・十六巻」とし、第十五巻終わりに、「巻之十五　大尾」の後に「越中舊記抜書一覧」が続くことから、久保尚文氏は、この一覧が第十六巻に相当するものと捉えている。（久

保　二〇一四年）

「越中舊記抜書一覧」には、（補足等の項目は省いて）大別して八項目の内容があるものの、「大伴家持」以降は、すべて中世分である。本項では、次に掲げる家持関係記事の部分三か所の内容から、その典拠に当たることを主たる作業とし、「越中舊記抜書一覧」の作成過程を探る一助としたい。

㈠「天平十八年閏七月　中納言家持卿越中ノ国守ニ任セラレ當國ニ下向トカヤ（略）」

家持が越中守に任じられたのは、『続日本紀』天平十八年（七四六）六月壬寅（二十一日）条にみられる。しかし、『万葉集』巻十七（三九二七題詞）には、「大伴宿祢家持、閏七月を以て、越中国守に任ぜられ、即ち七月を以て任所に赴く、（略）」とあることが挙げられ、相違している。

ところで、天平十八年の閏月は九月であるから、七月とする『万葉集』には、錯簡ないしは、後の編纂の過程で何らかの誤用があったものと考えられている。いずれにしても、この記載の引用史料がいつの時代の写本等であるか、不明であるものの、『万葉集』を辿っていくと想定する上での証左となるのではなかろうか。さらに、「越中国守」も六国史等で表現される「越中守」ではなく、「越中舊記抜書一覧」の表記をもつ『万葉集』の表記をいずれかの段階で引用したことも考えられる。

次に、「中納言家持卿」についてであるが、家持自身のこうした表現は、平安期の私撰集をはじめ、後世の歌集などに数々みられるものである、そして、中納言に任じられたことが、『続日本紀』延暦二年（七八三）七月甲午条にみられ、同四年四月辛未条に、「中納言従三位兼春宮大夫陸奥按察使鎮守将軍」とあり、八月庚寅に薨じている。おそらく、「家持卿」とあることなどは、後世の引用であろう。

㈡「天平元年己巳ニ出生シタマヘハ此国ヘ下向シ玉フハ御年十八歳ノトキナルヘシ（略）」

「大伴系図」（『続群書類従』巻第百八十二）の家持の経歴には、薨年六十八歳としているが、「伴氏系図」（『同』）

では、五十七歳とする。また、『公卿補任』宝亀十一年（七八〇）条には、「天平元年己巳生」とあり、これから延暦四年八月の薨年に計算すると、五十七歳となる。ところが、『公卿補任』天応元年（七八一）条には、この年に「六十四（歳）」とあることから換算すると、薨年は、六十八歳となり、相違する。

しかしながら、天平十年には、家持が内舎人在官（『万葉集』）にあることを想定すると、この時点において、少なくとも二十一歳でなければならず、家持の越中国赴任時における年齢には、諸説ともなうものの、どちらかと言えば、後者の養老二年（七一八）生が正確であると言わざるを得ない。家持の生年に関しては、諸説あることから本論においては、その詳細は省略するものの、ここでは、次に挙げる五十七歳を薨年とする関係史料に依拠して、同一覧を記述したことが想定されることに留めたい。

㊂「昌暦五年八月ニ薨シ玉ヘハ御年五十七ナルヘシ（略）」

「昌暦五年八月」については、昌暦という元号はなく延暦四年八月の誤りであることは、言うまでもない。また、「御年五十七」は、㊁等の史料に基づくものと考えられること、前述の通りである。ただ、こうした一次史料に限らず、二次史料に依拠して記述したことも言を俟たない。このように、典拠史料の誤りや誤記などから、「越中舊記拔書一覧」の成立過程の一端を窺い知ることも可能ではないかと考え、一見迂遠な事柄ではあるものの、その確認を試みた次第である。

ところで、『喚起泉達録』には、わずかな表現であるが鮭、能登鯖、綾、漆、綿、横刀といった産品や加工品が確認される。これらは、『延喜式』や木簡をはじめ、古代の諸史料から、当時の越中国の貢納品等としてみられるものと同一である。

これらすべてのものが、すぐに古代にまで遡らせて論じ得るとは思わない。しかし、一見して何気ない表現ながら、特産として時代の変遷過程の中で、近世後期まで伝えられてきたことは、歴史的背景として興味の尽きぬものを感じるのである。また、先の大夫川の爵の鱸の説話もきわめて象徴的な内容を含むものである。

改めて、『喚起泉達録』のもつ、行間に潜む歴史像の抽出を図る中で、中世史さらには、それ以前の越中社会の有り様を探る手だてとして、深く考えていく必要があることを感じる。今後、原文の裏付けとなる諸史料の字句からも個々の説話等を追究することを試みたいと考えている。

○本稿は、「『喚起泉達録』にみえる太夫川考」（『富山市日本海文化研究所紀要』二三号　二〇一〇年）及び「『喚起泉達録』にみえる古代関係史料」（『喚起泉達録の世界―もう一つの越中旧事記―』雄山閣　二〇一四年）をもとに作成したものである。

註

（33）浅見和彦監修・棚元理一訳著・藤田富士夫編著「第五部　現代語訳喚起泉達録」（棚元理一訳・校注）（『喚起泉達録の世界―もう一つの越中旧事記―』所収　雄山閣　二〇一四年）より、当該箇所を抄述した。以下、本節において口語訳した『喚起泉達録』を引用する場合、同書によるものとする。なお、『喚起泉達録・越中奇談集　越中資料集成11』（桂書房　二〇〇三年）では、原文とともに所蔵関係等の解説が掲載され、併せて参照されたい。

（34）高山寺本にみえる飛騨国荒城郡遊口郷、大東急記念文庫本の同国同郡遊々郷の記述にある「口」、「々」の文字から、「あそぶ」と呼称することには、やや違和感を覚える。一例を挙げると、『和名類聚抄』では、越中国射水郡に塞口郷の存在が知られるが、「正倉院文書」には、同国同郡寒江郷の地名が窺われる（天平勝宝四年）。現在、富山市寒江地区をその遺称地とすることで大方の一致をみているが、「寒」を「塞」、「江」の行書を「口」として、誤記したものとも考えられる。そこで木簡や古文書等では、「部」の旁「阝」（片仮名「マ」に近い表記）のみの事例が多くみられるが、『岐阜県の地名』（平凡社　一九八九年）の「遊部郷」の項においても指摘されているように、上記の「々」は、「阝」の誤記の可能性のあることを指摘しておくこととする。ただ、「口」を如何に考えるかが問題であるが、行書の筆致が伝写される過程において誤記となったものか、なお今後の課題としたい。

主要参考文献

・『井波町史　上・下巻』（富山県東砺波郡井波町　一九七〇年）
・『越中資料叢書　越中宝鑑　越中地誌　越中旧事記』（歴史図書社　一九七三年）
・『喚起泉達録・越中奇談集　越中資料集成11』（桂書房　二〇〇三年）
・『岐阜県の地名』（平凡社　一九八九年）
・『続日本後紀　上・下　全現代語訳　森田悌』（講談社学術文庫　二〇一〇年）
・『但馬国府・国分寺館　年報』第4号（豊岡市教育委員会　但馬国府・国分寺館　二〇一〇年）
・『富山縣史蹟名勝天然紀念物調査報告　第拾貳輯』（富山縣學務部　一九三一年）
・『豊岡市文化財調査報告書　第4集　第2次但馬国府跡の調査1　祢布ケ森遺跡第40・41次発掘調査報告書』（豊岡市教育委員会　但馬国府・国分寺館　二〇一一年）
・『奈良県の地名』（平凡社　一九八一年）
・『奈良市埋蔵文化財調査研究報告　第3冊　西大寺旧境内発掘調査報告書1―西大寺旧境内第25次調査―（本篇）』（奈良市教育委員会　二〇一三年）
・『奈良市埋蔵文化財調査研究報告　第3冊　西大寺旧境内発掘調査報告書1―西大寺旧境内第25次調査―（文字資料篇）』（奈良市教育委員会　二〇一三年）
・浅見和彦監修・棚元理一訳著・藤田富士夫編著『喚起泉達録の世界―もう一つの越中旧事記―』（雄山閣　二〇一四年）
・伊藤博『万葉集の構造と成立・下―古代和歌史研究2』（塙書房　一九七四年）
・稲岡耕二『和歌文学大系2　萬葉集㈡』（明治書院　二〇〇二年）
・榎本淳一『唐王朝と古代日本』（吉川弘文館　二〇〇八年）
・大森亮尚「志貴皇子子孫の年譜考―市原王から安貴王へ―」（『萬葉』一二一号　一九八五年）
・葛継勇「唐人皇甫東朝の来日および在日の活動―「皇甫東朝」墨書土器破片発見によせて」（『續日本紀研究』第四一一号　二〇一四年）
・亀田隆之『日本古代制度史論』（吉川弘文館　一九八〇年）
・岸俊男『日本古代政治史研究』　塙書房　一九七一年）
・同『藤原仲麻呂』（吉川弘文館　一九六九年）
・木本秀樹『越中古代社会の研究』（高志書院　二〇〇二年）
・久木幸男『日本古代学校の研究』（玉川大学出版部　一九九〇年）
・久保尚文『越中富山　山野川湊の中世史』（桂書房　二〇〇八年）
・同『越中中世史の研究』（桂書房　一九八三年）
・同「『喚起泉達録』にみる越中中世史理解」（『喚起泉達録の世界―もう一つの越中旧事記―』雄山閣　二〇一四年）

・遣唐使船再現シンポジウム編『遣唐使船の時代―時空を駆けた超人たち』（角川学芸出版　二〇一〇年）
・『西隆寺発掘調査報告書』（西隆寺跡調査委員会　一九七六年）
・佐藤信編『西大寺古絵図の世界』（東京大学出版会　二〇〇五年）
・鈴木靖民『古代対外関係史の研究』（吉川弘文館　一九八五年）
・棚元理一『「喚起泉達録」に見る越中古代史』（桂書房　二〇〇三年）
・田辺爵「市原王の系譜と作品」（『美夫君志』一五号　一九七二年）
・土田直鎮『奈良平安時代史研究』（吉川弘文館　一九九二年）
・東野治之『遣唐使と正倉院』（岩波書店　一九九二年）
・同『遣唐使』（岩波書店　二〇〇七年）
・所功『三善清行』（吉川弘文館　一九八九年）
・虎尾俊哉編『訳注日本史料　延喜式　上』（集英社　二〇〇〇年）
・同『訳注日本史料　延喜式　中』（集英社　二〇〇七年）
・奈良国立博物館『平城遷都一三〇〇年記念　大遣唐使展』（同上　二〇一〇年）
・奈良県立橿原考古学研究所附属博物館『平城遷都一三〇〇年記念春季特別展　大唐皇帝陵』（同上　二〇一〇年）
・成瀬哲生「『喚起泉達録』『肯搆泉達録』書名小考」（『山梨大学教育学部研究報告』第四八号　一九九七年）
・藤井一二『初期荘園史の研究』（塙書房　一九八六年）
・古川知明「小佐波御前山周辺の修験寺院遺跡について」（『富山市考古資料館紀要』第二五号　二〇〇六年）
・宝賀寿男『越と出雲の夜明け―日本海沿岸地域の創世史―』（法令出版　二〇〇九年）
・北條朝彦「市原王考」（『日本古代の史料と制度』岩田書院　二〇〇四年）
・桃裕行『桃裕行著作集　第1巻 修訂版　上代学制の研究』（思文閣出版　一九九四年）
・森公章『遣唐使と古代日本の対外政策』（吉川弘文館　二〇〇八年）
・同『古代日本の対外認識と通交』（吉川弘文館　一九九八年）
・矢野建一「遣唐使と来日唐人―皇甫東朝を中心に」（『専修大学東アジア世界史研究センター年報』第六号　二〇一二年）
・米沢康「五百井女王家の越中墾田―その成立事情をめぐる一試論―」（『富山史壇』三七号　越中史壇会　一九六七年）
・同『越中古代史の研究―律令国家展開過程における地方史研究の一齣―』（越飛文化研究会　一九六五年）
・同『北陸古代の政治と社会』（法政大学出版局　一九八九年）

第三章　古代越中国の災異と思想

本章では、災異を巡る越中国の動向について述べてみたい。このことを記すに当たって、ここ数年にわたり新たな知見に接する機会を得たことでもあり、やや長くなるかもしれないが、最初に挙げておきたい。

まず、古代中世地震史料研究会（代表　石橋克彦）では、「古代中世地震噴火史料データベース」と名付けてホームページ上において公開されている。これは、平成十五年度から同十九年度にかけて文部科学省科学研究費補助金に基づく「古代・中世の全地震史料の校訂・電子化と国際標準震度データベース構築に関する研究」（研究代表者　石橋克彦）及び「古代・中世の地震史料の校訂・データベース化と共有型拡張・活用システムの開発」（研究代表者　石橋克彦）の成果を踏まえてのものである。

現在、同研究会が同データベースに関して、内容改善を含む維持管理に努めている。また、石橋氏は同研究のデータベース化に至る、これまでの経緯についても解説している。（「歴史地震史料の全文データベース化」（『地震』第二輯　第六一巻特集号　日本地震学会　二〇〇九年）そしてこうした研究成果に基づく共有化から、極めて利便性の高い活用が図られるとともに、史料上において制約のある古代・中世史研究における同分野の飛躍的な進展に繋がることになったことは、言うまでもない。

これまで災害に関する研究には、史料的に豊富な近世以降の時代にあって枚挙に遑がないほどであった。しかしながら、東日本大震災以降、その関心が極度に達したことは、巷間、溢れるほどの普及書や研究書からも容易に知ることができる。(1) こうした研究動向の背景には、当然のことながら長年にわたって繰り広げられてきた地震を始め、各種災害の発生があり、それに伴う研究のあり方にも新たな展開が見出されてきたことが挙げられる。そうした点や筆者の動機、さらには思想的背景等については以下、本書本章及び付論においても触れているので、参照していただきたいと思う。

一方、「歴史史料」や「歴史資料」に対する考え方には、特に、阪神・淡路大震災以降の打ち続く各地の災害とそれに伴う様々な対応や対策から、変容を見せ始めてきたものと認識している。また近年、本来の歴史学のあり方から、こうした災害に対してさらなる社会的役割が求められていることを痛感せざるを得ないのである。この点に関しても付論において述べているので、参照されたい。

ところで近年、「災害文化」、「災害文化資（史）料」、「災害（地震）文化遺産」といった用語が頻出している。特に、これまでの一次史料のみならず、ともするとあまり顧みられなかった伝承、口伝等の存在を指摘するとともに、これら資・史料に対する新たな見直しが求められている。またこうした資・史料を取り巻く、新たな研究や生涯学習活動及び学校教育の分野にも広がりを見せている。

さらには、全国における考古学上の災害（震災）遺構に関する調査などから、各時代の災害の様子が報告されるに至っている。一方、歴史学と地震学、地質学等、異分野間との更なる相互交流の必要性がさけばれるとともに、災害関係史料に対する歴史学としての役割を再確認することも求められる現状にある。

たとえば、こうした経緯に関わる事例として、次に『日本書紀』天武天皇十三年（六八四）十月十四日条の記事を挙げて説明してみたい。

人定に逮りて、大きに地震る。国挙りて男女叫び唱ひて、不知東西《まど》ひぬ。則ち山崩れ河涌く。諸国の郡の官舎、及百姓の倉屋、寺塔神社、破壊れし類、勝て数ふべからず。（略）古老曰く、是の如く地動ること、未だ曾より有らずといふ。是の夕に、鳴る聲有りて鼓の如くありて、東方に聞ゆ。人有りて曰く、伊豆嶋の西北、二面、自然に増益せること、三百餘丈。更に一嶋と為れり。則ち鼓の音の如くあるは、神の是の嶋を造る響きなりといふ、

地球科学者・史料地震学の石橋克彦氏は、この記事に関して「飛鳥で聞こえた鼓のような音は、（略）津波の音ではないか、（略）地震のころの伊豆島の現象が事実だとしても、それと飛鳥の音響を客観的に結びつけることは当時の人々にも『日本書紀』編纂者にも困難なはずであり、したがって私たちは飛鳥で聞こえた音響について『日本書

紀』の記述に囚われる必要はないということを指摘しておく。」とする。（石橋　一九九九年）

飛鳥で聞いた音響が、津波によるとする石橋氏の見解は、そのほかの資・史料を挙げ、専門的な観点からの現象も取り上げて、傾聴すべきである。しかしながら、一方において、『日本書紀』編纂者は、何故、都において聞こえないと思われる伊豆島の噴火を取り上げたのか、そこに何らかの意図が背景に介在するのではないかと考えることも歴史学の役割ではないかと思う。

同様に、『同』大化二年（六四六）是歳条には、「この歳、越国の鼠、昼夜相連なりて、東に向ひて移り去るといふ。」とあり、後述するように、動物の特異な行動が地震などの現象と関わるのか、また、何らかの前兆としてとらえることも想定される。さらに、そもそも「鼠」、「東」とは何を指すか、歴史学においては、同年正月一日のいわゆる大化改新詔の問題とも絡めて、考えることなども求められるであろう。このように、自然科学に関する専門家には、自然事象のとらえ方を委ねつつも、歴史学には、史料の背景にある事実や思想などを独自に如何にとらえていくかが求められてもいよう。

もとより、君主の施政の善悪は、君主自身の徳、不徳に拠るとする天人相関思想に基づくものであり、徳があれば祥瑞、不徳であれば災異を現すとされる。（祥瑞災異思想）その意味において、両者は、表裏をなすものとしてとらえていく必要があることは、言うまでもない。以下、本章においては、災異を中心に据えた古代越中国の様相に迫りたいと考えている。(2)

ところで、越中国に関する災異史料を概観していくと、古代史料の残存状況や僅少さから、その事例は、きわめて少ないことが否めない。そこで、北陸道として登場するものの中にも、暫時、取り上げて参考に資することとした。なお、六国史等には、「諸国」の事例として登場するものも少なくないが、ここまで範囲を広げると、実態が不明であり、果たして越中国がそれに該当するものか定かではなく、想定されるものを除いては、基本的に取り上げないことを断っておきたい。

さらには、天平期に大流行した疱瘡や虫害（蝗害等）をはじめ、全国的規模での被害についても、従前同様の扱いとすることとしておきたい。また、時期的には、史料的性格等を吟味する中で、九世紀までは、国史を中心に当該年の全国の様相も加味してその動向を概観するとともに、その後においては、可能な限り諸史料を駆使して、事例を列挙していきたいと思う。

註

（1）先行研究を挙げると枚挙に遑がないが、近年におけるものとして、笹本正治『災害文化史の研究』（高志書院　二〇〇三年）・『天下凶事と水色変化』（高志書院　二〇〇七年）、矢田俊文『新潟県中越地震　文化遺産を救え』（高志書院　二〇〇五年）・『地震と中世の流通』（高志書院　二〇一〇年）・『中世の巨大地震』（吉川弘文館　二〇〇九年）、藤木久志編『日本中世気象災害史年表稿』（高志書院　二〇〇七年）、松井克浩『中越地震の記憶』（高志書院　二〇〇八年）、北原糸子編『日本災害史』（吉川弘文館　二〇〇六年）、高橋一夫・田中広明編『古代の災害復興と考古学』（高志書院　二〇一三年）等、多数挙げられる。また、網羅的に掲載することは叶わないが、寒川旭『揺れる大地―日本列島の地震史』（同朋社出版　一九九七年）・『地震の日本史』（中央公論新社　二〇一一年）、峰岸純夫『中世災害・戦乱の社会史』（吉川弘文館　二〇一一年）、渡辺尚志『浅間山大噴火』（吉川弘文館　二〇〇三年）、安田政彦『平安時代のニオイ』（吉川弘文館　二〇〇七年）・『災害復興の日本史』（吉川弘文館　二〇一三年）、北村優季『平安京の災害史』（吉川弘文館　二〇一二年）、保立道久『歴史のなかの大地動乱』（岩波書店　二〇一二年）等の研究書は、近年の古代・中世史における地震の研究成果を踏まえて俯瞰する観点から、論じられている。さらに、「地震考古学」の見地からの研究も数々見うけられる。このほか、日本海中部地震（一九八三年）が発生して三十四年が経つとともに、特に、ここ四半世紀における全国の地震及び噴火に関する事象等から、数々の関連する普及書が出版されている。古代・中世史研究においては、これまでにも災異を間接的に取り上げてきたものも決して少なくないが、特に、本書において主要テーマとしたものを中心に掲載することとした。

（2）本来ならば、祥瑞災異に関する研究を逐次列挙すべきであるが、思想的背景や政治的動向とも関わる中で、実に多岐にわたるものである。本章において活用した主要参考文献は、章末に一括して掲載しているので、参照されたい。

第一節　古代越中国の災異概観

一　飢饉・旱魃

㈠『万葉集』巻十八―四一二二題詞

天平感宝元年閏五月六日以来、起小旱、百姓田畝稍有凋色也、至于六月朔日、忽見雨雲之気、仍作雲歌一首 短歌一絶、

（略）

（訓読）天平感宝元年（七四九）閏五月六日以来、小旱起りて、百姓の田畝稍く凋める色あり、六月朔日に至りて忽に雨雲の気を見る、仍りて作る雲の歌一首 短歌一絶、

これは、『万葉集』題詞にみられるもので、こうした記述は、稀少なものであろう。「小旱」の状態が一か月弱続いたものか、越中国に関わる、これ以上の記述は、不詳である。ただ、こうした事象は、一国のみに特定されるものでもないものと想定される。

この年の全国の災異の様子をみていくと、以下のようになる。しかし、史料は、六国史が中心であることから、記載内容も自ずと編纂者の視点となることを念頭に置きたい。まず、この年の正月四日には、亢陽のため五穀実らず、同月十日には上総国の飢饉、賑給、二月五日には下総国に旱害、蝗害による賑給の実施されたことがわかる。また、同月十一日には石見国の疾疫、賑給の記事が窺われる。（『続日本紀』同日条）以下、災害毎の出典史料は通し番号と

する。

㈡『続日本紀』天平神護元年（七六五）四月四日条

乙丑、（略）美濃、越中、能登等の国飢ゑぬ、これに賑給す、

この記述のほかに、越中国に関係するものは、不詳である。二月四日には、和泉・山背・石見・美作・紀伊・讃岐・淡路・壱岐・多褹等国、同月十五日には、相模・下野・伊予・隠岐国が賑給、賑恤の対象となっている。また、三月二日には備前・備中・備後三国が、多年にわたる亢旱により、未納官稲の免除に与っている。（『続日本紀』同日条）

さらに、同日には伯耆国、同月四日には、参河・下総・常陸・上野・下野五国が旱魃により、今年の調庸十分の七、八を復すこと、同月九日には伊賀・出雲国、十日に左右京、十三日に上野国、十六日には、尾張・参河・播磨・石見・紀伊・阿波等国が飢饉に見舞われている。そして、四月十三日には常陸・武蔵両国、同月二十二日に駿河国、同月二十七日に丹波国、六月一日に甲斐国、同月八日には、備後国が飢饉により賑給されている。この年の飢饉・旱魃は、二月から六月にかけて、全国的規模でかなり広範囲にわたるものであったことが窺われよう。（『続日本紀』同日条）

また、同年は、和気王が謀反の疑いで誅殺、道鏡の太政大臣禅師就任といった政情の中で、飢饉等に伴うさまざまな米の拠出策や貧民への救済策なども、盛んに打ち出された年でもあった。

㈢『日本後紀』延暦十八年（七九九）六月二十五日条

戊戌、越中国飢ゑぬ、使を遣して賑給す、

㈣『日本後紀』延暦十八年（七九九）七月二十三日条

乙丑、越中国飢ゑぬ、使を遣して賑給す、（略）

『日本後紀』にはこの年、二度にわたり越中国の飢饉と賑給の措置とを伝えているものの、この記述のほかに越中国に関係するものは、不詳である。（同年内における二度の報告は、他国においても確認される）この年の災異の様子を見ていくと、二月二十一日には美濃・備中国、同月二十八日に大和国、三月二日に近江・紀伊国、同月十日に伯耆・阿波・讃岐国、四月一日に河内国に飢饉があり、賑給の措置が執られている。

一方、四月九日には、苗稼の腐損により、山城・河内・摂津等の国の貧民に正税を支給している。五月二日には、淡路国が飢饉により賑給されている。さらには、六月五日に去年の不作により、美作・備前・備後・南海道諸国・肥前・豊後等、十一か国の去年の田租の全免の措置が執られている。（『日本後紀』同日条）

また、七月二十三日には、備中国が風旱により、去年の租を免除されている。そして、九月七日には京中に暴風が吹き、屋舎が倒壊したことがわかる。一方、十一月四日には地震、同月八日には、淡路国が風水による災いにより、今年の調庸の免除、賑給の措置（同月十四日）が執られている。（『日本後紀』同日条）

㈤『日本後紀』延暦二十四年（八〇五）五月二十六日条

甲午、甲斐、越中、石見三国飢ゑぬ、使を遣して賑給す、

同年十二月七日には、越中国など、二十一か国の本年の庸が免除されている。これが、五月の飢饉と直接結びつくものか、詳らかではないが、この中には、この史料にみえる甲斐・石見両国が含まれていないことがわかる。この年の災異や対応に関する様子を見ていくと、正月二十五日に地震、六月十六日には、伊賀国が飢饉となり賑給、七月十七日にも地震、同月二十六日には、畿内の名神に奉幣、祈雨、八月九日に地震といった記載が窺われる。（『日本後紀』同日条）

このほか、『類聚国史』『日本紀略』等には、越中国関係の災害を見い出すことはできない。なお、これらには、全国の災害に関わる記事が数々窺われることを示しておきたい。

(六)『続日本後紀』嘉祥元年（八四八）六月三日条

庚寅、越中国飢ゑぬ、賑給す、」（略）

この記述のほかに、越中国に関係するものは、不詳である。この記述の二日前の六月一日には、「連雨不停」という天候で、翌二日には、雨師神社に奉幣して霖雨の止むことを祈願、十日にも雨害に際して、全国の名神に奉幣している。同月二十四日、二十五日に地震、七月二日には、山城国の諸社に甘雨を祈願、六日にも大般若経を転読して甘雨を祈願、十日には、畿内名神への甘雨祈願、同月二十八日には、出雲国の飢饉により、賑給の措置を執っている。（『続日本後紀』同日条）

この年は、雨害に関わる記載が数々見られ、八月三日、四日には、雨が降り止まぬ状態が続いたものと思われ、五日には洪水により宇治橋、茨田堤等の損壊も伝えられている。六日には、京中の水害を巡察して、米塩の賑恤がなされている。この被害はさらに拡大して、八日には、摂津・河内国にも及んでいることがわかる。九月十九日には、先の茨田堤の修復がなされ、十月七日、十二月二日に地震と続いた。

これ以前には、三月八日地震、十三日伊豆・淡路国の飢饉、賑給の措置が執られている。また、同月二十八日、四月三日、五月二十二日にも、地震が起こっていることが窺える。（『続日本後紀』同日条）

(七)『日本文徳天皇実録』斉衡三年（八五六）七月十一日条

辛亥、越中国言す、旱すと、

この記述のほかに、越中国に関係するものは、不詳である。二月二十、二十一日には地震、三月三日には雹が降ったこと、また、三月中に度々の地震により、京師、城南において屋舎、仏塔などが損壊し、四月まで地震が続いている。五月九日には、大極殿等において災疫を掃うため、大般若経を読ませている。六月一、二日地震、七月一日には祈雨のため、諸神社に奉幣している。（『日本文徳天皇実録』同日条）

さらに七月十六、十八、二十八日に地震、十七日雷雨、二十日には、若狭国から旱魃が報告されている。八月八日、安房国から黒灰が風に吹かれて降り、地に積もったこと、九月二十一、二十五日地震、十月一、十八、二十四、二十五日、十一月一、二、十四日、十二月十日と相次いで地震が起こっている。（『日本文徳天皇実録』同日条）七月の越中国からの報告と共に、祈雨、上記の若狭国からの報告とどの程度関連するか詳かでないが、旱魃に関する記載が窺われる。(3)

(八)『日本三代実録』貞観十三年（八七一）六月十三日戊子条

十三日戊子、東海、東山、北陸、山陰、山陽、南海道諸国に勅して、幣を境内名山大沢諸神に班ちて、并びに大般若金剛般若等経を転読す、甘雨を祈るなり、

六道諸国とあることから、ほぼ全国的にわたって、甘雨（慈雨）を祈ったことがわかる。この記述のほかに、越中国に関係するものは、不詳である。正月二十四日大雪、三月是月霖雨、四月八日には、出羽国飽海郡に坐す鳥海山で火山活動があり、川の氾濫したことが五月十六日に報告されている。同月二十二日旱とある。（『日本三代実録』同日条）

一方、三月二十六日には、河内国の昨年の水旱による摂津国正税稲五万束の賜稲がある。五月十九日、六月十日諸社に祈雨、同月十五、十七日大極殿において大般若経の転読、澍雨を請うている。（十六日、大雷微雨）七月十、二十五日、八月七、十七日地震、十一日には、東京にて震死あり、閏八月七日に大雨あり、京師の道橋、盧舎が損壊、その数知れずとあって、諸社に止雨を請う。同月十一、十四日には、穀塩の支給や鴨川堤の耕作の規制、九月二、二十八日、十一月二十二、二十九日地震、十月二十八日、十一月十日、雷、十二月一日雷雨とある。（『日本三代実録』同日条）

二　疾疫

(九)『続日本紀』和銅二年（七〇九）六月十日条（国史大系本は九日）(4)

甲午、上総越中二国疫す、薬を給してこれを療す、

この記述のほかに、越中国に関係するものは、不詳である。この記述の十七日後には、紀伊国でも疾疫により、給薬の措置が執られている。また、三月五日には隠岐国の飢饉、五月二十日には、河内・摂津・山背・伊豆・甲斐国の連雨による損苗が報告されている。この年は平城遷都の前年、また、蝦夷征定策の直中にあるものの、それ以上のことは、不詳である。（『続日本紀』同日条）

(十)『類聚符宣抄』三　疾疫　天平九年（七三七）六月二十六日太政官符

太政官符東海東山北陸山陰山陽南海等道諸国司

合せて疫に臥するの日、身を治め及び食物を禁ずる等の事七条

（下略）

天平七年からこの年の疫病の蔓延は、あまりにも著名であり、筆舌に尽くしがたいものとなった。この記述のほかに、越中国に関係するものは不詳であるが、詳細な規定が七条にわたって定められている。同年五月十九日には、四月以来の大宰府管内で発生した疫病や旱害の災により、天下に大赦が行われている。

さらに、七月二十三日にも、同様に大赦が実施されている。また、八月十三日には、諸国の今年の租賦等を免除する措置が執られた。このほか、数多くの疫病に対する施策が数々講じられており、ここでは、逐次取り上げることを省くこととするが、公卿以下百姓に至るまで数多く死亡し、「近代以来未之有也」（『続日本紀』同年是年春条）とい

う前代未聞の状態であった。（『続日本紀』同日条）

㈩『少右記』万寿二年（一〇二五）三月二日条

二日、甲申、大外記頼隆（清原）云、上野并びに北陸道時に疫方發す、死亡せる者衆しと云々、

『同』三月二十四日条によれば、上野国郡司七人、佐渡国百余人の死亡が記されている。また翌日、越中守橘輔政が赴任する由も記載されており、こうした情報も得ていたことであろう。

三　地震

㈪『日本三代実録』貞観五年（八六三）六月十七日戊申条

十七日戊申、越中、越後等の国、地大いに震ひき、陵谷処を易へ、水泉湧き出で、民の盧舎を壊ち、圧死する者衆し、此より以後、毎日常に震ひき、

同五年春から同七年にかけて、京畿内において咳逆病が流行り、多数の死者がでており、祈祷をはじめ、様々な祭事がなされたり、例年の催事が穢れ等で停止されたりした年である。これに対する種々の救民策が講じられている。さらに、詳細は省略するが、記事に登場するさまざまな祓いや浄め、遣使等は、このときの世情の混乱ぶりを数々、伝えているものと推測される。

また、正月十日雷雨、二月一日には虫害を掃う祭事、四日地震、十四日大風による盧舎の損壊、二十一日大和・和泉両国に飢疫が起こり賑給、三月十五日には霜降により、全国へ収穫の備えを命じている。四月十一日大風、十四日地震、四月是月霖雨晴れず、五月七日殞霜、六月是月霖雨、閏六月九日地震、二十一日京師が飢饉により賑給、九月八日、十一月十三日地震、十月一日雷雨、十五日大風雷雨などとあり、災異の記録の頻出する年であったことが窺わ

れる。（『日本三代実録』同日条）

ところで、平成二十三年（二〇一一）の東日本大震災以降、俄然、脚光を浴びるようになったのが、いわゆる「貞観地震」（「貞観三陸地震」とも呼称）、「仁和地震」である。さらに、この貞観五年以降、元慶・仁和年間に至る間には、全国各地で地震や火山の噴火が確認されている。また最近、仁和地震が、東海・東南海の連動型地震であったとする可能性が指摘されるなど、少なくとも九世紀後半に起こった、これら一連の地震や噴火に関する記録は、特筆すべきものである。

それらは、主に『日本三代実録』に記されている。このほか、津波や余震をはじめ、こうした災害における対応等を詳細に挙げていくと、かなりの内容になるが、このように全国的規模で起こった九世紀後半の一連の地震や津波、火山の噴火は、今の時代に数多くの歴史的教訓を投げかけ、今後の研究に資するものにちがいない。

一見、迂遠なように思われるが、(十一)にみえる越中・越後国の地震と、一連の活動とも考えられることから、あえてこの実例とともに、次節において各地震、噴火等の詳細を取り上げることとした。また、この地震のあとの越中国諸神への叙位についても触れているので、参照されたい。

(十三)『異本塔寺長帳』一上　康和元年（一〇九九）四月五日

五日、大地震、別テ越後越中加賀能登大ニ震、

越中国をはじめ、北陸道四カ国に大地震のあったことを伝えている。同史料の内容については、他史料との整合も踏まえて検討すべきであろうが、第三節において検討することとしたい。(5)

四　降雪

㈣『中右記』嘉保元年（一〇九四）正月二十日壬辰条

（略）台嶺の僧、来り談じて云く、去る十二月より、此の正月ころ、山上頬る雪下れり、積て四、五尺に及び、僧房頗る損し、下人多く失命すてへり、老僧ら申して云く、七十余年後、未だ此の如き事有らざる云々、美乃、尾張、北陸道、已に数丈に及ぶてへり、（略）

この史料によれば、例年にない積雪であることや天台僧の伝聞ながら、北陸道の豪雪の様子が窺える。この記事の続きには、前年十一月から翌正月にかけて、世間で疱瘡が流行し、とりわけ、十七歳以下の若者の死亡が多いことが記されている。このことから世情の一連の不安として、とらえられているものであろうか。

ところで、『万葉集』巻十九―四二二九では、大伴家持が天平勝宝三年（七五一）正月二日の宴会にあたり、四尺の積雪に驚きながらも、瑞兆としてとらえていることが想定される。また、天平宝字三年（七五九）正月元旦、因幡国庁で詠んだ集中の掉尾を飾る著名な和歌には、新年の降雪を「吉事」としている。さらに、天平十八年（七四六）正月、左大臣橘諸兄らが勅に応える和歌を詠じた中で、葛井連諸会が「新しき年のはじめに豊の年しるすとならし雪の降れるは」と詠む。（巻十七―三九二五）まさに新年の降雪は、その年の豊作の瑞兆であることを示したものであろう。

これに対して、中国の『文選』には、南朝宋の詩人である謝恵連が著した「雪賦」があり、その中で降雪が、「尺に盈《み》つれば則ち瑞を豊年に呈す、丈に袤《あが》れば則ち陰徳に表す」とある。このことは、尺に至る降雪がその年に瑞として豊年となるものの、丈にも及べば、陰気が強すぎることを指している。

(十五)『異本塔寺長帳』一上　長治二年（一一〇五）六月三日

三日、北国ニ紅色雪五寸降、日本悪作飢饉、

六月三日をユリウス暦に換算すると、七月十五日になり、時節としては極めて異例である。[6] 紅色の雪とはいかなるものか不詳であるが、奇異な現象であり、不時の事象として、記録に留められたものではなかろうか。同史料の信憑性については、他史料との整合も踏まえて検討すべきであろうが、第三節において後世の事例も踏まえながら再掲して論じるので、参照されたい。

五　洪水

(十六)「東大寺三綱等解案」（東大寺図書館所蔵文書）[7]

東大寺三綱等解す関白殿下政所裁を申し請ふの事

（略）去る大治のころ、寺領越中国顛倒庄々七ヶ所代りて入善庄一処を立替す、〇（偏）受戒料田のため、毎年闕かさず勤行し来るの処、件の庄近年大河のため押流さる、自然に荒廃し了はんぬ云々、（略）

大治年間（一一二六～一一三一）、越中国の顛倒庄園七か荘の代わりに、東大寺領入善荘が立替られたが、近年の大河の氾濫により、押し流されてしまったとある。かつての越中国の初期荘園は、十世紀末ごろまでには、顛倒してしまっている。

この解案の作成は、平治年間（一一五九～一一六〇）とされ、大河とは、おそらく黒部川のことと想定される。もしそうであれば、四十八箇瀬と称される同川は、分流して一面、洪水の様相を呈したものであろう。建保二年（一二一四）の「東大寺領荘園田数所当等注進状」（『東大寺続要録』）においても荒廃していたことがみえ、同地の氾

濫の凄まじさが窺えよう。

当時の災異はほぼ毎年、いづれかの国々において様々なかたちで起こっていることは、言うまでもないが、このように、史料に具体的に残されたものは極めて少ないのが現状である。しかしながら、古代史料から確実に拾い得る越中国及び北陸道等の災異の様子を概観してみた次第である。

また、古記録等からの伝聞内容と思われるものも可能な限り取り上げてみたものである。このほかの災異には、その対象となり得るものもないわけではないが、史料上の性格や信憑性に問題のあるものもあると思われ、このたびは割愛した。(8)

ところで災異と祥瑞とは、思想的に表裏をなすものとしてとらえていかなければならない性格のものである。中でも越中国から、中央政府に報告された祥瑞には、「白烏」、「慶雲」、「連理樹」などの事例が散見される。このほか、「米花」と称する灰のごときものが降り、豊年となったことも知られる。こうした事例や性格に関しては、次節において取り上げていきたいと思う。

また、前述の貞観五年の地震の際の越中国の諸神に対する神階奉授などの政策は、興味深いものである。翻ってこうした叙位のあった場合には、理由として多岐にわたるものが想定されるものの、記録にはない災異による場合も想定されるからである。

たとえば、慶雲三年（七〇六）二月二十六日には、甲斐、信濃、越中、但馬、土左等国の十九社がはじめて祈年幣帛の例に入れられて官社となったが（『続日本紀』同日条）、前年に諸国二十か国において飢饉と疫病が発生していることから、それに対する政策として打ち出された可能性も憶測される。

しかしながら、『続日本紀』には、北陸道諸国への神階奉授の記事の多いことから、こうした神社行政を当該期に活発となる蝦夷征定策と結びつけて考える上田正昭氏の見解もある。（前掲書）各時期における社会的背景や政治的動向など、なおケース毎に検討を要するものでもあろう。

さらには、仁和三年（八八七）七月三十日申時に発生した、いわゆる「仁和地震」（『日本三代実録』）や仁和四年（八八八）五月二十八日詔（『類従三代格』巻十七　赦除事）にみえる同三年八月二十日の「大風洪水」などは、全国的規模での災異であり、租調の免除をはじめとする施策が講じられている。そして、寛平元年（八八九）八月二十二日には、越中国雄山神、熊野神、脇子神への神階の昇叙がなされていることである。（『日本紀略』前編二十）これをこのときの地震等と連関するものか、前後する時期の神階に関する全国の動向とも注視していくことが必要であると思う。（次節参照）

以上の政府の対応のほか、改元や譲位、遣使、読経（転読）など、災異に対する様々な政策とも関わることは、数々指摘されているところである。また、この時代には、全国のどこかで毎年のように災異が起こっていたことが想像に難くないものの、次節においては全国の動静を概観する中から、古代越中国における位置づけを考える手立てとしていきたいと考える。(9)

註

（3）同年十二月四日に大雪とあるが、吉祥か災異か不祥である。
（4）新日本古典文学大系『続日本紀　一』（岩波書店　一九八九年）の該当年月の注解及び補注を参照のこと。
（5）これまでの諸史料や古記録等とは別に、地震考古学の立場から、北陸各地の遺跡より地震痕跡や液状化現象、古地震履歴、大規模災害痕跡等が、数々報告されている。こうした事例との関わりについても、今後の課題となろう。富山県内の事例については、註（9）を参照のこと。
（6）内田正男編著『日本暦日原典』（雄山閣出版　一九九二年）及びインターネット上にある、種々の「和暦・西暦換算表」ソフトより、換算した。
（7）同史料に関しては、『入善町史　資料編2』（富山県入善町　一九八八年）から引用した。なお、詳細に関しては、『入善町史　通史編』（富山県入善町　一九九〇年）の久保尚文執筆「東大寺と入善荘」を参照されたい。
（8）一例として、『大日本史』二百五十九の中の越中国新川郡の「新治神社」の項には、同社が生地村に所在し、「伝言、社故在新治村、久寿中海溢、全村没海」とする記述がある。『大日本史』は果たして何に依拠して掲載したものか、また久寿年間（一一五四～一一五六）の海溢とは、高波か津波か詳かでないが、同地及び近隣地域に同様の伝聞がある。また、『小右記』長和二年（一〇一三）七月二十六日条では、三条天皇御前における相撲の内取に当たり、越中国在住の相撲人県高平なる人物が洪水のため、遅参したことが窺える。しかしながら、越中国を立って上京するまでのどの地において洪水に遭遇したものか不詳であり、参考までに註書する。

（9）『平成25年度特別展図録　禍が遺した歴史』（富山県埋蔵文化財センター　二〇一三年）では、富山県内で確認されている、一四〇にのぼる災害遺跡を一覧にしている。この中で、安政飛越地震や天正地震などの痕跡を見出す遺跡があるが、古代の当該史料の時期のものは、詳らかでない。また、全国の災害年表も掲載されている。

○本稿は、「古代越中国の災異概観」（『富山史壇』一六九・一七〇合併号　二〇一三年）をもとに、成稿したものである。

第二節　貞観五年越中・越後国大地震とその周辺

一　祥瑞災異思想

古代中国においては、王の施政の善悪を王自身の徳、不徳に拠るとする思想があり、徳によれば祥瑞、不徳であれば災異が、出現すると考えられていた。日本にもこうした思想が導入され、祥瑞が天皇の善政によって特異な事象として現れたり、天が動植物などを地上に現した兆しとするものである。

そして儒教や神祇祭祀、仏教などと結びついて、古代日本における固有の君主観を形成したと言われている。『日本書紀』には、推古天皇紀から比較的信憑性を有する祥瑞の記事が見うけられ、九世紀まで頻々と登場する。さらに、『延喜治部省式』祥瑞条には、唐の制度に倣って伝説上のものも登場し、大・上・中・下瑞の四等級に類別されている。

災異とは、天変地異などにより、起こる災害異変、天災地変のことである。我が国において災異とは、本来、神々によって引き起こされるものであり、日常よりそれらを崇敬することによって、災異から逃れることができるとされたのである。さらに、儒教的思想が流布すると、為政者の失政により、天がもたらすと考えられるようになっていった。こうした思想は、わが国に入ってからは神祇、仏教と結びついて、これも祥瑞と同様に固有の君主観を形成してきたものである。

諸国の災異は、国司により中央政府に報告された。古代史料による限り、災異には天変、飢饉、疫病、地震、旱魃、風災、虫害、水害等、実に多岐にわたっている。また火災、兵革、怪異などにも及んでいたことがわかる。そして、それらに対しては、以下のように様々な対応がとられてきた。

まず、災異により元号を改める災異改元（その反対は祥瑞改元）、さらに、天皇の譲位により改元される、代始改元がある。また、諸国諸神への叙位である神階奉授、特に、貞観から仁和年間（八五九～八八八）における神階奉授記事と頻出する地震等の災異事象との間には、見過ごすことのできないものがある。この理由には、様々なことが挙げられているが、律令制度の変質、社会不安等の現出、地方支配そのものの弛緩や諸神を信奉する在地有力層に対する配慮、諸国官社の系列化や序列化につながったとする見解も見い出すことができる。

さらに、賑給により貧民、老人、孤児、行路者、病人に食糧等を支給したり、租・庸・調の免除、利稲の減免などが行われている。また、諸寺での大般若経等の経文の転読のほか、伊勢大神宮、廣田・生田神社等、諸社への使者の派遣、奉幣、祈願等、多岐にわたる対応が見られる。

政府は、日頃から自然災害に対して強い関心を払い、収穫、民政や国情の安定に向けた対応が随所にみられる。特に、中国における陰陽思想とも相俟って、実際には祥瑞、災異を通して、中央と地方との支配関係、ひいては皇権の安定化を目的とするものともなっていることが窺える。

二　越中国の祥瑞献上

律令制度のもとでは、中務省の下に陰陽寮が置かれ、陰陽道、天文道、暦道を通して吉凶の判断、天文の観察、暦の作成などを管理していた。また一方で、僧侶が天文や災異瑞祥を説くことを禁じたり、こうした関係書籍の管理も厳重に実施すべき事なども規定されている。

一方、大瑞は直ちに表奏したり、上瑞以下は治部省に申し出て、前年分をまとめて元日に奏聞することとし、諸国では大瑞、軍機、祥瑞、疫疾をはじめとする事象に飛駅を発して政府に報告することも定められていた。中央政府が、こうした事象に対して臨もうとする姿勢を窺うことができる。そこで以下に、越中国から報告された祥瑞の事例を取り上げてみよう。

㈠『続日本紀』天平十一年（七三九）正月一日条

出雲国赤烏を献ず、越中国白烏を献ず、

『天地瑞祥志』によれば、白烏（中瑞）は王者が宗廟を敬えば出現するという。また、『芸文類聚』では、赤烏（上瑞）は王者が民衆の命を重んじれば、出現するとされる。ところで天平七年から十年にかけて、西日本を中心に疫病が流行し、藤原朝臣不比等の四子、武智麻呂・房前・宇合・麻呂が相次いで死去するなど、内政にあって混乱を来したことが随所に見て取れる。

このとき、民衆に対する救済等、積極的に行われている。そしてその翌年の元日には、この両祥瑞の報告がなされているわけであるが、この間の政治の停滞や不安定要因を払拭すること、そして何より、民政の安定に努めようとする中央政府の姿勢を誇示するねらいもあるものと思われる。

(二)『続日本後紀』承和六年（八三九）十二月八日条

太政官（略）奏して言く、臣聞く、（略）伏て参河国守従五位下橘朝臣本継等の奏を見て偁く、去年十一月三日、五色雲を宝飯郡形原郷に見ゆ、又、越中国介外従五位下興世朝臣高世らの奏に偁く、去る六月廿八日、慶雲を新川郡若佐野村に見ゆ、並びに皆彩色奇麗にして、形象常にあらず、臣等謹みて検ずるに、（略）両国の上奏、事は古典に叶へり、（略）

『宋書符瑞志』によれば、慶雲（大瑞）は天下太平であれば、出現するという。参河国の場合、「五色雲」とあるが、複数国での慶雲の出現から、「両国の上奏、事は古典に叶へり」として、治政の正当性を訴えるうえでの意図をも窺わせる。（第二章第三節参照。本旨のため、再掲した）

興世朝臣氏は、先に嵯峨天皇に重んじられ、承和四年（八三七）に吉田宿祢から、興世朝臣姓を賜った百済系帰化氏族である。橘朝臣本継は同じく、時の仁明天皇から寵愛を受けた橘朝臣岑継の一族であることが考えられる。両氏族ともに学才に優れ、あるいは政権側の意図を汲んで、この年の祥瑞の報告に当たったものとも想定される。（第二章第三節参照）

(三)『続日本後紀』承和五年（八三八）九月二十九日条

七月より今月に至て、河内、参河、遠江、駿河、伊豆、甲斐、武蔵、上総、美濃、飛騨、信濃、越前、加賀、越中、播磨、紀伊等の十六国、一一相続けて言す、灰の如き物有り、天より雨れり、日を累ねて止ず、但し恠異に

似たりと云へども損害有ることなし、今ならびに畿内七道、倶に是れ豊稔なり、五穀の価賤く、老農此の物を米花と名づくと云ふ、

七月から降り始めた灰のごときものが続き、収穫期に豊稔を迎えたため、「米花」と名づけたという。しかし、これが祥瑞の規定には見うけられないものである。

ところでこの灰について述べると、承和七年九月二十三日に伊豆国から報告があり、同国賀茂郡の上津嶋（神津嶋）が同五年七月五日から噴火の起こったことを伝えている。このことは、同五年七月十八日に都において、「物有りて粉の如し、天より散零す、雨に逢へども銷《とけ》ず、或は降り或いは止む、」とあり、また同二十日には、「東方に声有り、大鼓を伐つが如し、」とあることからも窺われる。（『続日本後紀』。第三章第三節参照。本旨のため、再掲した）同噴火による降灰が、かなり広範囲に渡ったことが知られよう。特殊な事情として、取り挙げる。

㈣『日本三代実録』貞観十八年（八七六）正月二十七日乙巳条

越中国より白雉を獲りて献ず、

『芸文類聚』によれば、白雉（中瑞）は、王者の祭祀が度を越さず、衣食に節度があれば出現するという。推古七年（五九九）九月には、百済より白雉が献上され、王者の徳が遠方に及んでいることを示すとされている。また、大化六年（六五〇）を白雉元年と改元したことは、あまりにも有名である。

貞観十九年（八七七）正月三日には、但馬国から白雉が献上され、そして四月十六日に元慶と改元している。まさに、災異の多かった貞観年間との決別をも物語るものであろうか、示唆的な祥瑞である。

㈤『日本紀略』前篇十九　元慶七年（八八三）三月二十六日壬辰条

越中国に連理樹を獲れりといふ、

『芸文類聚』によれば、木連理（下瑞）（＝連理樹）は王者の徳が広まり、八方が合すれば生じるという。『日本三

代実録』にみえる祥瑞の記載記事を見ていくと、嘉禾、禾両岐、奇亀、慶雲、五色雲、紫雲、白鷺、白兎、白亀、白烏雛、白雀、白燕、白雉、白鹿、蓮一茎二花がそれぞれ一乃至六例であるが、木連理は事例が多く三十一例を数え、その内の一例である。

三　『日本三代実録』貞観五年以前の災異

『日本三代実録』貞観五年（八六三）六月十七日戊申条では、越中・越後国で起った大地震を次のように記している。（表4①）

十七日戊申、越中、越後等の国、地大いに震ひき、陵谷処を易へ、水泉湧き出で、民の盧舎を壊ち、圧死する者衆かりき、此より以後、毎日に常に震ひき、

同史料は本旨の展開上、再び取り上げる。また『日本三代実録』の記事から、この年の災異の様子を概観すると、前年冬から正月にかけて、京畿内において咳逆病が流行するとともに、虫害、地震、大風、飢饉、雷雨等、例年にもまして、災異に関わる記事の頻出する年であったことがわかる。（本章第一節参照）

そして、貞観五年六月十七日の越中・越後大地震以前の地震の様子をみていくと、『日本三代実録』の編年初出記事となる、天安二年（八五八）八月から十二月までに三回、貞観元年（八五九）には五回、同二年に十四回、同三年に七回、同四年に十九回、同五年六月十七日以前に二回を数えるが、これらはすべて、京中における発生記録である。（『日本三代実録』より抄述）

また、京中及び諸国における洪水、飢饉、大風、雷電等に対する対策は、いくつも窺われる。しかし、これら地震への対策に関しては、僅かに、伊勢神宮等への遣使が想定されるものの、諸国での甚大な被害報告や対策は、まった

出典：『日本三代実録』（平安京を除く）

地震・噴火（発生月日）	（備考等）
地震	
噴火	
噴火	
噴火（10月3日発生）	
地震・噴火　（前年③のことか）	
噴火（正月20日発生）	
噴火（5月11日発生）	
地震（7月8日発生）	（7・8月京中地震頻繁、閏12月摂津国地震）
地震・津波	
地震・津波	
噴火（4月8日発生）	
噴火	
地震	（特に相模・武蔵）
地震（10月14日発生）	
噴火（7月12日・8月11日、12日発生）	
地震・津波	（特に摂津国）

く記録に残っていない。

ところがそののち、貞観五年六月十七日における越中・越後大地震を皮切りに、以下のように、諸国における地震や噴火発生の報告及びそれに伴う対策に関する史料が、頻出してくることになるのである。（以下、表４参照）

四　諸国地震・噴火後の様相

『日本三代実録』における以下の諸国における地震や噴火の記録は、表４にあるように、ほぼ四半世紀のうちに頻出していることがわかる。一般的に地震は、広範囲にわたって起こるのに対して、火山の噴火は、発生箇所が特定できる場合が多くみられる。そして、被害状況の把握のための遣使や伊勢神宮をはじめとする諸社への奉幣、祈願、さらには諸大寺での読経（転読）、被害者に対する様々な救済措置—例えば賑給、負担の減免等、多岐にわたる対応がみられる。

また、この間のみならず、歴史上においては災異改元、代始改元といった措置も窺われる。そうした中で、この時期において顕著にみられるものが、神階奉授である。本来、律令制度の

表4　貞観・元慶・仁和年間における諸国の地震、火山噴火記事

史料年月日（西暦）	国・郡名	山名・神名
① 貞観 5・6・17（863）	越中・越後国	
② 同 6・5・25（864）	駿河国富士郡	浅間大神大山（富士山）
③ 同 6・7・17（864）	甲斐国八代郡	富士大山
④ 同 6・12・26（864）	肥後国阿蘇郡	健磐龍命神霊池（阿蘇山）
⑤ 同 7・12・9（865）	甲斐国八代郡	富士山西峯
⑥ 同 9・2・26（867）	豊後国速見郡	鶴見山峯（火男神・火売神）（鶴見岳）
⑦ 同 9・8・6（867）	肥後国阿蘇郡	健磐龍命神・同姫神（阿蘇山）
⑧ 同 10・7・15（868）	播磨国・京	
⑨ 同 11・5・26（869）	陸奥国	
⑩ 同 11・10・13（869）	陸奥国境（常陸国）	
⑪ 同 13・5・16（871）	出羽国飽海郡	大物忌神社（鳥海山）
⑫ 同 16・7・2（874）	薩摩国	開聞神（開聞岳）
⑬ 元慶 2・9・29（878）	関東諸国	
⑭ 同 4・10・27（880）	出雲国	
⑮ 仁和 元・10・9（885）	薩摩国	開聞神（開聞岳）
⑯ 同 3・7・30（887）	五畿内七道諸国	

もとで、官人に授与される位階が、諸神に対して叙されるものである。

神階奉授に関しては、これまでに枚挙に遑のないほどの研究がある。そこで、表4にみえる諸国の地震、噴火の発生に伴う中央政府や諸国司等の対応について、概観してみたい。また、当該諸神の叙位については、災異発生後の記事についても取り上げ、その経緯をかいま見ることとしたい。

㈠駿河国富士郡富士山噴火（表4②③⑤）

①『日本三代実録』貞観六年（八六四）五月二十五日庚戌条（以下、出典が『日本三代実録』の場合、特に明記しない場合がある）

（略）」駿河国言わく、富士郡正三位浅間大神の大山に火あり、其の勢甚だ熾《さかん》にして、山を焼くこと一二許里、光炎の高さ廿許丈、大に聲有りて雷の如し、地震《ないふ》ること三度、十余日を歴れども火猶滅《き》えず、磐を焦し嶺を崩し、沙石雨《あめふ》るが如く、煙雲鬱蒸して、人近づくを得ず、大山の西北に本栖水海《もとすのうみ》有り、焼けし岩石、流れて海中に埋れ、遠さ卅許里、廣さ三四許里、高さ二三許丈にして、火焔遂に甲斐国堺に属《つ》く、

② 貞観六年七月十七日辛丑条
（略）」甲斐国言わく、駿河国富士大山、忽ちに暴火有り、崗巒《こうらん》を焼砕し、草木を焦煞し、土を鑠《とか》し石を流し、八代郡本栖並剗《せ》両水海を埋む、水熱くして湯の如し、魚鼈皆死に、百姓の居宅、海と共に埋れ、或は宅有りて人無きもの、其の数記し難し、両海以東、亦水海有り、名づけて河口海と曰ふ、火焔赴きて河口海に向ひき、本栖剗等海、未だ焼け埋れざる前、地大いに震動して、雷電暴雨あり、雲霧晦冥《わいめい》して、山野弁《わか》ち難く、然後に此災異有りき、

③ 貞観六年八月五日己未条
甲斐国司に下知して云く、駿河国富士山に火ありて、彼の国言上す、之れを蓍亀《しき》に決するに云く、浅間名神の祢宜祝等斎敬を勤めざるの致す所なりと、仍りて鎮謝すべき状、国に告知して訖ぬ、宜しく亦幣を奉りて解謝すべきなり、

④ 貞観七年十二月九日丙辰条
勅して、甲斐国八代郡浅間明神の祠を立て、官社に列し、即ち祝祢宜を置き、時に随ひて祭を致さしむ、是より先、彼の国司言わく、往年八代郡に暴風大雨、雷電地震あり、雲霧杳冥《ようめい》して、山野弁《わきま》へ難く、駿河国富士大山の西の峯、急ち熾火有りて厳谷を焼き砕きき、今年八代郡擬大領無位伴直真貞託宣して云く、我は浅間明神なり、此国に齋祭さるを得んと欲し、頃年国吏の為に凶咎《きょうきゅう》を成し、百姓の病死為す、（略）望み請ふ、齋祭して兼ねて官社に預からむと、之に従へ、

⑤ 貞観七年十二月廿日丁卯条
甲斐国をして山梨郡に浅間明神を致祭せしこと、一ら八代郡に同じかりき、

貞観六年五月二十五日駿河国、同年七月十七日甲斐国からの報告によれば、正三位浅間大神（富士山）の噴火、震動、溶岩流、雷鳴、光炎等による、両国の地形の大変化や被害の凄まじさを伝えている。この噴火により、八月五日には、政府が甲斐国司に下知して、浅間明神の祢宜・祝らの斎敬に勤めざることを理由として、奉幣して解謝すべきことを命じている。

次いで、同七年十二月九日には、甲斐国八代郡に浅間明神祠を立てて官社に列し、十二月二十日にも山梨郡で同様の祭祀を施している。いずれも、噴火に直接関わる措置と考えられる。原生林で著名な青木ケ原樹海がこの噴火のおり、一連の溶岩流で形成されたと言われている。

(二)肥後国阿蘇郡阿蘇山噴火（表4④⑦）

①　貞観六年（八六四）十二月二十六日己卯条

大宰府言わく、肥後国阿蘇郡正二位勲五等健磐龍命神霊池、去る十月三日夜、聲有りて震動す、池水空中に沸騰して、東南に洒《そそ》ぎ落つ、其の東方に落ちしは、布の如く延び縵《ひろが》り、廣さ十許町、水の色漿《しろみず》の如くして草木に黏《ねん》着《ちゃく》し、旬月を経ると雖も、消え解けず、又比売神嶺、元来三つの石神有り、高さ四許丈、同夜二石神頽《くず》崩る、府司等之を亀筮《きぜい》に決せしに、応に水疫之災有るべしと云ふ、

②　貞観九年八月六日壬申条

（略）」大宰府言わく、肥後国阿蘇郡正二位勲五等健磐龍命神、正四位下姫神の居す所の山峯、去五月十一日夜奇光照耀して、十二日朝、震動乃崩ること、廣五十許丈、長二百五十許丈なりと、

③　貞観七年二月十四日丙寅条

（略）」是日、勅して従五位下行木工権助和気朝臣彝範《つねのり》を遣して豊前国八幡大菩薩に奉幣す、告文に云く、（略）

④　貞観十年閏十二月二十一日庚戌条

肥後国従四位上阿蘇比咩神に正四位下を授く、（略）

⑤　貞観十五年四月五日己亥条

（略）出羽国従三位勲五等大物忌神に正三位、肥後国正四位下阿蘇比咩神に正四位上、（略）を授く（略）

⑥　貞観十七年十二月二十七日丙子条

肥後国正四位上阿蘇比咩神に従三位を授く、（略）

貞観六年十二月二十六日、大宰府からの報告により、去る十月三日に阿蘇山の正二位勲五等健磐龍命神霊池及び比売神嶺において噴火、震動、崩落等があり、同七年二月十四日には豊前国八幡大菩薩、十七日には、天智天皇陵に奉幣している。比売神は、同十年閏十二月二十一日に従四位上から正四位下、同十五年四月五日に正四位上、同十七年十二月二十七日に従三位に昇叙されている。

一方、同九年八月六日には、同じく大宰府から、正二位勲五等健磐龍命神霊池と姫神（比売神とは別神）の居する山嶺において、五月十一日に奇光、震動、崩落等があったことを伝えている。ただ、比売神の神階奉授が、比較的短期間のうちに三回にわたっているが、直接的にこの噴火に関わるものか、あるいはその後の事由によるものか、不詳である。（『日本三代実録』同日条）

㈢豊後国速見郡鶴見岳噴火（表４⑥）

①　貞観九年（八六七）二月二十六日丙申条

（略）」大宰府言わく、従五位上火男神、従五位下火売神、二社豊後国速見郡鶴見山の峯に在り、山頂に三池有り、一池泥りて水の色青く、一池黒く、一池赤し、去正月廿日池震動し、其聲雷の如し、俄《しばらく》して而臰《にほひ》流黄の如くして、国内に遍く満ち、磐石飛乱ること、上下数なく、（略）其震動之聲三日に経歴《わた》りき、

② 貞観九年四月三日壬申条
（略）」豊後国をして火男火売両神に鎮謝し、兼ねて大般若経を転読せしむ、三池の震動之恠《かい》に縁りてなり、
③ 貞観九年八月十六日壬午条
（略）豊後国従五位上火男神、火咩神に並びに正五位下を授く、（略）

貞観九年二月二十六日、大宰府からの報告により、去る正月二十日に従五位上火男神、従五位下火売神二社を祀る鶴見山嶺の三池が、震動して臭いが国内に充満し、岩石が飛び交い、温泉が湧出して、道路を遮断したことが伝えられている。このため、四月三日には、両神への鎮謝と大般若経の転読、さらに八月十六日には、両神に正五位下が昇叙されていることがわかる。

ただ、①では両神の位階に一階差があったものの、同年の③においては、「従五位上豊後国火男神、火咩神」とあり、同位である。これ以前、火咩神が果たして従五位下から、従五位上に昇叙されたものか、それとも火男神が一階、火咩神が二階、同日に進められたものであろうか。いずれにしても、半年間におけるこれら②③の措置は、この噴火に関わる典型的なものであると考えられる。

㈣播磨国・京地震（表4⑧）
① 貞観十年（八六八）七月十五日丙午条（以下、同日条の記載を抄述する）
播磨国言わく、今月八日、地大に震動して、諸郡官舎、諸定額寺の堂塔、皆悉く頽《くず》れ倒れき、十六日丁未、地震、……廿日辛亥、地震、廿一日壬子、地震、……（八月）十日辛未、地震、十二日癸酉、地震、十四日乙亥、地震、……十六日丁丑、地震、…
② 貞観十年十二月十六日乙亥条

地震」摂津国正三位勲八等廣田神階を進めて特に従一位を加ふ、従四位下勲八等生田神に従三位、」是の夜、夜分けて、正五位下藤原朝臣諱《いみな》（高子）皇太后、皇子諱（陽成天皇）太上天皇を誕み奉りき、

③　貞観十年閏十二月十日己亥条

使を摂津国廣田、生田神社に遣して奉幣せしむ、告文に曰く、（略）摂津国解《まを》しけらく、地震の後に小震止まず、（略）天下平安に護り助け賜へと申し賜はくと申す」生田神社の告文も亦同じ、」（略）

貞観十年七月十五日、播磨国からの報告によると、去る八日に大震動があり、諸郡の官舎や定額寺堂塔が倒壊したことが、伝えられている。この年、七月八日から京では、地震が続き、その後八月までに八回の地震の記録がある。この地震は、一般に「播磨地震」、あるいは、「播磨・山城地震」と称され、山崎断層を震源とするマグニチュード7程度の規模とされている。(10)

ところでこののち、十二月十六日、京においても地震があり、摂津国廣田・生田両神に対し、各々三階、四階の昇叙がなされている。閏十二月十日には、両神社に遣使して奉幣があり、その告文には摂津国において、地震の後の余震と思われる現象が止まないことが記されている。このことから、播磨国から京に至る地震であることを窺わせる。この間には、各地の神々に対して、頻繁に神階の奉授がなされるなど、その混迷ぶりによるものと思われる様子が窺われる。

また、十六日夜分には、清和天皇の皇子が誕生したことと、両神への昇叙との関わりについてもあるいは検討を要しよう。皇子とは、貞明親王（後の陽成天皇）で、翌年二月に皇太子となる。それは、元慶元年正月三日に但馬国から、祥瑞として白雉が献上されていること、そして、同年七月十九日に貞観から元慶へ改元され、清和天皇から陽成天皇への譲位がなされていることとも関連づけて考えることでもある。また、白雉出現の意義については、『芸文類

聚』にも記されているが（前項参照）、何より災異の多かった貞観年間との決別をも彷彿とさせることは、既述の通りである。

㈤陸奥国地震（表4⑨⑩）

①　貞観十一年（八六九）五月二十六日癸未条

陸奥国地大に震動し、流光晝の如く隠映す、頃之、人民叫呼《さけ》び、伏して起つ能わず、或は屋仆《たふ》れて壓死し、或は地裂けて埋れ殪《し》にき、馬牛駭《おどろ》き奔《はし》りて、或は相昇り踏む、城槨倉庫、門櫓《もんろ》牆壁《しょうへき》、頽《くず》落れ顚覆《くつがえ》るもの、其数を知らず、海口哮吼《ほ》えて、聲雷霆に似、驚濤《なみ》湧潮《わきあが》り、泝洄《くるめ》き漲長《みなぎ》りて、忽に城下に至り、海を去ること数十百里、浩々として其の涯涘《はて》を弁へず、原野道路、惣て滄溟《うみ》となり、乗船するに遑あらず、山に登るも及び難くして、溺死する者千許、資産苗稼、殆ど孑遺《のこるもの》なし、

②　貞観十一年九月七日辛酉条

新撰貞観格十二巻を内外に頒ち行ふ」従五位上行左衛門権佐兼因幡権介紀朝臣春枝を検陸奥国地震使と為す、判官一人、主典一人、

③　貞観十一年十月十三日丁酉条

詔して曰く、（略）如聞、陸奥国境、地震尤も甚しく、或は海水暴《にわか》に溢れて患と為り、（略）百姓何の辜《つみ》ありてか、斯の禍毒に罹《あ》ふ、憮然として媿《は》じ懼《おそ》れ、責《せめ》深く予に在り、今使者を遣し、就《ゆ》きて恩煦《おんく》を布かしむ、使国司と與《とも》に、民夷を論ぜず、勤めて自ら臨撫し、既に死者は盡く収殯を加へ、其の存者には詳に賑恤を崇《かさ》ねよ、其の被害太甚しき者に就きては、租調を輸す勿れ、鰥寡孤独、窮して自立能はざる者は、在所に斟量して、厚く支済すべき、務めて矜恤之旨を盡し、朕親ら覩《み》るが若くせよ、

貞観十一年五月二十六日、陸奥国で起こったものが、現在、いわゆる「貞観地震」、あるいは「貞観の三陸沖地震」などともよばれているものである。[11] 史料上の「城郭倉庫」とは、吉田東伍の説以来、多賀城を指すと推定されている。そして九月七日、左衛門権佐兼因幡権介であった紀朝臣春枝が、検陸奥国地震使として判官・主典各一人とともに任命されている。

さらに、十月十三日に詔が出された中には、陸奥国境（常陸国）では、地震及び津波の被害が甚大であり、死者に対して収殯、生存者には賑恤を加え、甚だしき者には、租調を免じるなどの措置を執っている。津波の凄まじさを留める、貴重な記録のひとつである。文中の「予」とは清和天皇自身であり、「責深く」とあるは、先述の天人相関の思いを述べたものか。

さらに十二月十四日には、伊勢大神宮へ奉幣、十七日に五畿七道諸国諸神への班幣、二十五日には、五畿七道諸国へ三日間の金剛般若経転読、二十九日に石清水神社への奉幣、翌十二年二月十五日には、諸神への奉幣とあることから、実に矢継ぎ早に指示を下していることがわかる。（『日本三代実録』同日条）同記事から、この地震の被害の甚大さとともに衝撃の程を伝えるものであろう。

㈥出羽国鳥海山噴火（表4⑪）

① 貞観十三年（八七一）五月十六日辛酉条

是より先、出羽国司言わく、従三位勲五等大物忌神社、飽海郡の山上に在り、巌石壁立し、人跡到ること稀に、夏冬雪を戴き、禿げて草木無し、去四月八日、山上に火有りて土石を焼き、亦聲有りて雷の如く、山より出る所の河は、泥水泛溢《はんいつ》して、其の色青黒く、臭気充満して、人聞《か》ぐに堪へず、死魚多く浮き、擁塞して流れず、両の大蛇有り、長さ各十許丈、相連り流れ出でて、海口に入り、小蛇の随ふ者、其の数を知らず、河に縁へる苗稼の流れ損ふもの多く、或は濁水の臭気に染み、草木梟朽して生《はへ》ず、古老に聞くに、未だ嘗て此の如き異有らず、但し弘仁年中、山中に火を見、其の後幾ならずして、兵仗の事有りき、之を蓍亀に決するに、並びに云く、彼の国の名神禱りし所に未だ賽《かえりま》せず、又冢墓《ちょうぼ》の骸骨、其の山水を汙《けが》すに因り、之に由りて怒りを發して山を焼き、此の災異を致す、若し鎮謝せずば、兵役有るべしと云ふ、是の日、国宰に下知して、宿禱に賽し、舊骸を去り、并に鎮謝之法を行ふ、

② 貞観十五年四月五日己亥条

（略）出羽国従三位勲五等大物忌神に正三位、肥後国正四位下阿蘇比咩神に正四位上を授く、（略）

③ 元慶二年（八七八）七月十日癸卯条

（略）」出羽国正三位勲五等大物忌神、正三位勲六等月山神に並びに封各二戸を益す、本と并せて各四戸なり、軍を發する毎に国司をして祈祷せしむ、故に此の加増有るなり、

④ 元慶二年八月四日丁卯条

（略）」是日、彼国正三位勲五等大物忌神に勲三等を進む、正三位勲六等月山神に四等、従五位下勲九等袁物忌神に七等、（略）

⑤ 元慶四年二月二十七日辛亥条⑿

出羽国正三位勲四等月山神、正三位勲三等大物忌神に並びに従二位を授く、従五位下勲七等袁物忌神、城輪神に並びに従五位上、

貞観十三年五月十六日、出羽国司からの報告により、去る四月八日、飽海郡従三位勲五等大物忌神社（鳥海山）山上において噴火があり、土石を焼き、山から流れる河が氾濫して臭気が満ち、蛇が流れ出たとある。また、古老の言として、弘仁年間に噴火があったとき、その後、兵役があったという。そこで蓍亀に占うと、名神の怒りが収まら

ず、災異を招いたとあり、この日、国司に命じて鎮謝の法を行わせたとしている。

その後の経緯をみていくと、同十五年四月五日、前述の阿蘇比咩神への叙位と同日に大物忌神に正三位を授けている。次いで元慶二年七月十日には、月山神とともに封二戸が加増されて都合四戸とされたことがみえるが、その理由として軍の徴発ごとに、国司をして祈祷せしめたことを挙げている。（同日、出羽国の飛駅により蝦夷との戦況を報告する）

さらに、八月四日には、正三位大物忌神に勲三等、正三位月山神に勲四等、従五位下袁物忌神に勲七等と三神に各々二等を進め、同四年二月二十七日には、月山・大物忌両神に従二位、袁物忌・城輪両神に従五位上を授けている。噴火とそれに続く叙位との関係もさることながら、一方において、当地において常となる対蝦夷政策と結びつけて考える必要もあるのではなかろうか。

(七)薩摩国開聞岳噴火（表4⑫⑮）

① 貞観十六年（八七四）七月二日戊子条

地震、」大宰府言わく、薩摩国従四位上開聞神の山頂、火有りて自ら焼け、煙薫天に満ち、灰沙雨の如く、震動の聲百余里に聞え、社に近き百姓震恐して精を失ふ、之を蓍亀に求むるに、神封戸を願ひ、及び神社を汙穢せるに、仍りて此の祟《たたり》を成す、勅して封二十戸を奉ず、」（略）

② 仁和元年（八八五）十月九日庚申条

是より先、大宰府言上すらく、（略）薩摩国言わく、同月十二日夜、晦冥《かいめい》、衆星見えず、砂石雨の如し、之を故実に検ずるに、頴娃郡正四位下開聞明神怒りを発する時、此の如き事有り、国宰潔斎して奉幣せしに、雨砂乃ち止みき、八月十一日震聲雷の如く、焼炎甚だ熾《さかり》に、雨砂地に満ちて、昼にして猶夜のごとし、十二日辰より子に至り雷電し、砂降ること止まず、砂石地に積り、或る処は一尺已下、或る処は五六寸已上、田野埋瘞《まいえい》して人民

騒動す、（略）是を以て府司に下知し、彼の両国をして部内の衆神に奉幣し、以て冥助を祈らしむ、

③ 元慶六年（八八二）十月九日戊申条

薩摩国従四位上開聞神に正四位下を授く、（略）、近江国従五位上小枚神、越中国楯桙神、筑前国鳥野神に並びに従五位上を授く、（略）（傍点筆者）[13]

貞観十六年七月二日、京において地震が起こったこの日、大宰府から報告があり、薩摩国の従四位上開聞神（開聞岳）山頂において噴火があり、降灰、震動があって著亀により、神が封戸を求めているとして、勅して封二十戸を奉じたとある。開聞神に関しては、元慶六年十月九日に正四位下を授けられているものの、この噴火と直接結びつくものか、不詳である。

なお後述するが、同日には越中国楯桙神に対して、正五位下が授けられている。次いで仁和元年十月九日、大宰府からの報告により、七月十二日夜にも正四位下開聞神の噴火を伝え、国司の潔斎により砂石が止んだという。しかし、八月十一日、十二日にも噴火が続き、砂石により、田野が埋まったという。そこで、大宰府に命じて国司に奉幣させていることがわかる。

以上、地震、火山の噴火などが発生して、事後にその対応等に当たったものをこのように列挙してみた。しかし、表4にみえるものの中には、発生後の様子はわかるものの、その対応について、何ら伝えられないものも少なくない。ただ、こうした事例を通してみると、奉幣、祈祷、経転読、封戸増益などとともに、神階を昇叙することも積極的に行われていることが窺われる。さらに、災異の規模や諸国の抱える事情により、その対応に差異を生ぜしめていることも知られる。

(八)関東諸国地震（表4⑬）

① 元慶二年（八七八）九月廿九日辛酉条
夜、地震、」是の日、関東諸国地大いに震裂し、相模武蔵特に尤も甚しと為す、其の後五六日、震動未だ止まず、公私の屋舎一として全き者無く、或は地窪陥して、往還通ぜず、百姓壓死は勝げて記すべからず、

この日の夜、京においての地震を伝え、関東諸国における大地震の様子が報告される。中でも、数日にわたり余震が続くとともに、相模・武蔵両国の被害が特に甚大であったことがわかる。なお、この地震の範囲が関東諸国に及ぶとあるが、その範囲と対応措置を見出すことは難しい。

一方、相模・武蔵両国が被害甚大であったとすることから、次の事例が参照される。地震後の十二月二日に、武蔵国正四位下氷川神に正四位上、同八日に従四位上勲七等秩父神に正四位下が授けられているが、これが、同年三月に起こった出羽国俘囚による「元慶の乱」の鎮圧による祈願とする見解も見うけられる。同年から翌年にかけて、下総・常陸国などの諸神への神階奉授の事例も窺われるものの、これら事例も同乱との関わりをも踏まえて不詳とせざるを得ない。

しかしながら、『日本三代実録』同五年十月三日戊寅条には、相模国からの言上により、次のような措置が執られたことが知られる。

相模国言す、国分寺の金色の薬師丈六像一躰、挾侍の菩薩像二躰、元慶三年九月廿九日、地震に遭ひて皆悉く摧破す、其の後、失火して焼損す、望み請ふらくば、改造して以て御願を修せむ、又太政官去る貞観十五年七月廿八日の符に依るに、漢河寺を以て国分尼寺と為す、而るに同日の地震に堂舎頽壊す、請ふ、旧に依りて本の尼寺を以て、国分尼寺と為さむと、詔して並びに許さしむ、

この史料からすると、①の地震発生と同月同日であるものの、ちょうど一年の相違を来すが、如何であろうか。そ

して、仏像の修復と元の尼寺を国分尼寺とする措置が執られている。このことから、相当の被害であったことが想定される。

㈨出雲国地震（表4⑭）

① 元慶四年（八八〇）十月廿七日丁未条

出雲国言す、今月十四日、地大いに震動し、境内の神社、仏寺官舎及び百姓の居廬、或は顛倒し或は傾倚し、損傷せし者衆し、其の後廿二日迄、晝は一二度、夜は三四度、微々震動して、猶未だ休止せず、」（略）

出雲国における地震の被害が報告される。中でも、その後の余震の様子が、詳しく記されている。しかしながら、その後の具体的な措置等については、見出すことができないのである。

㈩ 仁和地震（表4⑯）[14]

① 仁和三年（八八七）七月三十日辛丑条

申の時地大いに震動し、数剋を経歴して、震ること猶止まず、天皇仁寿殿に出でて、紫宸殿南庭に御し、大蔵省に命じて、七丈の幄《あく》二を立てて御在所と為す、諸司の倉屋及東西京の廬舎、往々《ところどころ》顛覆し、圧殺する者衆く、或は失神して頓死する者有り、亥の時亦震ること三度、五畿内七道諸国同日大に震りて、官舎多く損し、海潮陸に漲りて、溺死する者勝計すべからず、其の中摂津国尤も甚し」夜中東西聲有り、雷の如き者二なりき、

現在、貞観地震とともに、脚光を浴びている「仁和地震」が起こったことを伝える記事である。このとき、京で起こった様子を伝える地震であるが、宮廷内における混乱ぶりを窺うことができる。そして終日、余震、雷鳴と覚しきものも続いたことがわかる。

またこのとき、全国的に地震や津波が発生して被害の及んだこと、中でも摂津国が甚大であったことを伝えている。現在のところ、これが南海トラフ巨大地震とも想定されているものである。

こののち、京にて八月一、二、四、五、七、九、十三、十四、十六、二十二、二十三、二十四日等に余震のあったことを伝えている。(『日本三代実録』) また、直接的に同地震に結びつくかわからないが、発生以前の五月二十九日、七月二日にも、京において地震のあったことを伝えている。(『日本紀略』前篇二十)

以上、貞観から元慶、仁和年間に至る地震や噴火、津波などの様子を概観してきた。我が国で、過去三十余年の間に起こった大規模地震や噴火の中には、ほぼ四半世紀のこの時期のものといくつも重なるものが見うけられるのであり、地震学の立場からも大きな関心が寄せられている。

五　越中・越後国大地震後の一様相

先に記述された史料から、諸国の地震、噴火等の中には、政府の積極的な対応を見ることもできた。しかしながら、国史上において、個々の対応の事由を逐次記載することは稀であり、様々な史料を駆使して推し量ることが求められる。

貞観五年六月十七日における、越中・越後国で起った大地震の様子は先に記したが、それでは両国に対して、いかなる対応がとられたであろうか。明らかに地震、噴火等による具体的な対応を探ることは難しいが、前項での諸国の対応のあり方を踏まえて、次の史料から、想定することはできないか、考えてみたい。

㈠『日本三代実録』貞観五年(八六三)八月十五日乙亥条(以下、出典が『日本三代実録』の場合、特に明記しな

い場合がある)

越中国正六位上鵜坂姉比咩神、鵜坂妻比咩神、杉田神に、並びに従五位下を授く、」(略)

㈡貞観五年(八六三)九月二十五日甲寅条

越中国正五位下雄神に正五位上を授く、近江国正六位上葛野神、伊予国正六位上高縄神に、並びに従五位下、」(略)

㈢貞観六年(八六四)三月二十三日己酉条

和泉国従五位上積川神に従四位下を授く、遠江国正六位上筑紫対馬神、越中国正六位上楯桙神に、並びに従五位下、

貞観五年六月十七日に起こった大地震から、三ヶ月余の間に越中国四神に対して、叙位がなされていることがわかる。同日条には、圧死者及び被害の状況とともに、その後、毎日、余震と思われる現象を伴う中で、中央政府に報告されたことが考えられる。㈠及び㈡の叙位は、地震発生時から比較的短い経過の中で、なされていると言えるのではなかろうか。

そこで、この叙位が同地震によるものか、その事由が史料上において明確でなく、不詳と言わざるを得ないが、㈠婦負郡所在と考えられる三祭神を従五位下に叙したこと、さらに、㈡砺波郡所在と考えられる雄神への昇叙、そして、㈢射水郡所在と考えられる楯鉾神を従五位下に叙したことを如何に考えることができるか。このことは、憶測ではあるが一郡ではなく、一国内に起こった地震と無関係ではないことを想起させる。また、各郡における同地震にかかる関係諸神への叙位とも解されるか。

また神階叙位は、基本的に国司からの上申によって、なされることが想定されるとともに、前節での諸国の事例からも考えられるように、災異そのものもさることながら、在地勢力に対する中央政府の一定の配慮が介在した様子も、窺われるのではなかろうか。(15) 憶測に終始するかもしれないが、地震に対する在地政策―例えば諸国の各祭神を信

奉する在地有力層に対する政策など―の側面も想定されよう。

さらに諸国諸神は、一般的に五位に列せられることで国史上に登場することになるが、こうしたことが九ヶ月ほどの中で各郡に順次、実施されていることを考えると、同地震に関わる叙位の一端が、浮かび上がってくることにならないであろうか。越中国の場合、以上の諸神等の記事を比較的短期間に散見することができる。しかしながら、史料の残存状況にもよるものの、同じく地震の被害を受けた越後国内の諸神への神階奉授を始めとする諸対応などは貞観三年以降、まったく確認することができないことを付記しておきたい。(16)

もとより、六国史の編纂方針が各々によって異なることは、言うまでもないが、『日本三代実録』の場合、地震や噴火の発生、報告、対応等に関する記載事例を挙げると、他国史に比してきわめて多く、大略、三百例を越える。本節冒頭にも記したように、それは、事象としてのみとらえるのではなく、その背景にある凶事や社会不安、予兆、編纂上の方針など当時の思想、地方での動向や時代性などを解明することでもあろう。

そのためにも地震のみならず、雷雨、大風、洪水、飢饉等の他の災異との関わりも踏まえて、とらえていくことが求められるとも言えよう。

註

(10) 地震規模はM≧7.0、山崎断層によるものとされるが以下、地震データは、国立天文台編『理科年表　平成28年（机上版）』（丸善出版　二〇一五年）、宇佐美竜夫『最新版日本被害地震総覧』（東大出版会　二〇〇三年）、宇津徳治『地震　活動総説』（東大出版会　一九九九年）等より、引用した。

(11) このときの地震規模はM8.3以上、津波規模［4］で高さ30ｍ以上、海岸線500ｋｍ以上に顕著な被害が及ぶものであったとされる。

(12)『日本三代実録』元慶四年二月二十七日辛亥条では、同位でありながら、勲等の低い月山神が大物忌神よりも先に記されている。それまでの同二年七月十日癸卯・八月四日丁卯両条では、大物忌神が筆頭に記されているものの、このことは記事の錯簡か、あるいは何らかの意図によるものか、不明である。

(13)同条では、「近江国従五位上小杖神、越中国楯桙神、筑前国鳥野神に並びに従五位上を授く、」とある。しかし、貞観十三年十一月十日には、楯桙神が従五位下から従五位上に昇叙されており、このときは正五位下の誤りか。
(14)地震規模はM8.0～8.5、津波規模［3］で高さ10～20m、海岸線400km以上に顕著な被害が及ぶとされる。
(15)たとえば天平二十年（七四八）春、越中守大伴宿祢家持が出挙のための部内巡行のおり、羽咋郡気太神宮に参拝していることが挙げられる。また、このおり砺波郡雄神川、婦負郡鵜坂川の和歌を詠んでいることから、雄神、鵜坂神など、国内諸郡諸神に対する国司としての配慮なども窺われるのではなかろうか。（『万葉集』巻十七―四〇二一～四〇二九）
(16)加藤学氏の研究から新潟市釈迦堂遺跡、長岡市八幡林遺跡など、新潟県内の十一遺跡において、九世紀後半に発生したと考えられる地震痕跡を指摘している。土器の層位的出土事例や断層と地割れ、噴砂脈等を精査して、同地震の痕跡である可能性に言及している。（加藤　二〇一三年）なお、酒井英男氏等の研究によれば、噴砂脈が検出された富山県高岡市石塚遺跡では、考古地磁気を用いた年代測定を実施して、AD七五〇―九七〇年という年代が得られるという。（酒井他　二〇〇七・二〇一一年）越中国では、九世紀後半における同事例が少なく、今後、検出の確実な事例とともに精緻な分析が求められよう。

○本稿は、平成二十五年度越中史壇会特別研究発表会要旨「貞観五年越中・越後国大地震と諸様相―祥瑞と災異との間で―」（『富山史壇』一七三号　二〇一四年）をもとに作成したものである。

第三節　内閣文庫蔵『異本塔寺長帳』にみえる北陸道大地震と紅色雪

一　嘉保・永長・承徳・康和年間の地震

中世におけるマグニチュード8以上の大地震は、矢田俊文氏によれば、嘉保三年（一〇九六）十一月二十四日（同十二月十七日、「永長」と改元）・承徳三年（一〇九九）正月二十四日（同八月二十八日、「康和」と改元）、康安元年（一三六一）六月二十一日（及び二十四日）、明応七年（一四九八）八月二十五日にそれぞれ起こったとされている。[17]

この点に関して、石橋克彦氏らの研究を踏まえていくと、前二者は、その可能性から「一〇九六年永長東海地震」、「一〇九九年康和南海地震」とも称されている。そして、約二年二ヶ月の間をおいて起こっていること、さらに、永長地震が少なくとも熊野灘・遠州灘領域、康和地震が土佐沖・紀伊水道沖を震源としながら、前者に多重地震や余震活動が窺われて、南海地震も含んでいる可能性を検討すべきとしている。

これは、不明な点があって今後の課題としながらも、両者が一連の地震の可能性があると、認識されているようであり、史料の解釈を図る上でも傾聴すべき見解である。[18] 永長・康和両地震の発生から、その経緯等については、矢田・石橋両氏の研究に詳細に述べているので、参照されたい。

ところで、のちに取り上げる康和元年の北陸道の地震について述べるとき、連続性という観点から、上記二者の地震についても概観しておくことが必要であると考える。一見すると、迂遠なことかもしれないが、次に挙げることとする。

(1)一〇九六年永長東海地震

○『後二条師通記』嘉保三年（一〇九六）十一月

廿四日、庚戌、天晴、辰時、六箇度大地震、（略）後三条院の御時大地震、今日地震良久と云々、子細に於いては、天地瑞祥を見、又書籍ありと云々、（略）

廿五日、辛亥、天晴、辰剋地震、春日御社鳴りたまふ、（略）世間雷電遍満の鳴、子細を相尋ね、その後、占あるべきなり、（略）

廿六日、壬子、晴、（略）酉剋、左大弁申して云く、西金堂脇士仆れたまふ、その間、いか様に候べきか、吉日を撰び本の如く立て奉るべき也、（略）
廿七日、癸丑、また、天晴（略）未剋地震、
（十二月）七日、癸亥、蒼天雲あり、（略）亥剋地震う、
八日、甲子、天晴、（略）地震なほ震う、天文博士等を召し問ふべし、（略）
十三日、己巳、（略）薬師寺廻廊転倒す、寺内より庄々免ぜらるべき由、申さるところなり、免除すべく宣旨下ると云々、
廿三日、己卯、（略）駿河国解に云く、去月廿四日大地震、仏神舎屋、百姓四百余流失、国家の大事なり、民国の本なり、書籍に見ゆ、

『後二条師通記』は、関白藤原師通（一〇六二〜一〇九九）の日記で、この二年前に関白に就任していることがわかる。この年、嘉保三年十二月十七日には改元がなされ、永長元年（一〇九六）となる。この地震に関する同日記の記述は、このほかにもあるが、抄述して挙げたものである。

この中で天地瑞祥、書籍との照合、天文博士の召喚などの行動は、大変興味深いものである。また、藤原氏の氏宮・氏寺である春日大社鳴動や興福寺西金堂脇士の転倒、占術、脇士復旧に向けての吉日の選定などに配意すべきことも記している。

さらに、薬師寺回廊の転倒による免税、地震発生同日には、駿河国でも津波による被害があったことをようやく一ヶ月後にして知るに至る。このときの地震規模は、マグニチュード8.0〜8.5とも8.4とも推定されている。こうした史料から、広範囲にわたる震災の様子が想定される。地震の始まりを定めることは難しいものの、前年八月十日、永長

元年二月十三日にも起こっていることがわかる。(『中右記』・『後二条師通記』)

○『中右記』　嘉保三年(一〇九六)十一月

廿四日、辰時許り地大いに震う。已に一時に及び、(略)驚きながら内に馳せ参ず、時に主上(堀河天皇)、西釣殿に渡御、件の渡御、前池に臨む、御前の池舟に乗らんと欲するの間なり、(略)予仰せにより、(略)大内に行き向かい破損を巡見す。(略)次に応天門東西楼を見る。次に大極殿に行き向かう。西楼頗る西に傾く、又大極殿の柱、所々東に一、二寸ばかり寄る、甍瓦落ちかかり、頗るもって恐れあり、(略)夜に入りて頗るまた地震、誠に大恠たり、後に聞く、地震の間、近江国勢多橋破れ了ぬ、わずかに東西岸辺残るなり、東大寺の鐘、地に落つてへり、薬師寺の廻廊転倒す、東寺の塔の九輪落つ、(略)

廿七日、(略)小地震、一日より後、この両三日時々小地震、(略)今日師遠天文奏を進る、

廿九日、乙卯、天晴、(略)次にまた一日地震御卜同じく行わる、(略)

(十二月)七日、(略)亥時ばかり地震、頗る大震、近日毎日毎夜小地震あり、

九日、天変地震により、改元あるべし、(略)後に聞く、伊勢国阿濃津の民戸、地震の間、大波浪のために多くもって損ぜらると云々、およそ諸国此の事のごとくあり。近代以来地震この例の如くあらざるなり、

廿日、早旦地震、

廿五日、未明小地震、(略)

廿九日、晦、戌剋許り小地震、(略)

『中右記』は、右大臣藤原宗忠(一〇六二〜一一四二)の日記で、この年四月、修理左宮城使に就任している。翌永長二年(一〇九七)閏正月朔、十二日、四月九日、七月六日(地大震)、八月六、八日、九月六日までの地震の記録

があり、十一月二十一日には、地震による改元がなされて、承徳元年（一〇九七）となる。（『中右記』・『百錬抄』）「河内国小松寺縁起」（『続群書類従』第二十七輯下　釈家部）でも十一月二十日、毘沙門堂の崩壊を伝えている。

さらに、承徳二年（一〇九八）正月から十月にかけて、数度の地震の記録があり、前年から相当の期間にわたって、続いたことがわかる。（『中右記』）このように地震、疫病による、打ち続く改元は、社会不安の表れそのものでもある。

また京、大和、近江の具体的な被害状況、天文奏（天文密奏—災異記録と占言を密に上奏）、御卜が行われたこと、数日毎の余震、そして諸国に被害の及んだことなどもわかる。このほかにも記録があるが、抄述して掲載したものである。

(2)一〇九九年康和南海地震

○『後二条師通記』承徳三年（一〇九九）正月

廿四日、丁卯、早旦陰、卯時大地震、参内即ちもって退去す、（略）

廿五日、戊辰、晴、他行なし、興福寺、昨日地震、西金堂柱小損、塔又破損と云々、

廿六日、己巳、晴、北山雪粉に似る、（略）廻廊並に大門等は去廿四日大地震転倒と云々、興福寺、寺家に付して修理すべきの由、仰せ下さるべきなり、

（二月）十八日、辛卯、晴、蔵人永雅地震祭請奏覧之、

（三月）廿一日、甲子、晴、（略）戊剋地震三度、

廿二日、乙丑、晴、（略）酉剋有音、地震、（略）

承徳三年八月二十八日には改元がなされ、康和元年（一〇九九）となる。石橋氏の見解では、この地震が先述の承徳二年以降の地震の延長としてとらえられ、地震規模は、マグニチュード8.0〜8.3と推定されている。（石橋 一九九九年）二月十八日の地震祭の請奏も興味深い。

○『本朝世紀』承徳三年正月
廿四日、丁卯、々時大地震、前太相国（藤原師実）以下多以参内高陽院、」（略）今朝地震事、被載宣旨辞別、

（二月）廿四日、丁酉、（略）夜半地震、

（三月）廿三日、丙寅、（略）系畐曰、地震、

平時範の日記『時範記』においても、「廿四日、丁卯、天晴、早旦大地震、大内に馳せ参る、殿下をして参り給ひ、即ちもって出御す、下官して退出す、（略）」としている。その後、『後二条師通記』は、六月十六日の地震の様子を伝えている。

また、『本朝世紀』は九月二十一日、閏九月十二日（地大震）、同十八日（地震甚大）、十月二十六日（地大震）、十二月十六日（地大震）、同十九日（地大震）に起こったことを伝える。さらに、七月二十五日の非常赦、八月二十八日の改元の際の大赦、賑給、十月五日には、三年前に壊れた近江国勢多橋の新造覆勘も行われている。こうした一連の事実は、『中右記』にも随時、窺われる。「河内国小松寺縁起」（同前）にも八月二十七日、地震による講堂の破壊を記している。

このように承徳三年（康和元年）は、年末まで京において、大地震や余震と思われる現象の続くとともに、夏の疾疫も重なっての改元の年であり、相当混乱を来したことがわかる。記述の差異はあるものの、「兼仲卿記紙背文書」（国立歴史民俗博物館所蔵）、『太子伝古今目録抄』、『百錬抄』などの史料にも留められている。こののち、頻度は低

下するが、数年にわたって地震の記録が窺われる。

これまでに地震直後の様子、さらにその後、数ヶ月間の余震、そして数年に及ぶこともあるなど、今日、我が国において経験している地震のあり方とも酷似するところが少なくない。このことは、当時の史料の信憑性をも知ることになるものと思われる。また、同時に広域にわたる地震の場合には、複数の史料からその事実を確認することができることも、そうしたことを物語るものと言えるであろう。これら史料から、人心の揺れや政権内の葛藤、機微を窺い知ることもできる。

二『異本塔寺長帳』にみる史料性

福島県河沼郡会津坂下町大字塔寺に所在する心清水八幡神社は、社伝によれば、天喜三年（一〇五五）に源頼義の勧請によるとあり、『会津塔寺八幡宮長帳』という古記録が伝わることで知られている。これは、貞和六年（一三五〇）から寛永十二年（一六三五）に至る、正月の大般若経転読の巻数や行事等を記した料紙を合わせたもので、その裏書に会津や東北地方をはじめとする政治、社会、災害等が記載されている。

そして、これとは別本として、『異本塔寺長帳』が内閣文庫に現存し、天喜五年（一〇五七）から享保二十年（一七三五）までの記録を留めているのである。また、これは「長帳署記」上・下、「長帳續年日記」上・中・下、「續年日記」上・下として構成され、後人が『異本塔寺長帳』と通称したものと推定されている。

さらに各年日記には、当地のみならず全国の政治・社会情勢、寺院・堂塔等の建立、天変地異や気象等が簡潔に列記されている。中でも、全国の動静を的確に捉えるとともに、特に、災害や異常気象に関しては、強い関心を抱いていたであろうことを随所に窺うことができる。(19)

もとより、こうした内容は在地と京、時に全国に及ぶものなど、多岐にわたるとともに、しかも平安中期から江戸中期という長年月に関わるものであり、いわば年表のようなものである。すべての内容を検証することは及ばざるところであるが、『異本塔寺長帳』に記載されている前項の地震発生の当該期に当たる内容のうち、いくつかの事例を挙げてみよう。

嘉保二年（一〇九五）の年日記には「日吉神輿入洛」、以下、永長元年（一〇九六）には「南都興福寺焼失」、「今年田楽躍国葉流」、康和元年（一〇九九）には、「天下疾病葉流」などとある。まず、日吉神輿の入洛のことは、同年十月二十四日に延暦寺僧徒が寺僧を殺害した美濃守源義綱の流罪を強訴するため、神輿を奉じて入京したもので『中右記』、『百錬抄』などにもみえている。延慶本『平家物語』には、嘉保元年同日のこととして登場する。[20]

次いで、興福寺焼失のことは、当該年における『後二条師通記』、『中右記』、『百錬抄』をはじめ、後世の諸書にも見えるものである。また、同様に田楽の流行については『中右記』、さらに、鎌倉期の『醍醐雑事記』にも見える。疾病の流行については、『本朝世紀』に疾疫、旱炎により軽犯囚九十人の赦免が認められ、さらに、その後の諸寺社における読経、祈祷等が『後二条師通記』、『中右記』にも見られることである。

しかし、康和三年の年日記「源義親出雲国ニ流罪」、同五年の「奥州兵乱諸国兵乱」、長治二年の「八月十八日源義家六十八逝去」に関しては、一考を要する。まず、前対馬守源義親が隠岐国に配流となったのは『中右記』、『殿暦』、『百錬抄』に見られ、ともに康和四年十二月二十八日となっている。

また、鎌倉期の『古事談』には、同五年同日のこととして登場し、「而るに配所に赴かず、出雲国を経廻す、」としているが、この年記載が誤りであろう。そして嘉承三年、出雲国に下向した追討使平正盛により鎮撫されたとするが、当時からそれを疑問視されてもいたのである。年日記記載の出雲国流罪としたことについては、果たして如何なるものに依拠したのであろうか。

次いで、康和五年の奥州兵乱については、『中右記』長治元年（一一〇四）九月五日条に「坂東乱逆事」として、院に奏上されている。ただ、いつ、どの範囲の規模に及んだものか、不詳である。あるいは、年日記の錯簡かとも思われる。さらに、源義家の逝去は、『中右記』嘉承元年（一一〇六）七月十六日条に、「一日比、陸奥前司源義家朝臣死去、」としている。『通法寺興廃記』や系図類等では、年日記と同様に、長治二年（一一〇五）八月十八日に六十八歳で死去したとするものがあり、この点でも齟齬している。

しかし、矢田氏の指摘にもあるように古文書、日記、編纂物、文芸史料、後世の編纂物等、その史料のもつ順位付けを慎重に踏まえながら、歴史的評価を下さねばならないことは、言うまでもなかろう。

三　康和元年北陸道地震史料

そこで次に、内閣文庫蔵『異本塔寺長帳』一上にみえる越中国関係地震史料を提示することとしたい。本章第一節で一部のみ掲載したが、康和元年（一〇九九）年日記には、全文次のようにある。

康和元年己卯　天下疫病葉流、田中宗定生
四月五日、大地震、別テ越後越中加賀能登大ニ震、
會津代田村阿弥陀寺ヲ小濱八百比丘尼建
出羽國上ノ山常念寺最上光明寺、下野國鹿嶋圓通寺今市如来寺安春寺阿弥陀寺建、

この中で、複数の内容記事が掲載されていることがわかる。そして、同年四月五日には大地震があり、中でも越中国をはじめ、隣接する北陸道四か国において、大きな震動のあったことが特筆されているのである。

表5　『異本塔寺長帳』にみえる全国災異等記事

治暦元年（1065）	十月二日大風雨	改元理由：旱魃、三合厄
二年（1066）	天下大旱　満作豊年	
承保三年（1076）	三月廿四日天下大地震	
承暦元年（1077）	日本疱瘡葉流	改元理由：旱魃、赤班瘡
嘉保二年（1095）	日本飢饉	
永長元年（1096）	四月廿五日天下大地震家倒	改元理由：天変地震
承徳二年（1098）	八月四日天下大雨大洪水	
	八月七日天下大地震　別テ山城大和上野下野也神社佛閣家屋倒山崩谷埋	
康和元年（1099）	天下疾病葉流　田中宗定生	改元理由：地震、疾病
	四月五日大地震　別テ越後越中加賀能登大ニ震	
長治二年（1105）	六月三日北国ニ紅色雪五寸降　日本悪作飢饉	
天仁元年（1108）	八月廿日大雨大洪水	改元理由：代始
天永三年（1112）	四月八日日本大風雨大洪水兵乱有疾病	
永久三年（1115）	越中国来福寺　法海寺（略）建	
同　五年（1117）	天下大旱神泉園ニテ勝覚僧正祈雨大降	
元永二年（1119）	七月四日大地震　同二十三日大風　日本飢饉人又人ヲ喰	
	十一月九日ヨリ十二月廿日迄大雪會津平地二丈五尺余	
長承三年（1134）	今年七月十五日大雨洪水ニテ會津蕪中村川上悉（略）	
保延元年（1135）	天下大飢饉	改元理由：疫疾、飢饉、洪水
三年（1137）	三月二十八日自天秬降其色黒シ	
四年（1138）	三月十九日朝天雨如秬色黒	
康治元年（1142）	天下飢饉	改元理由：代始
二年（1143）	越中国明王院　松同院（略）建	
久安元年（1145）	七月廿三日彗星出ル	改元理由：彗星
四年（1148）	今年国々兵乱　正月一日大地震	
保元二年（1157）	八月大地震	
三年（1158）	六月廿四日天下大地震　同廿八日洛中雪五寸程降	
応保元年（1161）	日本兵乱并疾病疱瘡葉流	改元理由：痘瘡
仁安元年（1166）	八月八日日本大風	改元理由：代始
安元元年（1175）	天下不静国々騒動ス疱瘡葉流	改元理由：痘瘡
	三月廿三日日蝕如灰中二時程ノ中人面不見	
治承元年（1177）	十二月廿四日ヨリ廿八日迄赤気星出現	改元理由：大極殿火災
三年（1179）	七月七日将軍塚一日三度震動ス	
	六月十四日大風	
	八月十四日大風雨洪水	
	十一月七日大地震　法皇ヲ移鳥羽殿	
養和元年（1181）	今年日本大飢饉	改元理由：代始
寿永元年（1182）	二月廿三日大白星祀昴星　四月十一日兼地	改元：飢饉、兵革、病事
文治元年（1185）	七月九日大地震	改元理由：地震（兵革）
二年（1186）	八月一日大地震	
五年（1189）	十二月九日大風雪自例年多降ル	
建久元年（1190）	七月九日天下大地震	改元理由：明年三合
八年（1197）	閏六月廿五日大雨暴風	

そこで、『異本塔寺長帳』にみえる、平安期までの災異の記載を概観してみたい。(表5) 数百年に及ぶ記述が何に依拠して、掲載されたかを特定することは極めて難しいが、以下において、康和元年四月五日「大地震、」とある記載内容について、考えてみたい。

『異本塔寺長帳』にみえる、災異に関する表現をみていくと、広域にわたる場合には、「天下大飢饉」、「日本疱瘡葉流」、「国々騒動」といった記述がなされている。(傍点筆者) それに対して「大雨洪水」、「大雪」などの記述のあとに、当地會津のことが記される場合が多くあるものの、治承三年（一一七九）には、「十一月七日大地震　法皇ヲ移鳥羽殿」として、京でのことも記されるなど、かならずしも一定ではないことが知られる。

それでは、康和元年の「大地震」の規模について考えるとき、前項に掲げた嘉保から、康和年間にわたる地震関係史料は、当該年間の連続する地震の様子を物語るものとして、重要である。また、この間には、永長元年の年日記に「四月廿五日天下大地震家倒戸外宅久生」、承徳二年の年日記にも、「八月七日天下大地震、別テ山城大和上野下野也神社佛閣家屋倒山崩谷埋、」とある。これらの規模について不詳ではあるものの、永長元年（嘉保三年）、承徳二年、康和元年の三ヶ年余にわたり、不連続ながらも起こったと考えられる地震史料として、先の事象と関連し得るものではなかろうか。

また、京を中心とする日記類や後世の編纂物から、全国の動向を具に知ることは難しいが、かえって地方からみた、こうした記録の中に残ることを評価したいと考えるものである。先の事例にも挙げたように、長帳に記されるまでに段階を経たとも想定されるが、なお詳細な検討は要しながらも、一定の史実を反映してのものと解してもよいのではなかろうか。

また、『異本塔寺長帳』の当該史料にみえるように、「四月五日、大地震、」がどの場で知り得た情報なのか、どの程度の規模であったのかを考える必要がある。さらに、京か在地でのものなのかということ、そして、後段の四か国にみられる「別テ」、「大ニ震、」の内容は、いつの時点で知り得たかということも疑問に感じられる。このことは、「大地震」とは別途、時間差をおいて後に当該情報がもたらされて、その後において一文となった可能性も十分考えられるからである。

一方、編纂史料などの場合、国名を記載するときは遠近により、京から順次掲載されることが見うけられるが、この場合には、当地から近侍する順に東から西へ向かっていることにも注目すべきではなかろうか。そして先述したように、康和元年（承徳三年）は、ほぼ一年を通して地震の続いていたことが認められることから、四月五日は、まさにその直中にあったことも傍証となり得るものと考えている。

四　長治二年北国紅色雪史料

次に、『異本塔寺長帳』にみえる北国紅色雪史料を本章第一節を踏まえて再提示することとしたい。長治二年（一一〇五）年日記には、次のようにある。

六月三日、北国ニ紅色雪五寸降、日本悪作飢饉、

この中で、「紅色雪」が降った六月三日は、前述したようにユリウス暦に換算すると、七月十五日になる。まさに、夏の最中での事象ゆえに驚きをもって記載されたものであろうか。翻って、同記事をみていくと、北国に紅色雪が五寸降り積もったことにより、「悪作」、「飢饉」の状態になったことを伝えていると解されるか。また、「五寸」という数値がどの範囲に及んだものか、あるいは伝聞によるものか、関心の尽きぬものがある。(21)

さらには、その範囲を「日本」とあるものの、「北国」での影響が実際にどの程度の範囲に及んだものか。もとよ

り、各時代における思想的背景において、如何に扱われたかという点には、慎重を期さねばならないが、紅色雪が不作の原因と考えられるのか、また特筆すべきものとして記録に留められたと想定されるならば、自ずと災異としてとらえられていたと考えざるを得ないのである。[22]

また、「北国」とは、どの範囲を指してのものかということである。京からして北陸道、あるいは北方の国を指したり、[23]また、当地から北方という概念的な範囲でもあろうか。鎌倉期に見える「東国」、「西国」といった支配権の範疇、一例として「北国検注」といった概念とは、異にするものなのか、詳らかではない。さらに、「日本悪作飢饉」の前段に「北国ニ紅色雪」を据えていることは、相当の被害であったことも想定される。そこで、以下にいくつかの事例を掲げてみる。

この紅色雪に関して、知見を得ることができたのは、遠藤慶太氏の研究からである。[24]この中で、『続日本紀』天平十四年（七四二）正月二十三日条において、「陸奥国言す、部下黒川郡以北の十一郡に赤雪雨れり、平地二寸なり、」という記事がある。そして、この記事からだけでは、赤雪が祥瑞か災異か区別を付けることはできないが、次のような事由から述べている。

つまり、『類聚国史』巻一六五　祥瑞部上にある、雪に関する記載の編成をみると、延暦十一年（七九二）十一月乙亥条から、仁和元年（八八五）十二月十四日甲子条までの四十九件の記事を年代順に配列した後、その末尾に天平十四年のこの赤雪の記事が付されていることに着目しているのである。

さらに、その記事の分注に、「考此年以後五六箇年史、可定此赤雪瑞災之間、」とあるが、新訂増補国史大系本『類聚国史』の底本である板本（仙石政和校訂　文化十二年刊）には、この記述が存在せず、氏は、尊経閣文庫所蔵壬生官務家旧蔵古写本等を根拠として、校訂されていることを是として論を展開している。

また、福原栄太郎氏は元来、古代中国において赤雪が咎徴とされていること（『太平御覧』巻八七八　咎徴部

五　赤雪）、さらに、大雪そのものも大略、咎徴とされているものの（『同』）、宋の孝武帝大明五年元日の降雪を先例（「嘉瑞」）として、長寿二年正月元日の大雪を「瑞」とすることもあったことを指摘している。（『唐会要』巻二十八　祥瑞上）

このことは形式的な祥瑞よりも、実際的な良政を重んじる姿勢が窺われることによる。そして、『類聚国史』祥瑞部上の雪の項には、『日本後紀』以後に採録されるようになった、「初雪見参」が多く掲載されていることから、中国からのこうした影響に根拠を求めている。[25]

一方、『晋書』五行志中（中華書局本）にみえる、赤雪が凶徴として窺われること、先の陸奥国黒川郡以北は、律令国家が「化外」の民と接する最前線であったこと等から、宝亀、延暦年間における征夷を知る、『続日本紀』の撰者が赤雪を兵乱の兆候と解した事によるものであるとする。そして、『類聚国史』において赤雪を編年ではなく、雪の記事の末尾に付したのは、本来、雪が祥瑞としてとらえられているものの、その中に、赤雪を類聚することに躊躇したものと結論づけたのである。

実際、大同五年（八一〇）二月二十三日太政官符においても、陸奥国の浮浪人の対応の中で、「黒川以北の奥郡の浮浪人」とを区別していることがわかる。（『類聚三代格』巻八）また、同郡は蝦夷政策の最前線にあり、令制郡とは異なる性格が論じられていることにもよるのではないか。

さらに、赤雪に関する史料を引用すると、『朝野群載』巻第六　太政官「文殿勘文」では、次のように挙げられる。

文殿

勘大宰府言上阿蘇宮雪降事

右宜勘申先例者、引勘文簿之處、去長元二年七月、出雲国言上云、管飯石郡須佐郷牧田村、今月八日赤雪降、殖田三町餘、并野山草木悉損亡了者、同年八月七日、被下宣旨偁、仰彼国、於国分寺三箇日嘔浄行僧、転読仁王般若

経、令攘除災殄者、仍勘申、

応徳二年九月十一日

右史生伴有貞

左史生紀公國

清原友信

この中で、赤雪が降ったのが七月八日であり、殖田三町餘及び野山草木がことごとく損亡し、三か日にわたって国分寺で仁王般若経を転読させたことを伝えている。

ところが『古事談』第一　王道后宮「夏雪降事」に引用する同年、同内容の出雲国奏状には、『朝野群載』にはない記載内容が見られることでもあり、比較する上からも次に挙げてみたい。すなわち、

長元二年七月八日、出雲国の降雪の事、彼国の奏状に云はく、

雪降の状但し深さ二寸許り

右、飯石管る郡司今日解状を得て偁ふ、去る八日未の時を以て、當郡須佐郷牧田村に忽ちに雪降る、殖うる田三町餘、并に野山草木、悉く損亡し了んぬ、他所に至りては、損失無してへり、言上件の如し、謹みて解す、

長元二年七月十七日

従五位上行守橘朝臣俊孝　　正六位上行掾物部宿祢信憲

従五位下行介平朝臣

此の事に依りて外記に問はる、仍りて勘文を進る状に云はく、

推古天皇三十四年六月に雪降る、てへり、

貞観十七年六月四日未の時黒雲虚を蓋ひ、官庁の南門に白雪花と散る、てへり、

右件、国史日記等に雪降る由注すと雖も、其の後子細の旨所見無し、仍りて勘へ申す、

長元二年八月二日

大炊頭兼大外記主税助助教清原真人頼隆勘へ申す、

（略）

まず後者によれば、飯石郡司解状により、出雲国司から報告されたものである。この中で、積雪量は「二寸許」であること、降雪時刻は「未時」とする。また、『小右記』長元二年（一〇二九）八月二日条に引く同解状日付は、「七月十一日」としたり、「物部宿祢信寧」とする異同はあるものの、概ね同内容を伝えている。さらに、『同』同四日・六日条にも、この降雪に関わる恠異を伝えている。

そしてこのあと、清原真人頼隆の勘申の中で推古天皇三十四年（六二六）、貞観十七年（八七五）の事例を挙げている。前者は、『日本書紀』推古天皇三十四年六月条「三十四年六月に、雪ふれり、」（『日本紀略』等）、後者は、『日本三代実録』貞観十七年六月四日乙卯条「星と月と並びに見ゆ、」太政官曹司庁の南門に、雪花散り落ち、」（『日本紀略』、『小右記』等）などを指すとみられる。

しかし、この処分としては後段に、「推古天皇並びに貞観の雪の恠は、行はるる所の事を見ず、と云々、今愚案を廻らすに、彼の両度は六月に雪降る、と云々、是れ宮中に雪を散らしむるなり、秋節に入りて山陰道に此の異有り、仁王経の七難の中に夏の雪を説けり、而るに秋節に入りて雪有るは、強ち大なる恠に非ざるか」とする。つまり、仁王経に説く夏の降雪ではなく、秋の雪は大きな怪異ではないとする所見を述べ、出雲国に対して仁王経の転読に留めている。時節外の降雪に対する認識にも、相違が窺われる。

この中で推古・貞観の事例から、かなり時を経てのことでもあり、この時の不時の降雪に対する思いを知ることが

できるものの、『日本紀略』貞元元年（九七六）七月廿六日辛卯条「朝雪雨る、霜の如し」、『同』長和二年三月廿四日乙卯条「東西の山に雪降る、京中大寒なり、去んぬる十四日は立夏なり、人以て恠と為す」とすることも窺える。しかしながら、この年の赤雪に対することは、不詳である。

ただ、赤雪に対する関心は、高いものと思われ、註（22）に掲載したもののほか、近世においても度々登場する。赤雪が時代の変遷の中で、如何に捉えられてきたかを見る上でも次に紹介したい。

まず、『別本歴年雑志』延宝八年（一六八〇）九月七日条には「越後国紅雪降」、『玉明記』宝暦元年（一七五一）二月二十九日条に「北国紅雪降ル」、『伊達徹山治家記録』安永四年（一七七五）二月七日条にも、「江刺郡ニ紅雪降ル」とする事例があるほどである。[26] また、『菅網記』（『加賀藩史料』第四編）には、延宝八年（一六八〇）十一月十一日から二十六日にかけて、越中に紅雪が降ったことを次のように伝える。

一、十一月十一日より廿六日迄の内、越中新川郡・礪波郡に紅雪降る。色は朱染紙の色相也。二寸計積る。五箇山に雪一丈三尺計の降候時は、里方には四・五尺も降候由。其時は紅雪一度ほどは降候事前々も有之候。五箇にては是を雪の半と申候。此雪降候得ば、最早此上は降間敷と申由。此度の様に里方に此雪降候事は、終に不承傳候由、

（略）

さらに、『前田家雑録』（『加賀藩史料』第五編）には、宝永五年（一七〇八）十二月から翌年正月にかけて、金沢に紅雪が降ったことを伝える。

一、宝永五年十二月より翌年正月四日・五日に至、金沢深雪、其内紅雪交り降事二・三寸、御城下も如斯。又同正月廿八日、紅雪交り一・二寸降也。

旧暦十一月十一日は、グレゴリオ暦十二月三十一日である。これらの史料から、紅雪に関する色や降る度合い、場所なども知り得て興味深い。

いずれにしても、同史料から天変地異に高い関心を寄せていたことは、事実である。数百年にわたる記録を留める中に、これまであまり注視されてこなかった、越中国等の大地震や北国における紅色雪、赤雪等の関係史料などを見出すことができることも、史料の僅少な時代にあって特筆すべきものと思われる。

註

(17) 矢田俊文『中世の巨大地震』(吉川弘文館　二〇〇九年)。このほか、本論で取り上げる矢田氏の見解は、本章第一節註(1)掲載の研究によるものとする。

(18) 石橋克彦「文献史料からみた東海・南海巨大地震―1. 14世紀前半までのまとめ―」(『地学雑誌』第九六五号 (社)東京地学協会　一九九九年)。なお、同号は「特集　次世代の史料地震学」をテーマに組み、史料地震学研究に関する様々な角度からの研究論文が掲載されている。中でも、小山真人「日本の史料地震学研究の問題点と展望―次世代の地震史研究に向けて―」や松田時彦「古地震研究における自然資料と歴史資料の関わり―地震予知への貢献―」、榎本祐嗣「史料にみる地震津波発光」等は、これまでの古代・中世史研究における六国史や日記類をはじめとする史料解釈のみならず、文献史学の立場からの地震の諸事象に対する、さらなるアプローチが求められることを数々示唆しており、多くの教示を得ることができた。さらに、石橋論文及び同特集各研究論文等には文献史学、考古学、地震学、地質学等の関連分野の共同研究成果も盛り込まれ、これまでの研究動向を網羅的に挙げている。また、康和地震に関して神田茂「康和元年土佐における大地震」(『地震』第2輯　一九六八年)を参照のこと。

(19)『会津坂下町史Ⅲ　歴史編』(福島県河沼郡会津坂下町　一九七九年)所収マイクロフィルム版による。なお、『異本塔寺長帳』に関する由来や内容、構成等に関しては、庄司吉之助「異本塔寺長帳の解説」が同町史に収載されており、参照されたい。ところで、次節以降に挙げる康和元年地震史料、長治二年紅色雪については、かつて『新潟県史』資料編2　原始・古代二(新潟県　一九八一年)、『加能史料』平安Ⅲ(石川県　一九八七年)において当該部分のみが掲載されたことがあるが、年日記としての性格から、当年全体を記載することとした。また、本論旨とは直接関係ないが、『同史料』には、永久三年(一一一五)の年日記に越中国で来福寺、法海寺、康治二年(一一四三)に明王院、松同院の建立を伝えていることも興味深い。(表5参照のこと)

(20)『延慶本平家物語全注釈』第一本(巻一)「卅一　後二条関白殿滅給事」(汲古書院　二〇〇五年)。なお、流布本では、嘉保二年三月二日の事として記載する。

(21)「大日本史料総合データベース」（東京大学史料編纂所）を検索すると、『師庸朝臣記』延宝五年（一六七七）二月是月条には、「二月、會津郡紅雪降之由、」とある。さらに過去の事例として、「聖武天皇、天平十四年、奥州雨赤雪二寸、」、「後土御門院、文明九年七月、北地紅雪一寸余、」とともに、「堀河天皇、長治二年六月二日、北地降紅雪五寸、」を挙げている。（史料綱文　九九編二〇冊六九〇頁）天平十四年（七四二）の場合、赤雪二寸は、『続日本紀』と同意である。文明九年（一四七七）の場合、『異本塔寺長帳』には、「（九年）七月始北陸道紅雪一寸降、諸作枯大飢饉、」とあり、ほぼ同意と考えられる。長治二年の場合、『異本塔寺長帳』には「北国」、「紅色雪」といった表現に若干の異同が見られるものの、同意を伝えているものと思われる。何を引用したかを特定することは、極めて難解である。しかし、「紅色雪」のほか「赤雪」、「紅雪」といった表現から、これら諸史料の前後の文意から考えて、災兆あるいは、恠異の現象と想定していたことが読み取れるのである。以上のように考えて、紅色雪や赤雪、紅雪に関わる史料を取り上げていきたい。

(22)赤雪に関する、これまでの知見を挙げておく。竹内望氏によれば、赤雪は雪氷学の立場から、世界中の積雪や氷河において観測され、日本でも五月から七月の残雪期に富山県立山雷鳥沢や内蔵助の雪渓などで見ることができるとのことである。その原因は、雪氷藻類—雪や氷など低温環境の中で光合成により繁殖する藻—で、代表的なものがクラミドモナス・ニバリスという種類のものである。さらに、もう一つの要因は、火山の噴煙や中国大陸からの黄砂が、春先の降雪と混ざったもの、または雪の表面に積もったものであり、北陸、東北地方では、「赤雪」と称するものとされている。黄砂は、秋にもあるという。我が国には緑雪、黄色雪、黒雪といった彩雪現象もあり、藻類の光合成による発生であると判明するのは、光学顕微鏡が発達して以降の見解と考えられることから、往時には赤雪が天から降るものとみていたことは、否めないという。（以上、竹内望「質問箱「赤雪」という現象について教えてください。」（『雪氷』六二巻二号　二〇〇〇年）、同「雪氷藻類　色づく雪と氷の不思議」（『雪国環境研究』一六号　二〇一〇年）。角皆静男「日本周辺域で観測された黄砂」（『大気水圏の科学—黄砂』名古屋大学水圏科学研究所編　古今書院　一九九一年）等を参照した。）

　現在、具体的に「赤雪」と称する地域を押さえていくと、次の事例が確認される。まず、富山県五箇山地方では、「アカイキ」と呼び、「三月ごろに降る、大陸の砂塵を含んだ赤っぽい雪」と解されている。また、青森県では「アガユ┓キ」（┓は方言のアクセントの「下がり目」を指す）と呼び、「春に近くなってから降る土砂まじりの雪」と解されている。さらに、新潟県では広く用いられ、「アカエキ」、「アカエチ」、「アカイユキ」、「キーロイユキ」、「イロガカワッタユキ」、「イロノツイタユキ」と様々に呼びならわし、「赤黄色みを帯びた積雪。大陸から日本海を越えて風に乗って舞ってきた黄砂が、雪に混じるため、赤黄色味がかった雪になる。黄色い砂が雪の上に降りかかると、雪の水分でしめり、色が濃くなる。これが赤く見える。彼岸頃に降り、この雪が降ると、雪は降っても積もらない。春彼岸の頃、赤い雪が降るとその年は作柄がよい。」という。「アサマノヘ」といって、本来、黄砂混じりの積雪のことを地元では、浅間山の降灰と思っていたようでもある。近世史料には、度々「黄雪」が登場するが、上記の黄砂現象によるものと考えられている。（以上、『現代日本語方言大辞典　第6巻』（明治書院　一九九三年）、『新潟県雪ことば辞典』（おうふう　二〇〇七年）等を参照した。）

(23)『平治物語』中「金王丸尾張より馳せ上り、義朝の最後を語る事」（岩波書店　一九九二年）には、「北国より馳せのぼる勢のやうにて」とある。註では北方の国、北陸道の国双方の意に解している。

(24) 遠藤慶太「赤雪掌攷―『類聚国史』と赤い雪―」（『続日本紀研究』三四六号　二〇〇三年）。新日本古典文学大系『続日本紀　二』（岩波書店　一九九〇年）同日条注解を参照のこと。なお、祥瑞などに規定されている動植物の色について、様々な解釈がなされている。赤雪などの「赤」本来のもつ意味が、色彩や「明」の意に通じるのか、さらには、音「アカ」から不純物や汚れといった意に連なるのか、様々に考えられる。赤雪が凶兆に関わるとすれば、何らかの意図を込めて記載したことも推測される。

(25) 福原栄太郎「祥瑞考」（『ヒストリア』六五号　一九七四年）では、雪を『類聚国史』巻第百六十五　祥瑞部上に掲載するのに対し、『芸文類聚』は、天部とする異同を示す。また、様々な事例から、咎徴とすべきものまで『類聚国史』の祥瑞部に掲載しており、無批判に祥瑞研究の史料として、採用すべきではないことを指摘している。また、六国史や『類聚国史』をはじめとする諸書の採録方針にも留意すべきものと考えるが、この点に関しては、本旨とやや外れるため、省略する。

(26) いずれも、註（21）既載の「大日本史料総合データベース」による。

主要参考文献

・『会津坂下町史Ⅲ　歴史編』（福島県河沼郡会津坂下町　一九七九年）
・『延慶本平家物語全注釈』第一本（巻一）（汲古書院　二〇〇五年）
・『加能史料』平安Ⅲ（石川県　一九八七年）
・『現代日本語方言大辞典　第6巻』（明治書院　一九九三年）
・「大日本史料総合データベース」（東京大学史料編纂所）
・『新潟県史』資料編2　原始・古代二（新潟県　一九八一年）
・『新潟県雪ことば辞典』（おうふう　二〇〇七年）
・『入善町史　資料編2』（富山県入善町　一九八八年）
・『入善町史　通史編』（富山県入善町　一九九〇年）
・『平治物語』中（岩波書店　一九九二年）
・『平成25年度特別展図録　禍が遺した歴史』（富山県埋蔵文化財センター　二〇一三年）
・『律令　日本思想大系』（岩波書店　一九七八年）
・石橋克彦「文献史料からみた東海・南海巨大地震―1．14世紀前半までのまとめ―」（『地学雑誌』第九六五号（社）東京地学協会　一九九九年）
・同「歴史地震史料の全文データベース化」（『地震』第二輯　第六一巻特集号　日本地震学会　二〇〇九年）
・伊藤一允「貞観十一年「陸奥国地大震動」と十和田火山についてのノート」（『弘前大学国史研究』第一〇〇号　一九九六年）

・上田正昭「神階奉授の背景」（『日本古代の国家と宗教　上巻』吉川弘文館　一九八〇年）
・宇佐美竜夫『最新版日本被害地震総覧』（東大出版会　二〇〇三年）
・内田正男編著『日本暦日原典』（雄山閣出版　一九九二年）
・宇津徳治『地震　活動総説』（東大出版会　一九九九年）
・遠藤慶太「赤雪掌攷—『類聚国史』と赤い雪—」（『続日本紀研究』三四六号　二〇〇三年）
・岡田莊司編『古代諸国神社神階制の研究』（岩田書院　二〇〇二年）
・小塩慶「古代日本における唐風化政策と祥瑞思想の受容」（『史林』第九九巻第二号　二〇一六年）
・角皆静男「日本周辺域で観測された黄砂」（『大気水圏の科学—黄砂』名古屋大学水圏科学研究所編　古今書院　一九九一年）
・加藤学「貞観五年越中・越後地震に関する一考察」（財団法人新潟県埋蔵文化財調査事業団『研究紀要』第七号　二〇一三年）
・神田茂「康和元年土佐における大地震」（『地震』第2輯　一九六八年）
・北原糸子編『日本災害史』（吉川弘文館　二〇〇六年）
・熊谷公男「黒川以北十郡の成立」（『東北学院大学東北文化研究所紀要』二一号　一九八九年）
・国立天文台編『理科年表　平成28年　（机上版）』（丸善出版　二〇一五年）
・古代中世地震史料研究会『古代中世地震噴火史料データベース』（二〇一七年更新）
・小林昌二「新潟県中越地震と貞観五年の越中越後地震記事」（『新潟史学』第五三号　二〇〇五年）
・酒井英男・泉吉紀・岸田徹「過去の地震を土壌の磁気から探る」（『考古学を科学する』臨川書店　二〇一一年）
・酒井英男・伊藤孝・菅頭明日香「考古地磁気法による古地震の年代推定の研究」（『活断層研究』二七号　二〇〇七年）
・新日本古典文学大系『続日本紀　一～五』（岩波書店　一九八九～一九九八年）
・竹内望「質問箱「赤雪」という現象について教えてください。」（『雪氷』六二巻二号　二〇〇〇年）
・同「雪氷藻類　色づく雪と氷の不思議」（『雪国環境研究』一六号　二〇一〇年）
・柄浩司「六国史の祥瑞記事について」（『中央史学』一〇号　一九八七年）
・東野治之「飛鳥奈良朝の祥瑞災異思想」（『日本歴史』二五九号　一九六九年）
・中本和「初雪見参と大雪見参」（『古代文化』第六六巻第二号　二〇一四年）
・福原栄太郎「祥瑞考」（『ヒストリア』六五号　一九七四年）
・細井浩志『古代の天文異変と史書』（吉川弘文館　二〇〇七年）
・水口幹記「近世における『天地瑞祥志』の利用と衰退」（『奈良・平安期の日中文化交流』㈳農村漁村文化協会　二〇〇一年）
・同『日本古代漢籍受容の史的研究』（汲古書院　二〇〇五年）
・安田政彦「『続日本紀』にみえる地震記事」（『続日本紀研究』第三〇〇号記念号　一九九六年）
・同「『日本後紀』災害記事に関する若干の考察」（『ヒストリア』第一七四号　二〇〇一年）

・同　「『続日本後紀』の災害記事」（『続日本紀の諸相』　塙書房　二〇〇四年）
・同　「『文徳実録』における災害記事」（『帝塚山学院大学研究論集』第四六集　二〇一一年）
・矢田俊文『中世の巨大地震』（吉川弘文館　二〇〇九年）
・山中裕「「初雪見参」について」（『日本歴史』第六三二号　二〇〇一年）

付論　地域史研究と地域文化論序説

はじめに

本書において、このテーマを設定するに至ったのは、以下のような事由による。それは、平成七年（一九九五）一月十七日、阪神・淡路大震災（マグニチュード7.3）が起こったことを嚆矢とする。そして同年三月十五日、公務で当地に赴き、自分がかつて過ごした地域の惨状を目の当たりにして、歴史の記憶が瞬時にして寸断されることの恐ろしさを痛感したことにある。また、同震災後の関係者の死も然りである。

そして同震災の前後、四半世紀ほどの間には全国各地で地震や噴火が続出し、第三章において指摘したように、九世紀後期の地震や噴火の記事と近似するような状況となったことは、夙に記憶に新しい。さらに、同二十三年（二〇一一）三月十一日の東日本大震災（マグニチュード9.0）の惨状は、言を俟つまでもない。その後、同年八月十八日に公務で岩手県盛岡市を訪れたが、その道中はもとより、電力使用制限令の発令による節電で日中の公共施設の照明が暗く、宿泊先での空調も十分効かないなど、改めて東北地方が厳しい状況にあることを身をもって知ったことによる。

さらに翌二十四年（二〇一二）八月十七日、公務のおり栃木県立博物館を観覧した際、特に北関東にある博物館、資料館、美術館等の収蔵庫に保管されていた貴重な資料が同震災により大被害を受けたこと、中には、修復不可能な資料も数多あることを知った。これは、博物館資料が震災被害を受けたことをテーマとする企画展示であったが、同テーマの主旨から、歴史を繋ぐ役割を担ってきた博物館等が、その本来の使命を果たすことのできなかった無念さをも伝えてあまりあるものであった。そして、このテーマを企画した関係者の時宜に適った視点にも感じ入ったことを思い出す。（平成二十四年度テーマ展「巡回展　栃木の遺跡」）

また、昭和五十三年（一九七八）六月十二日に発生した宮城県沖地震（マグニチュード7.4）のあと、同年八月二十四日に研究会のため同県多賀城跡を訪れて、『日本三代実録』掲載の貞観地震に関する記事を身をもって知った。そしてそのおり、地震発生直後の当地の道路や家屋の崩壊したさまを実見することができたが、東日本大震災発生のおりに改めて三十三年前の同地震を思い起こすに至ったのである。本論のテーマを設定するきっかけになったのは、数々の理由があるものの、直接的にはこうした惨状に実際に遭遇して、歴史の記憶とは何かをこれまで自問自答してきたことにある。

ところで本書序章では、戦後の地域史研究の動向から研究の視点につき、その一端に触れてきた。そして身近な事例の中で、富山市日本海文化研究所等において取り組んできた地域史研究に関する捉え方や視点を踏まえて、概括的に述べてきたものである。

ただ、そこでは戦後各時期における社会の動勢とともに、地域史研究の視点や手法、また、そうした成果に対する還元のあり方や対象に至るまで、様々に論議されてきたことも周知の通りである。この点については、本項において後述する。さらにこうした動向を受けて、全国の自治体の中から既述の地域史シンポジウム等が開催され、こうした新たな公開型の研究のあり方も積極的に模索されて、今日に至っていることも言を俟たないであろう。こうした流れは、なお継続して各地で実施されている。

一方、地域博物館における活動や文化財保護などを窓口として地域文化の継承システムを構築し、伝統文化を生かした地域社会の形成や町づくりを指向するなど、文化政策における新たな視点も提示しようとする試みが盛んになされている。さらに現在、ネット上には、「地域文化」を標榜するページが数々掲載されており、事ここに至っていることも一目瞭然であろう。

中でも各大学においては学部・学科等、機関名に「地域」を冠するものや開講講座においても数多のものを検索することが可能である。そしてその内訳を見ていくと、人文・社会科学系のみならず自然科学系など、多分野間において実施されていることがわかる。また、いわゆる産・学・官をはじめとする地域連携事業としての積極的な取り組みにも、かいま見ることができる。

その内容を見ていくと、「○○学」に相当するものから「○○論」、「○○法」、「○○術」等、学際的水準やその内容をある程度、推し量ることもできる。一方、「地域」という捉え方も機関によって様々であり、各学部・学科の特質を踏まえた詳細な内容のものから、「地域」そのものを比較的鷹揚に規定しようとするものなど、そこにはかなりの温度差も感じられる。ある意味では、現在もなおこうした課題に対して、試行錯誤を重ねている段階にあるのが実情であろうか。

ただ、地域史研究の立場から見るとき、阪神・淡路大震災、各地での大災害、そして東日本大震災を契機として、従前からの「地域」や「歴史資料」に対する捉え方に変化を来していることも窺えるのである。筆者は、これまで自治体史編纂事務局や博物館建設・運営、歴史教育、地域連携活動等の公務に携わる機会を得てきた者として、こうした情勢を踏まえながら、先学の研究を引用・要約してその成果をまとめてみたい。さらにそれらに依拠しながら、自分なりに試論を提示してみたいと考える。

また、今回、本論に関するノートを提示することは、初の試みである。これを踏まえて、こののち、地域史研究とそれに関わる地域文化論のあり方に対する見解を掲げる嚆矢としたい。

一　「地域」をとらえる

近年、「地域学」や「地元学」、「地域再生学（論）」、「地域文化政策」等といった観点からの提言が数多示されている。主として、現代社会学からの切り口が多く見うけられる。「地域」とはとの問いに、地域社会、地域住民、地域団体、地域教育、地域資源、地域文化などの用語が数多く流布して、この一事をもってしても多岐にわたると思われるが、本旨の立場から導かれる先行研究を以下に踏まえて、述べてみたいと思う。

アメリカ合衆国の経済学者ウォルター・アイサードは、地域科学の創始者として著名である。（アイサード　一九八〇年）アイサードは、立地論を基礎とした地域分析の科学的手法を推し進め、地域科学が開発した手法から、多岐にわたる諸問題の対象を分析しようとしたものであった。それは経済学、都市計画、政治学、社会学、地理学など、幅広い分野からの研究に基づくものであったが、そうした考えが当時の市場経済の波や米ソを中心とする冷戦構造の中に飲み込まれていったとする評価もあるという。（柳原邦光他　二〇一一年）

もとより、東西冷戦終結以降、地域主義が台頭してきたことは、世界における潮流でもある。それとともに地域間紛争が各地で勃発して、その流れが今日にまで及んでいることは、自明のことである。特に、今日の人の移住、移動などの人口動態やイスラム教の宗派間の激しい抗争、経済を始めとする様々な格差の問題などから、想像を超える事象が現出していると言わざるを得ない。善し悪しは別として、いわばこれ以前の東西冷戦構造が、ある種の「重し」となっていたことを実感させる。

それでは、今なぜ「地域」が問われることになったのであろうか。柳原邦光氏は、政治、経済、社会の有り様がグローバル化によって相互依存の度合いを高めて、均質化、一元化の過程をたどるとともに、国境のハードルが低くなり、これまで一国において運用されてきた制度そのものの維持が困難になってきたことに求めている。（前掲書）

また生活上の不安、個人主義や過度の批判的検証などといった傾向から、集団からの離脱や社会的紐帯を弛緩して、不安定な社会状況を生み出していったとする。こうしたことは、現在の日本においても人と人との絆意識が希薄なものとなって一層の孤立化を生み出し、大都市と地方とを問わず、いわゆる無縁社会の様相をもたらしていることにも窺われよう。

次いで、廣瀬隆人氏は地域学、地元学を総称して、「地域学」とは、「他と区別される一定の空間とそれを共有する人々の暮らしから生まれる社会的特徴をテーマとして行われる調査研究活動とそれを基礎とした学習活動、及びそれを資源として行われる地域づくりの諸活動をさす」としている。そして一九八〇年代から、全国において地域名を冠した「〇〇学」と称するものが現出したが（筆者―丹波学、熊野学、金沢学…）、これは、バブル経済後の地域社会が持っていた、本来の豊かさを喪失してしまったことに対する、地域住民の抵抗であるとも規定する。

そして、地域住民による直接的な調査研究の必要性を説く中で、次のように指摘している。①自らの調査研究や学びを通じてその地に生きることの揺るぎない肯定感を獲得すること、②肯定感を獲得した上で、地域の課題や現実を学び、地域に暮らし、地域に生きる「自分とは何か」を批判的にふりかえること、③地域の課題と自分の生活を問い直すことによって、自分が地域で生きる意味を問い直し、地域を変えていく主体となることを求めている。（廣瀬 二〇〇七・二〇〇八年）全国の歴史的な町並み景観を有する市町村の中には、かつて他者から「小京都」という冠を付けて総称されることに対する不満なども見うけられたが、こうした流れの一環として位置づけられるのではなかろうか。

一方、光多長温氏は、地域学の特質について次のように挙げている。①既成の学問領域では、解決できなかった社会の原理を解決していくこと、②人文科学系、社会科学系と自然科学系との既存学問の総合化であること、③既存の経済学、法学、物理学等の専門的学問分野を地域という視点で横断的に束ねるもの。既存の学問がそれぞれの分野を掘り下げていくのに対して、地域学は地域というコンセプトでこれらの学問を束ねて新たな世界をつくること、④人間とは何か、人は何のために生きるか、人間の幸せとは何か、さらには、ポスト産業社会における社会規範とは何かを追究・構築していくこと、⑤現場主義であること。現場を通じて、真理を追究していくこと、⑥地域学問のネットワークにより、個別地域学が増幅されることとする。

さらに地域の見方をマクロ、ミクロの両面から相互補完することを唱え、前者は歴史学、民俗学、政治学、社会学、経済学、地理学などの人文社会学系、生態学、地学、環境学、農業学などの自然科学系双方の視点から複層的、多面的な分析を求めている。また、後者は個々人の営みを地道に分析し、その蓄積に立った地域の特色を発見していくことを特徴としている。（柳原邦光他　二〇一一年）

そして地域学の性格が実学、行動学であると特徴付けていること、さらに多様な「地域の顔」―例えば、「県」を実例に挙げると、市町村の集合体としての「県」、日本の中の「県」、北東アジアの中の「県」を意識することなども指摘している。以上のことは、地域学に関する多様で明確な観点を提示したものと言えよう。

さらに内山節氏は、人間が他者との関係性の中で生きていることを前提に、次のように述べている。つまり、他者とは自然、文化、歴史、社会をはじめ、自己と関わる全てのものであり、自己の力では、変えることのできないものと習慣化を図ってきたものである。そうした中で、個人を越えた時間と関係性を生きていくことで、これまで安心と無事を実感してきたとする。そして、これに対峙する生き方を「ローカルな世界」と規定して、それを「自分の存在の確かさが見つけられる場所」とするものである。この「ローカル」とは、小さな世界に籠もってしまうことでは決してなく、反対に小さな世界のネットワークから、大きな世界を見る視点へ移行することにあると指摘しているのである。（内山　二〇〇五・二〇一〇年）

このほか、この分野では地域文化政策や観光学、環境政策、町並み景観、文化財を生かした町づくりをはじめ、様々な切り口から地域学に関する研究が示されている。こうした社会学からの方向性は、地域史研究の立場からも軌を一にする視点が少なくないものと考えている。

そうした中で、一九九〇年代から提唱されてきた地元学が、様々なかたちで展開されている。その一例として、

「地域学習」があるので提示したいと思う。このことに関して、佐藤一子氏は、次のように定義している。

「地域学習」とは、狭義の学習指導要領による「身近な地域や市（区・町村）の学習」（従来は「郷土学習」としていたものを改正した）であるが、国際社会における「コミュニティ教育・学習」とは、主に地域・学校外の学習として推進され、ユースワークや学校・地域連携も含めたものである。

さらに佐藤氏は、戦後教育における「地域と教育」への取り組みを挙げている。そして東日本大震災に至っては、「地域と教育」への問いかけがユネスコ宣言にあるように、「学習権は人間の生存にとって不可欠な手段である。（略）学習活動はあらゆる教育活動の中心に位置づけられ、人々をなりゆきまかせの容体から、自らの歴史をつくる主体にかえていくものである。」（第四回ユネスコ国際成人教育会議　パリ　一九八五年）といった提言に遡るものとしている。

そして、グローバル化における地域力の向上という観点から二〇〇九年、ＯＥＣＤ『地域力の向上―共により良い未来を創造する』では、地域力の向上とは、「貧困な人々がスキル、コンピテンシー、知識、組織、力量を獲得し、コミュニティ及びより広い社会生活の一員としていっそう参加し、自分の生活やコミュニティへのより大きなコントロールを行使しうるようにすることである」と定義する。

翻って我が国では、総務省「地域力創造に関する有識者会議最終とりまとめ」（二〇一〇年）、「ふるさとづくり有識者会議」最終報告書（二〇一四年）などに基づき、地域力創造に向けた政策の立案や人材育成、「ふるさと」に対する誇りを回復する「ふるさと学」の推進、「ふるさとづくり」の担い手や制度的サポーターの育成を図ることも提起されている。

近年では、「地域力の向上」にむけた課題解決的な学習が活発に行われている。中でも、居住住民が中心となり、「地域で共に学ぶ」「フィールドで体験し、考える」「次世代・後継者を支援する」「他の地域と交流する」など、参加・交流活動を伴う学びのあり方が追究されている。グローバル社会では、コミュニティにとどまらず、貧困集積地域、移民集住地域、環境汚染地域、紛争地域、被災地域など、課題発生圏域の中で共通の問題解決を迫るもの、さらに原発事故においては、国境を越えて課題に取り組む必要性も出ているとする。

こうした近年の地域学習の広がりや国際的潮流の中で、「住民グループや地域自治組織、行政・公共機関、各段階の学校・社会教育機関、NPO・NGO・協同組合などの非営利経済・社会セクター、民間企業あるいはその社会貢献活動部門などの多様な担い手が、単独でまたは相互に連携・協働して地域再生・課題解決の方途を探り、「維持可能な地域」を追求する学びを、「地域学習 community learning」として包括的にとらえる。」ことを規定しているのである。（佐藤編　二〇一五年）

こうした取り組みは様々な分野において、持続可能社会の構築をはじめとする同様の主旨のもとに提示され、筆者もESD（Education for Sustainable Development）「持続可能な開発のための教育」などとして実践に加わってきている。ただ本論では、あくまでも歴史学における地域史研究を中心とした取り組みを中心に据えて、以下において挙げてみたいと考える。

二　地域史への道程

戦前からの「郷土史」及び戦後の研究の動向に関しては、昭和二五年（一九五〇）十一月十日に発足した地方史研究協議会の一連の著作物に詳しい。同協議会は、自治体史編纂や博物館運営、歴史教育、歴史学と考古学や民俗学等との関わり、文化財保存等、多岐にわたる問題意識を持って「地方史」のあり方を主導し、牽引してきたことも言を俟たないであろう。さらに発足に当たっては、富山県の高瀬重雄、石川県の若林喜三郎、福井県の佐久高士の諸氏をはじめ、各都道府県における斯界の指導的立場の人々多数が委員となっていた。

そうした中で、同協議会が創立五十周年の成果と課題を明らかにしている。この中で大石学氏は、一九六〇年代以降、高度経済成長や列島改造の波が国民の意識や生活に大きな影響を及ぼした中で、日本史学界において「世界史の基本法則」の機械的運用から、国や地域の発展の解明に関心が向けられていったことを説いている。

また、それまでの政治・経済を踏まえた国家史・国家論に関する研究に対して、一九七〇年頃から国家と協調したり、対抗する場となる「地域」が注目されるようになってきたことを指摘する。そして世界史、日本史の発展と関わらせる中で、地方史研究や地域史料の発掘から、地域の政治発展が経済発展と深く関連することを描こうとしたことをも指摘している。（地方史研究協議会編　二〇〇一年）こうした学問的枠組みの変化から、地方史とは異なる地域史の概念が唱えられるようになっていったのである。こうした動向は、前項の地域主義の台頭とも連関していることを窺わせるものであろう。

この点を例えると、塚本学氏の研究から取り上げてみる。まず、一九一〇年代から四〇年代にかけて用いられた郷土史という概念を柳田国男の見解から抄述して、①郷土人である自覚をもったひとによる地域史、②郷土の振興策と共通の動機をもったもの、③郷土たる地縁集団への帰属意識を強めようとする意図をもったもの、④郷土の特色を固定化し、尚古の風をおびさせることとしている。こうした風に対しては、当時から様々な批判のあったことが指摘されている。

次いで一九五〇年代からは、地方史の用語が流布していく。もとより戦後改革の流れの中で、このことは、地方自治の原則が打ち出されていったことを抜きに考えることができないものである。それは、戦前の国史学と戦後の日本史研究との顕著な相違に基づくものとしている。そして地方史は、「郷土人の自己認識のための時間的反省という性質をもつ郷土史を地方史の語に包括される」こと、「日本史を精確に把握するための地方史研究をすすめ、とくに日本史学界全体にとって最も重点的な問題としているものを各地域において検証すること」であるとした。

それらに対して一九七〇年代、中央に対する地方の従属性、地方史研究の中央史学界に影響されやすいことへの批判として、地域史の用語が出てくる。その考え方は、「現在の日本国土と前近代における「日本国」の支配域と「日本民族」の居住域とをつねに一致するものとの前提、またその上での歴史が一体性をもったかの考え方は、きびしく反省されねばならない」とし、「地域史の立場は、一国史を唯一の歴史研究の単位とする立場に対し、それによって、一国史を広域の地域史に相対化しようとするものとなるであろう」として、新たな地域史の位置づけを行ったことによる。（塚本　一九七六年）

こうした塚本氏の研究を踏まえながら、木村礎氏も郷土史、地方史、地域史の概念を示している。そして持論として、「日本近代の歴史学は天下国家でありすぎた」としながら、他方では郷土史、地方史、地域史のいずれの語句を用いてもよいとの考えも示している。その理由は、「重要なのは、それぞれの地域に即し、そこから問題を汲み上げ、実証的な手続きを怠りなくとり、平易な叙述を心掛け、それを通して地域の歴史性を明らかにすることである」とすることにほかならないのである。

また木村氏は、課題として「人間生活の諸相を豊富かつ多面的に描き出すことについての自覚」を踏まえ、「地域生活史」が郷土史、地方史、地域史にふさわしいことを挙げている。さらに、歴史学の基本が伝統的な文献史料に求めながらも、民俗学、地理学、考古学などの多様な方法に学ぶことを認め、いわゆる〝何でも屋〟と揶揄されることを恐れることはないともする。（木村　一九九四年・地方史研究協議会編　一九九七年）今日、こうした方法論は多方面にわたって用いられており、隣接諸科学の援用なくして解明することのできない分野も広がりをみせていることにも言えよう。

さらに網野善彦氏の研究は逐次取り上げるまでもなく、単一の民族史や国家史に対する批判や国境を越えた視点としての地域史を描いている。現在、研究の対象となっている「日本海」や「北方」、多民族、多集団の自治、自律のあり方など、複合的な日本列島の社会像を描き出した功績は、極めて大きく枚挙に暇がない。（網野　一九八四・一九八六年等）さらに、こうした中世史をはじめとする研究の成果は、その他の時代にも新たな歴史を視る眼として、大きな影響を与えるものとなっている。

他方、こうした概念とともに、大石氏は一九七〇年代以降の考古学、民俗学、地理学などの研究成果を踏まえて、新たな課題や方法を見出したこと、及び文書館学、史料保存、記録史料学、市民運動としての地域史など、運動面としてのあるべき姿勢にも言及している。この中でも、一九七二年「歴史資料保存利用機関連絡協議会」、のちに一九八四年「全国歴史資料保存利用機関連絡協議会」への展開、一九八七年「公文書館法」制定などは、地域や市民を中心とする史料保存のあり方を前進させたものとする。（地方史研究協議会編　二〇〇一年）

さらにこうした動向は、市民による遺跡の発掘作業、古文書採集・整理などを通して自治体史への編纂に関わったり、生涯学習講座、カルチャーセンターなどでの活動を盛んにしていった。林英夫氏は、これらの人々を「市民派的歴史研究者たち」と呼称しており、こうした新たな運動の担い手を広範に成長させていったことにも現れていよう。（地方史研究協議会編　一九九七年）この流れは、現在もなお進行して今後も深まりをみせていくものと思われ、生涯学習社会の一翼を担っていくものであろう。

なお、上田正昭氏は地域学の構築という観点から、中国の古典及び日本古代の諸史料より「郷土」、「風土記」の用語や地誌編纂に関する表現を解説している。また、地域学や生涯学習社会の形成に至る理念、その先駆となった南方熊楠の事績なども示している。

さらに、日本古代史における地域史としての視座を提示するなど、歴史学のみならず、社会教育の視点も見据えた提言がなされている。まさに、上田氏の言う「地域にそくした綜合史学の方向」が窺われ、幅広い見識のほどを窺う

ことができる。（上田　一九九九年）

三　地域史のあり方―黒田俊雄氏の提言から

地域史の現状と課題を分析して、新たな地域史像を描こうとしたものに黒田俊雄氏の提言がある。この発表からすでに相当の時間が経過しているため、研究者らによるその後の様々な成果や批判にも留意しなければならないが、先駆けとなる研究として以下に観点を示しておきたい。

それは、地域史に関する自身（黒田）の課題として、次の二点を挙げている。まず、今日（当時）の日本史研究に占める地域史の比重が大きく、多方面にわたっていること、また日本史研究が一種の閉塞状況にあり、地域史がこの打開に大きく寄与する可能性を示したことについてである。

そして、具体的なかたちとなる自治体史編纂を例に挙げて、地域史のあり方を次の三点の立場から論じている。まず、第一に研究者、特に「中央」の研究者にとり、地域史が如何なる意味を有するかということである。つまり、日本史上の展開を小型化したり、固有名詞を置換しただけのものになり、それが地域のための研究にはなっていないとする厳しいものである。

第二に行政当局にとり、地域史が如何なる意味をもつかについてである。つまり、「文化的な装飾とある程度の実益」を指し、行政資料として、また地域における教育や観光にも資するものがあることを示している。しかし、単なる行政事務上の作業として取り扱ったり、行政事務に携わる職員に、こうした業務の適任者があまりいないことにも言及している。

第三には、住民の立場からの地域史とは、如何なるものかについてである。つまり、「「中央」の研究者の「地方史」的発想や行政当局の「府県市町村史」的取り扱いとは異なる住民の立場からの「地域史」の視覚が、ここに育ちつつあるのをみることができ」るとしていることである。この点については、後述する。

さらに、編纂上の観点について述べた中で、次のことを指摘しておきたい。まず、「地域史の編纂とは原稿を作ることであるまえに、まず人びとの関心と行動とを組織すること」に重点を置いている。筆者も編纂事務局を経験してきた経緯から、このことの重要性は、十分認識している。

そして、通史編と史料編との比重に偏重を来すことにも触れ、特に、後者に重点を置いたことにより、果たして住民の視点に立ったものかといった疑問も呈している。また、時代区分型の市町村史に対して、自然、歴史、経済、文化財、民俗、方言など、地誌型の市町村誌を繰り入れることの見直しを問い、そもそも〝誰のための地域史か〟ということを重要視して追求していることが挙げられる。

換言すれば、住民の期待する地域史のための史料を蒐集し、整理して保存、公開することにあり、文書館、博物館、資料館等の設置を図っていくことを挙げる。また、巻数の限られた「史料編」ではなく、地域内外の編年史料と地域内の個別資料などの叢書形式の史料集を継続して刊行することも求めているのである。

この点に関しては、首肯されることももっともであるが、一方で自治体史編纂において、先行研究やまとまった史料編を有していなかった地域においては、そこからの出発を余儀なくされたことも聞き及んでいる。それがために、史料編が大部なものとなった自治体史も見うけられるが、それはそれで当該地域にとっての地域史編纂の一里塚となるものに違いなく、現実的対応として認められるものと思う。

しかし、今日に至っては、各都道府県、各市町村において大方の刊行をみるとともに、博物館、資料館、文書館やネット上、その他、様々なかたちでの閲覧、検索等が可能となっていることも指摘しておきたい。そして、地域住民が主体となった自治体史をめぐる諸活動も生涯学習社会の高まりの中で大変活発となっており、この点についても後述することとする。

ところで、黒田氏の指摘は上記三者の中で、特に住民の立場からの地域史の探究に触れ、次のように強調している。まず、従来から研究者主体であった文化遺産を守る運動が、住民による成果を得てきたところでは、「それが（遺跡や文化財）地域にとっての未來への〝遺産〟となり歴史が地域の〝経験の蓄積〟として捉えられたとき」に達成されるものとする。また、「住民にとっての地域の歴史とは、史料提供源でも社会発展史の一例でもなく、生活構築の足跡であり教訓であり文化の蓄積と発展の基盤にほかならない」ことを強調している。（黒田　一九九五年）

かつて、筆者も担当した『下村史』（富山県射水郡下村役場　一九八六年）の刊行に対して、黒田俊雄氏が寄稿した新聞記事にも同様のことを指摘する。（「村民生活重点に叙述　地域史研究の標準的労作　下村史　黒田俊雄」北日本新聞　昭和六十一年十二月四日朝刊）上記の観点に従って関係する記事内容を要約すると、大略、次のようになる。

㈠ 同村史が日本史教科書の地域縮小版ではなく、村民生活を歴史の主人公にしたものとなっている。中でも村の支配・行政の変遷、村落構造、生業、衣食住、衛生、教育、習俗、信仰などが豊かに述べられている。

㈡ 古代から近代に至る村の特色ある歴史事象を的確に捉えたものとなっている。

㈢ 一般的に、自治体史において原史料はなるべく「資料編」に掲載し、学問的な分析は、学術誌上に委ねてその結論をわかりやすく叙述することが望ましい。

黒田氏はこうした観点を提示して、「（略）昭和四十年前後からの村の景観や生活の激変は、単に古くからの習俗と新しい近代化の併存なのかどうか。その歴史的意義の大きさを、郷土の変貌への感慨と、問題によっては深い痛みとして考えてみなければならないのではないかと思う。」と締め括っている。

また、筆者が富山県史編纂のおり、度々自宅へ赴くなどして自治体史編纂に関する方向性を直接窺う機会を得たが、そこでも同様の主旨を聴くことができた。そして、自身も『村と戦争―兵事係の証言』（桂書房　一九八九年）

などを出版するとともに、自治体史広報誌上等にも積極的に投稿してその啓発に努めていることが知られる。それらは、同氏著作集に収載されている。

折しも、バブルとよばれる好景気の時代が、昭和六十一年（一九八六）十二月から平成三年（一九九一）二月まで続き、その後、同年三月から平成五年十月までの景気後退期を迎える。さらにバブル崩壊により、昭和四十八年（一九七三）十二月から続いてきた安定成長期は終わりを告げ（内閣府）、いわゆる「失われた二十年」とよばれる低成長期に突入したことは、周知のとおりである。

バブル以後、「本来の豊かさ」に対して各分野から数多の提言がなされたことは、夙に知られている。しかしながら、それ以前から提起されてきたこれら黒田氏の提言はこうした時代の到来と軌を一にするものであり、一方、当時においても実に新鮮なものであったことを記憶している。

また一方で、「地域史を民衆史と等置するのは正しいだろうか」と問い、「中央あるいは全国規模の歴史への関連や貢献を指摘することで地域史研究の到達の高さを評価するのは、いわば一方的な、ときとしては傲慢ともいえる見方ではなかろうか」と厳しく指摘する。そこで記述されるべき内容を次のように大別している。

それは、「定住の景観」・「生産と流通」・「社会組織と支配関係」・「生存の諸条件」・「思考様式と文化」といった枠組みである。具体的には身近な衣食住の変遷や生産労働、交通、運輸、交易、衛生、災害、戦乱、共同体、政治支配関係などを通じて、住民が如何にして自分の生活空間を構成し、発展させてきたか、「その生活の場が構築されてきた道筋—その諸々の条件、苦難、誇り、課題—をかえりみるところにこそ、これからの地域史は成立していくのである」と提言している。

さらに、その編成や章立てにあっては、自然—考古—古代—中世といったものではなく、考古や民俗、地理を包括して歴史の論理で立ち上げることや生活史よりも生活誌、地域史よりも地域誌がふさわしい場合もあることを念頭に置いている。そして政治史や制度史、社会構成史の内容については、かならず触れなければならないものの、地域の立場から、例えば幕藩体制や明治維新などの始まりが、中央と異にすることにも配慮すべきことを唱えているのである。

以上のことから、次のように総括する。「第一に、地域史のあり方は、いまだに根強くのこっている中央政治史中心の発想および社会発展史偏重からの脱皮の、一つの試みの場となることである。第二に、近年新しく発展した人文・社会諸科学の総合に立つ新しい歴史科学の体系の構築に寄与することである。歴史学だけの範囲としては、文明史や生活史が開拓される契機ともなろう。第三に、新しい都市論の一形態として地域史が確立するならば、それは歴史学が今日の時点での思想的有効性を回復し社会と文化の形成に参与する一つの途を開くことになるだろう。」とするものである。（前掲書）

再言するが、これらの提言の中には、今日的に見合った新たなかたちで実践されている分野も少なくないものの、依然として旧態のままにある自治体史も数多く見うけられる。その後、黒田氏のこうした提言に対して様々に論じられてきたが、改めて原点に立ち、噛みしめる必要性を痛感している。一見、迂遠な感があるものの、あえて一項を設けてこれを取り上げることとした。

四　「地域歴史遺産」の提言から

本論を設定した事由は、冒頭において触れた。これに関連することとして、次のことを挙げてみたい。それは、阪神・淡路大震災直後の平成七年（一九九五）二月四日、大阪歴史学会、日本史研究会、大阪歴史科学協議会、京都民科歴史部会、神戸大学史学研究会、神戸女子大学史学会などの歴史学会を中心に、被災した歴史資料保全のための歴史資料保全情報ネットワーク（史料ネット）が開設されたことである。
翌年には、「歴史資料ネットワーク」と改称、同十四年（二〇〇二）には、会員制となっている。「歴史資料ネットワーク」は、大学教員や院生・学生、史料保存機関職員、地域の歴史研究者などが参加する団体で、神戸大学文学部地域連携センター内に事務局を置き、全国の団体とのネットワークを構築している。（以上、同ＨＰ）
同二十七年（二〇一五）二月、神戸で開催した全国史料ネット研究交流集会では、震災二十周年を迎えて全国の史料ネットが一堂に会し、「地域歴史遺産」の保全・継承に向けて宣言も出されている。（後述）これまで数多くの研究成果が報告されてきたが、その基本理念や各分野における活動を総括したものとして、神戸大学大学院人文科学研究科地域連携センター編『地域歴史遺産の可能性』（岩田書院　二〇一三年）等、多くの研究書が刊行されている。本論では、以下に同書の研究成果を中心にして展開していきたいと考える。（同書掲載の奥村弘氏以下、八名の研究。主要参考文献の同書の項参照のこと）
この中で、先駆的役割を担ってきたものに奥村弘氏の研究があるので、それらを中心に取り上げてみたい。まず、一般的な地域に存在する歴史資料の定義を「現在の地域社会の中に残っている世界や、日本、地域の歴史を明らかにする歴史資料」とする。これは、「史料」に限らず、広義の意味で歴史を解明する上での「資料」の存在を指すものである。
それに対して「地域歴史資料」とは、「人々の結合と領域（空間）を一体として捉えるものとしての「地域」に着目し、その歴史を明らかにするという意味での歴史資料」と解するものである。前者が「歴史資料」に対する既存の概念であるとすると、後者との相違は、歴然としていよう。まさにその相違を出発点として、こののち考察を深めていくことが求められている。
そしてそこから、「地域歴史遺産」という考え方が次のように導き出されている。つまり、「地域歴史遺産」とは、

「地域社会の中で活用し、次の世代へと引き継いでいく人々の姿が、素材である歴史資料と連関して捉えられ、地域社会の中で通念化していくもの」「地域歴史遺産とは、そこに残された歴史資料の素材としての性質に着目するというよりは、残された「もの」をめぐる人と人との持続的な関係に注目する概念である」としていることである。この点については、様々な解釈があろうが、人と人とを結合したり、世代間を継承すること、また、地域社会における資料を介しての持続可能な関係性のあり方に意を注ぐことを主眼とするものと解されよう。

それでは、こうした概念が生まれてくる背景となったものに、如何なる事由が挙げ得るであろうか。奥村氏は、それを地域社会と歴史文化をめぐる危機の到来として捉え、具体的には、次の事柄に起因するものとしている。まず、人口の減少や流動化の拡大により、地域社会の継承性が困難に陥っていること、高度経済成長期の変化やバブル後の個人主義の先鋭化に伴うコミュニティの解体、そして歴史資料の失滅など、「地域文化の急激な変容による記憶継承力の低下」を挙げている。

こうした傾向は、全国各地において認められるものであり、前項までの記載内容とも密接に関連するものである。これに対して地域間に異同がみられるものの、大地震や火山の噴火、豪雨や氾濫など、多発する災害による地域歴史遺産の滅失は、規模において類をみないものであり、前述の史料ネット設立の契機となったものである。

こうした社会的背景を踏まえて、政府でも方針が打ち出された。内閣府「災害から文化遺産と地域をまもる検討委員会」では、「地震災害から文化遺産と地域をまもる対策のあり方」（二〇〇四年七月）を提出し、その基本的な考え方を打ち出した。そしてその対象とする災害は、「文化遺産や地域を焼失させるような大規模な火災の発生を伴う恐れのある地震災害」としている。

また、対象とする文化遺産は、「世界遺産、国宝、重要文化財等の指定されたものだけでなく、未指定の文化遺産も含め地域の核となるようなもの」とする。さらに対象とする地域は、「文化遺産を核としてコミュニティが形成されている地域」を基本とする考え方である。

また、『文化審議会文化財分科会企画調査会報告書』(二〇〇七年十月三十日)では、「(略)文化財保護法に規定されている本来の文化財とは、指定などの措置がとられているか否かにかかわらず、歴史上又は芸術上などの価値が高い、あるいは人々の生活の理解のために必要なすべての文化的所産を指すものである」とする。こうした点に関して奥村氏は、我が国において「公」概念を指すものが国や地方公共団体として捉えられることに対して、社会的な価値としての「公」もまた公共的価値が極めて高く、これら以外の団体や個人がもつ資料(震災資料など)も広義の意味での「公文書」であり、地域歴史遺産であると規定したことである。

これは、これまで各分野においてさけばれてきた「新しい公共」の理念にも通じるものであり、「公共」のあり方を考える上で評価されるものと思う。特に、安全・安心で持続可能な未来に向けた社会的責任のあり方や地域社会における、担い手育成の観点からも認められるものと考えられよう。

一方、奥村氏は、平成の自治体大合併に伴う影響も看過し得ないものがあるとする。これには、地域によって実情が異なり、一概には言えないであろうが、過疎化による行政対応や住民サービス、コミュニティ(集落)機能の低下が挙げられる。また、公共施設やインフラの維持管理への支障及び地域間格差、さらに何より、合併そのものに対する住民の抱く矛盾なども指摘している。そして昨今、歴史事象の一部のみを切り取って形成しようとする歴史意識の風潮や先に挙げた災害を契機とする歴史の断絶そのものなど、「非歴史的な〈歴史意識〉」が現出していることにも触れている。

こうした概念規定がなされる中で、三村昌司氏は、「地域歴史資料学」という新たな分野の構築に向けて、「地域歴史資料」の概念を詳細に分析している。これは、阪神・淡路大震災後の歴史学会の史料保全活動が従前から行われてきた近代以前の古文書のみならず、例えば、「近現代の日記・写真・町内会の記録・ビラ等」もその対象としていることにある。こうした事象は、近年とみに随所において窺うことができよう。

また平成十七年四月一日、文化財保護法の改正施行がなされた際、「民俗文化財に、風俗慣習及び民俗芸能に加え、地域において伝承されてきた生活や生産に関する鉄・木材等を用いた用具、用品等の製作技術である民俗技術を追加することとする（第2条関係）」とされたことである。これは、コミュニティ機能を維持し得ず、後継者不足等が顕在化してきたことによる製作技術の継承不能がその背景にある。こうした技術伝承が文化財として位置づけられなければならないほど、深刻な状況にあることが挙げられると考える。

さらに三村氏は「地域歴史資料」が、「「文字が記されたもの」を中心にさしあたって構成されていく」ものとし、このことにより研究者と市民との間で、資料的価値に対する認識がより高められたのではないかと解している。この文字を中心とする資料をその構成要素として据えることについては、異論がないわけでもないが、ここに問題の所在をより焦点化していこうとする意図を汲み取ることができるものと思われる。

こうした概念は、阪神・淡路大震災を契機として忽然として現れたかの感がある。しかし先述したように、地域学の台頭の背景には、我が国において長きにわたり胚胎してきた諸問題が根底にあることを忘れてはならないと思う。そして同震災を介して、それらが随所に顕在化したことを指摘するものである。

それらはすでに記述したが、中でも両氏が取り上げる「個人主義の先鋭化」との因果関係は、一考を要するものと思う。三村氏は、戦後の地域社会における変容や解体を高度経済成長に求め、その後の家族意識の変化がそれらを助長したとする。つまり、加速する資本主義や市場原理の中の消費主体となる「個人」、一時さけばれていた自己責任論による、ばらばらの「個人」への分節化がコミュニティの解体を促進したとするものである。

このことは、先の柳原氏が挙げた世上の個人主義や過度の批判的検証という傾向から、集団からの離脱などの状況を生み出していったとする見解と相通じるものがあると思われる。つまり、一方的な過度の働きかけは逆バネが作用して、想定を超えたリアクションに見舞われることを示唆していよう。

そして三村氏は、地域歴史資料学の領域につき、一九七〇年代までの様式や機能、分布、形態などを扱う古文書学から、一九八〇年から一九九〇年代における記録史料の研究動向—安藤正人氏によると、「歴史学における「伝統的な」史料論ないし史料学の流れ」、「史料群を対象とする史料論、オーラルヒストリー」、「文書館学、資料管理学の立場からの史料論」、「文書館学、史料管理学の立場からの記録史料管理論の流れ」、「歴史学の立場からの記録史料管理論の流れ」があるとする。（安藤　一九九八年）

さらに今日、それらとは異なる対象を扱う段階にあるとして、「地域歴史資料を取り囲む人間のネットワーク」を提唱している。こうした研究分野における時系列の変化は、先に挙げた郷土史、地方史、地域史の呼称や、そこに流れる研究動向とも軌を一にするものと考えられるのではなかろうか。

そして「地域歴史資料」は、「地域社会の再生に必須のものである」こととし、例えば博物館展示や自治体史編纂などにおいて、研究者・展示作成者と地域住民・来館者との双方向の関係性を重視している。つまり、「活用に際しては、「研究者」という主体は、時には地域の住民に地域の歴史を教えられる主体でなければならないし、逆に地域住民も自らが「書き手」としての主体性を持つ必要がある」ということである。こうした見解には、総じて異存はないものの、そこに介在する行政機関やコーディネーター的存在（例えばボランティア、市民派的歴史研究者、史料所蔵者、教員…）のあり方にも十分留意する必要があるものと考える。

これらの見解は、平成二十七年（二〇一五）二月十四日・十五日に神戸市で開催された全国史料ネット研究交流集会において採択された、『地域歴史遺産』の保全・継承に向けての神戸宣言」に凝縮されている。その中で二十周年の活動の経過や意義、そして成果などを謳い、次のようにアピールしている。（前掲同ＨＰ）

一、基本的な考え方

歴史文化に関わる多様な分野の専門家と地域の歴史文化の多様な担い手が、ともに手を取りあって、文化財等の保存・継承活動を一層強めていきます。

一、専門家の役割

多様な分野の専門家は、その専門領域を超えて、地域の方々との持続的な連携を進め、相互につながりを強めていきます。

一、市民の役割

地域の歴史文化の担い手である市民は、文化遺産の保存・継承活動へ積極的に参加し、またその活動を支援します。

一、政府、地方公共団体および大学等の役割

政府、地方公共団体および大学等が、この活動を支援し、地域の歴史文化を豊かにするための基礎的な環境を、縦割りを超えて整備するよう求めます。

この宣言は簡潔、明瞭でわかりやすい内容であり、これからの方向性も的確である。中でも、市民を「地域文化の担い手」と規定していることは、これまで取り上げてきた研究者の見解を網羅するとともに、文化財の保存・継承に際して、より積極的な位置づけがなされていることを知らしめるものではなかろうか。

おわりに―地域史研究を踏まえた地域文化論の視点

これまで、地域史研究と関わりのある先行研究を中心にして取り上げてきたが、いずれの見解も斯界における中心的な考え方を網羅したものである。当然のことであるが、研究者といえども一人ひとりが時代の所産であることか

ら、時に先学の研究に対して程度の差こそあれ、違和感を感じることもあろう。

しかしながら、これまで述べてきた先行研究の底流に位置するものは、「地域住民の目線」であり、それが如何なるものであるかに収斂されるのではなかろうか。そして、そうした視点を基に各分野における目的を達成するためには、如何なる考えや手立てが求められるかということになるのではなかろうか。

ただ、批判は覚悟で述べるとすれば、各分野における活動においてＴＰＯやこれまで辿ってきた経緯及び習慣、関係性などが異なることで、自ずとその成果にも異同が見うけられることもまた否めないものであろう。しかし、こうした提言を通して新たな意識に覚醒して、「地域」とは何かを常に見据えていく姿勢にこそ、こうした問題への主旨が潜んでいるように思われる。

これまで取り上げてきた地域史に関わる活動を根底から支えるものは、地域史研究にほかならないが、先の提言やその他の先行研究を踏まえて若干の見解を添えておきたい。まず、村井良介氏は地域史の課題として、地域とは与えられたものではなく、捉え方が多様であり、可変的でなければならないことを説く。これは、地域史研究における各時代の記述のあり方そのものにも関わることであり、言うまでもないことと思う。一例として挙げると、現在の時代区分をはじめとする枠組みに規制されて、無批判にそれらを踏襲して記述しようとする事例も見うけられることによる。

また一方、オーソライズされた自治体史が客観的な記録化と市民の共有財産として活用されているか、常に検証を求められるとも述べている。こうした点に関しては、様々な活用が考えられるが、例えば現地見学会、歴史史料を読む会、歴史講座等の生涯学習の場における市民層の裾野の拡大や自治体史をよむ会、古文書教室など、地域における歴史事象の不断の検証を行うことが挙げられる。

筆者も二十数年前から市民講座等を担当してきたが、講座終了後の質疑応答や参考、照会に費やす時間の大切さを痛感している。それは専門性の追求もさることながら、受講者が史料の検索やアプローチの仕方、史料操作など、いわゆる「学び方を学ぶ」ことで自身の活動範囲が広がることにほかならないからである。このことは、図書館における参考業務（レファレンスサービス）そのものの大切さと相通じるものがあると考えている。こうした受講者の中から、これまでに地域の歴史研究に関する成果を頂戴することもあり、緩やかな経過の中で裾野の広がりを体得してきている。

そして、自治体史編纂に当たって収集された広範囲にわたる歴史資料が、編纂終了後も市民に幅広く活用されていくことが必要であろう。こうした息の長い活動を通していくことこそが、先に挙げた「市民派的歴史研究者たち」の活動の後押しにも繋がると考えるからである。まさに、文化活動におけるノウハウの醸成としての性格が、こうした諸活動を通して問われることになるのではなかろうか。そしてそれはまた、時間のかかるものであることも然りである。

一方、村井氏は、辻川敦氏による新尼崎市史の構想の中で「市民研究者」による執筆、「市民社会・地域社会に内在した専門家が、市民との共同作業的な視点・立場に立ちつつ執筆する」（辻川　二〇〇〇・二〇〇八年）ことによって、自治体史の「正史」性を深め、ローカルノリッジを深める上での意義を主張する。また、地域文書館の基本姿勢をレファレンスや市民とのインターフェース重視とも説く。このことは、いわば生活者としての地域住民と外部からの専門研究者との意思の疎通が求められるとともに、相互の目線を意識していくことにも繋がるものと考える。

同様の観点から、地域社会における歴史系博物館の活動も地域史研究の重要な拠点として位置づけられる。文部科学省『社会教育調査報告書』（平成二十三年十月一日現在調査）によれば登録博物館九一三館、博物館相当施設三四九館、博物館類似施設四、四八五館となり、博物館的施設は都合五、七四七館を数える。

そのうち歴史系博物館は、登録博物館・博物館相当施設の三五・五％、博物館類似施設の六四・〇％を占めていることがわかる。前者において最も多いのは美術館であり、歴史系博物館はそれより四館少ないものの、ほぼ同数である。後者は、歴史系博物館が最も多い現状にある。

博物館活動における本来の役割や現状については、先行研究に譲ることとするが、古市晃氏は、博物館と地域社会（基盤）との多様な関係性の構築を求めている。一例として、地域社会における行事と歴史資料との関係性を踏まえた展示などを実例として取り挙げ、「歴史の多様性と重層性に接すること」の大切さを市民に啓発していくこととしている。こうした一般的な時系列にとらわれない展示は、先に挙げた黒田俊雄氏の自治体史に関する提言とも相通じるものがあると思う。

また、「地域博物館」を定義したものとして、伊藤寿朗氏の研究がある。（伊藤　一九九〇・一九九一・一九九三年）伊藤氏は、平塚市博物館の設立の中で、普遍的な科学的成果や法則をそのまま地域に適用するのではなく、地域課題を軸にして資料との関係性や新たな価値を見いだすべきことを述べている。また、完成された科学的知識を普及の対象とするのではなく、市民の主体的な自己学習能力を育成していくことを挙げてもいる。（同館は、「相模川流域の自然と文化」をテーマとする）

一方、布谷知夫氏はこれまでの博物館としての役割とともに、博物館情報を得た地域住民が、生活の場となる地域について考えるきっかけを与え、地域づくりに指向するよう支援するという新たな役割を担っていくことも挙げている。また、新たな視点を社会的要請としての「生活環境」に求め、それを地域博物館が支援していくこととともしているのである。（布谷　二〇〇五・二〇一一年）

こうしたことは資料館、文書館等も手法が異なるものの、同様の役割を果たしていくものであり、先述した自治体史編纂にまつわる活動も、同様の観点と軌を一にするものであろう。またこうした観点は、先の黒田氏の種々の提言にも連関するものがあるのではなかろうか。

筆者もこれまで博物館建設・運営を実践してきたことから、先述した市民講座において博物館を会場として展示構成に関わる普及活動などを行ってきた。それは展示の導線や展示照明、収蔵資料の実際の取り扱い、さらにそれを取り巻く展示環境など、市民が平素あまり接することのない面を知らしめることで、博物館活動への理解に繋げていこうとするものである。近年、こうした分野でのバックヤードの公開を実施する施設が見うけられるが、広報・普及活動の一端として捉えることができよう。

ところで、こうした活動を推進していく行政機関、学芸員、編纂事務局、アーキビストなどの専門者とともに、人と人、人と「モノ」とをつなぐ担い手育成も求められる。坂江渉氏は、大学におけるセンター的役割から行政機関への対応をはじめとする協力、支援の具体的な方法を紹介している。この中で、「地域リーダー」の育成を目的とする学生、社会人に対する教育プログラムを実践して、人材育成に繋げている。

また、市沢渉氏は、専門家などの「よそ者」（＝地域社会に対して客観的立場に立つことができる存在）が「当事者性」を自覚することによって地域の問題の本質に迫り、当事者の一人となり得るという、「よそ者」の効用を説く。そして、地域歴史遺産は地域に「ある」ものではなく、人を介して「する」（あるいは「なる」）ものであるとしているが、実に的を射た見解であると思う。

さらに、人と人とが取り結ぶ関係を「社会関係資本」として位置づけ、ネットワーク全体を豊かにする関係性を指摘するとともに、強制力をもったものではなく、関係者が相互理解のもとに緩やかな紐帯を形成していくことが望ましいとしている。こうした地域連携活動が、息の長いものとして成り立ち得るものと考えられる。

最後に、教職員の役割について述べておきたい。市沢氏は、文化施設・社会教育施設の利用者教育の必要性を説く中で、学校がこうした施設の利用を市民的教養として位置づけることを果たしていないと断じる。この点に関しては、河島真氏が教員は、地域歴史遺産に関して一定程度の訓練を受け、理解できることから、その保全、活用の担い手になり得るとする。
そして、教員もまた地域にとって「よそ者」であることのメリットがあるとする。さらに、地域歴史遺産を教材化し、次世代の担い手となる生徒を育成する役割を担うことができ、歴史教育を介して地域歴史遺産の活用を図るなど、それらを可能にする市民を将来的に創出していくことを求めているのである。

ところで平成八年四月二十四日、生涯学習審議会（会長 伊藤正己 元日本育英会会長）では、「地域における生涯学習機会の充実方策について」（答申）が出され、社会教育・文化・スポーツ施設などが学校と連携して事業を展開していくことが求められた。この中で、それまでの「学社連携」から踏み込んで、「学社融合」の理念に立った事業展開を進めていくことが記されている。

その意図するところは、「学社融合は、学校教育と社会教育がそれぞれの役割分担を前提とした上で、そこから一歩進んで、学習の場や活動など両者の要素を部分的に重ね合わせながら、一体となって子供たちの教育に取り組んでいこうという考え方であり、学社連携の最も進んだ形態と見ることもできる」としていることによるものである。

かつて、筆者も公務においてこうした事業の展開を模索したことがあったが、大まかに言えば、自己と他者との関係性が「交流」から「連携」、さらに「融合」への道筋を描くことにあると考えてきた。言うは易しであるが、この地域歴史遺産の理念もこうしたロードマップ上にあって、位置づけられて然るべきものと考えている。そして自己を中心に据えて（＝コア）、複数の他者が周辺に存在すること（＝サテライト）、そしてそれらの関係性が、強制を伴わない緩やかな紐帯のもとに運営されていくことが望ましいのではなかろうか。

近年、コミュニティスクールや地域スポーツ、青少年育成等、地域連携に関する様々な取り組みがなされ、これに見合った教員の適正配置もなされている。また、東日本大震災以後の学校における教育活動の中で、歴史資料をはじめとする災害関係資料に関わる取り組みもなされたとする報道に接している。

この点については、かつて公務を通してＥＳＤ（持続可能な開発のための教育）における取り組みに関わる機会を得たことがある。これは二〇〇二年、国連総会において決議され、日本ユネスコ国内委員会及び関係省庁等でその推進に向けた取り組みが示されたものである。その骨子は、現代社会の諸課題に対して身近なところから取り組むことにより、課題解決に結びつく新たな価値観や行動をもたらし、持続可能な社会を目指すものである。そしてこの中では環境、防災、エネルギー等、大別して八つの観点から総合的に取り組むこととし、そのひとつに「世界遺産や地域の文化財等に関する学習」が示されている。（文部科学省ＨＰ）

これまで国際理解をはじめとする諸活動の基本姿勢には、「地球的視野に立ち、地域に根ざした活動を実践する（Think globally, act locally）」ことが挙げられてきたが、総合的に取り組むべき同教育の視点もまた、軌を一にすることにほかならないと考える。いささか拡大解釈に過ぎるかもしれないが、こうした考え方は、先述した内山節氏や佐藤一子氏の「地域」に関する捉え方とも相似するものである。さらに、持続可能な社会のあり方を追究していく上で、これらには今後の地域史研究の方向性の一端が示されていると考えることができないであろうか。

筆者がこうした分野の研究に取り組みだしてから未だ時間が浅く、本論では先行研究の紹介に終始してしまった感が否めない。しかしながら、既述したこれまでの諸事業に参画してきた経験上、上述の研究成果が今後の地域再生の一翼を担っていくであろう事は、想像に難くないものがある。

いささか観念的かも知れないが、本論の研究成果を登山に喩えるならば、登り口は異なっても、目指す頂上はひとつであるということである。これまで取り上げてきた先学の理念が、新たな事業展開をみせていくことに切に期待したいと考える。

主要参考文献

・網野善彦他編『列島の文化史』創刊号（日本エディタースクール出版部　一九八四年）
・網野善彦「東国と西国―地域史研究の一視点―」（『中世再考―列島の地域と社会』日本エディタースクール出版部　一九八六年）
・安藤正人『記録史料学と現代―アーカイブズの科学をめざして』（吉川弘文館　一九九八年）
・伊藤寿朗「地域博物館論」（長浜功編『現代社会教育の課題と展望』明石書店　一九九一年）
・同　「地域博物館の思考」（『歴史評論』四八三号　一九九〇年）
・同　『市民の中の博物館』（吉川弘文館　一九九三年）
・井口貢編著『観光文化と地元学』（古今書院　二〇一一年）
・上田正昭「地域史の探究」・「地域文化の再発見」（『上田正昭著作集6　人権文化の創造』角川書店　一九九九年）
・ウオルター・アイサード著　青木外志夫・西岡久雄監訳『地域科学入門⑴』（大明堂　一九八〇年）
・内山節『「里」という思想』（新潮選書　二〇〇五年）
・同　「ローカルな場所からの出発」（京都造形芸術大学編『地域学への招待』改訂新版　角川学芸出版　二〇一〇年）
・大国正美「生活者の歴史意識と史料保存」（『日本史研究』四一六号　一九九七年）
・奥村弘「現代都市社会の歴史意識と歴史学の課題」（『大震災と歴史資料保存』吉川弘文館　二〇一二年）
・同　「史料ネットの活動と歴史学の課題」（『歴史資料ネットワーク活動報告書』二〇〇二年）
・同　「大規模自然災害と地域歴史遺産保全―歴史資料ネットワーク10年の歩みから―」（『歴史評論』六六六号　二〇〇五年）
・同　「東日本大震災と歴史学―歴史研究者として何ができるのか―」（『歴史学研究』八八四号　二〇一一年）
・同　「地域歴史遺産の保全と海港都市神戸」（『海港都市研究』創刊号　二〇〇六年）
・同　「歴史資料の保全と活用―大規模災害と歴史学」（『岩波講座日本歴史　第21巻　史料論〈テーマ巻2〉』岩波書店　二〇一五年）
・木村礎「郷土史・地方史・地域史研究の歴史と課題」（『岩波講座日本通史　別巻2　地域史研究の現状と課題』岩波書店　一九九四年）
・黒田俊雄「地域史の可能性―自治体史の修史事業を中心に―」・「あたらしい地域史のために―地域史の現状と課題―」（『黒田俊雄著作集　第八巻　歴史学の思想と方法』法蔵館　一九九五年）
・同　「歴史科学運動における進歩の立場」・「転換期の歴史学―現代歴史科学の方向―」・「歴史学の再生と発展」（『歴史学の再生―中世史を組み直す―』校倉書房　一九八三年）
・神戸大学大学院人文科学研究科地域連携センター編『地域歴史遺産の可能性』（岩田書院　二〇一三年）（本文中に掲載したものは、奥村弘・三村昌司・村井良介・古市晃・森田竜雄・河島真・坂江渉・市沢哲氏執筆部分）
・佐藤一子編『地域学習の創造―地域再生への学びを拓く―』（東京大学出版会　二〇一五年）
・高田知和「自治体史の社会学―地域の歴史を書く・読む・見る―」（『年報社会学論集』二二号　二〇〇九年）
・同　「自治体史誌の社会学・再論」（『応用社会学研究』一九号　二〇〇九年）

・同「歴史と地域社会―自治体史誌論・再々考―」（『応用社会学研究』二一号　二〇一一年）
・高橋実「自治体史編纂と文書館」（『歴史評論』五〇六号　一九九二年）
・地方史研究協議会編『地方史・地域史研究の展望』（名著出版　二〇〇一年）
・地方史研究協議会編『地方史活動の再構築―新たな実践のかたち―』（雄山閣　二〇一三年）
・地方史研究協議会編『地方史事典』（弘文堂　一九九七年）（本文中に掲載したものは、木村礎・林英夫氏執筆部分）
・塚本学「地域史研究の課題」（『岩波講座日本歴史　25　別巻2　日本史研究の方法』　一九七六年）
・辻川敦「自治体史編纂の再検討―尼崎の事例から―」（『歴史評論』五九八号　二〇〇〇年）
・同「事例報告　尼崎市の市史編集事業」（『平成一九年度事業報告書　歴史文化に基礎をおいた地域社会形成のための自治体等との連携事業(6)』
神戸大学大学院人文学研究科地域連携センター　二〇〇八年）
・布谷知夫・吉田憲司「地域コミュニティと博物館」（吉田憲司編『改訂新版　博物館概論』放送大学教育振興会　二〇一一年）
・布谷知夫『博物館の理念と運営―利用者主体の博物館学』（雄山閣　二〇〇五年）
・廣瀬隆人「地域学に内在する可能性と危うさ」（『都市問題』第98巻第1号　二〇〇七年）
・同「ローカルな知としての地域学」（日本社会教育学会編『日本の社会教育』52号　二〇〇八年）
・柳原邦光・光多長温・家中茂・仲野誠編著『地域学入門―〈つながり〉をとりもどす―』（ミネルヴァ書房　二〇一一年）

あとがき

平成の元号もまもなく、三十年を迎える。佐伯啓思氏（現代社会・文明論）は「一九八〇年代」を論じる中で、昭和という時代を「戦前」と「戦後」、さらにその「戦後」を「八十年代まで」と「九十年代から」とに二分して解説している。そして、後者を「ソ連社会主義の崩壊による冷戦の終了」と、その後の「世界的な市場経済の形成とともにグローバリズムの時代」の招来となって、現在に至っていることを論じた。

さらに、「一九八九年」が東西冷戦体制からグローバリズムへの移行とともに、昭和から平成への改元とが重なった年であり、その後の日本という国とその精神にも大きな変化を来したとする。まさに、八十年代とは昭和の最後であり、昭和が終わることにより「戦後」のステージが大きく変わる時期であったとしているのである。（『日本の宿命』　新潮社　二〇一三年）

また、小林道憲氏（哲学・文明論）は、二十世紀末に東西問題が終焉したことを考えたとき、二十一世紀に残された最も大きな課題は南北問題であると想定し、これが人口や食糧、さらに資源や環境などの諸問題と深く絡み、地球文明そのものに対する危険性を予見している。（『二十世紀とは何であったか』　日本放送協会　一九九九年）これまで日本海とユーラシア大陸との交流圏の中で、古代日本の姿を解明してきた著者の視点は、こうした現代文明論と共に連動していることを知らしめる。

一方、歴史学研究者の間には、一九九〇年代に生じた世界構造の急激な変化を捉える中で従来の近代史、現代史の枠組みから、さらに近現代史全体を見直すことも提起されている。例えば、その契機となるのが二〇〇一年「九・一一アメリカ同時多発テロ事件」、二〇一一年春「中東革命」、そして二〇一一年「三・一一東日本大震災」などである。

（歴史学研究会編『歴史学のアンクチュアリティ』東京大学出版会　二〇一三年）私たちは、二十一世紀初頭のこうした大事を目の当たりにして、今時、新たな「現代史」に身を置くとともに、従来からの歴史観を問い直す局面にあることを余儀なくされているのではなかろうか。

いささか過大に述べると、平成に入り公務にたずさわる中で様々な分野における時節の節目や潮目に巡り会うことが、少なからずあったように思う。さらに両氏の壮大な見解の一端は、翻って一地域における凝縮された問題として捉え、時に前代との比較を通じ即応して具現化することを求められてもきた。こうした中で本書の刊行にあっては、十分な準備もなし得ぬままに事ここに至ったことを自省しているが、一方において様々な転換点を経て、「時代」を体感してきたとも考えている。このことは、本書で取り上げた北陸地域史にあっても同様のことをかいま見ることができるが、刊行に当たり、念頭に置いてきた視点を次に挙げたい。

まず、序章において取り上げた記載内容である。現在、日本海側に面する福井・石川・富山・新潟四県は、日本古代において北陸道七カ国に編制され、能登・加賀国成立以前の越前国は図上直線にして約二五〇キロメートル、そして越後国への四郡分割以前の越中国も東西約二五〇キロメートルに及ぶ広大な領域であったと考えられる。また、同分割後の越後国の北東端が出羽地域にまで延びていくが、現在の新潟県域の離島（佐渡島・粟島）を除く本土は、同じく直線にして約二五五キロメートルある。因みに新潟県本土の海岸線は、全長三三一キロメートルにも及んでいる。（新潟県統計課・平成二十七年三月現在）

一方、単純には比較できないかもしれないが、現在の路線図からみていくと、越中国府の所在地（富山県高岡市）から京都まで約二六五キロメートルになるが、長短はあるものの旧国名で越中・加賀・越前・近江・山城五カ国を通っていくことを勘案すると、改めて後の越後一国の長大な領域のほどを実感するのである。そして、越前・越中・越後国の三越分割以前の「高志国」、「越国」とは果たしていかなる領域を有したものか、その後の分割の過程も含めて興味の尽きぬものがある。北陸道七カ国それぞれのもつ性格については概括的に記述したが、おのおの歴史的にも、また地形的にも異なる背景での成立事情を俯瞰する中で、それらと比較しながら越中国の位置づけを把握してほしいと考え、紙数を費やした次第である。

次に、長年にわたる考古学上の成果から、新たな事実がもたらされていることも言を俟たない。特に、都城や地方官衙などから出土する木簡や墨書土器は、それぞれに性格を異にしながらも新たな文字資料として幅広く活用に与っている。また『論語』、『千字文』の一文や則天文字なども出土して、我が国における漢籍受容の課題に数々の提起がなされていることも挙げられる。さらに、近年とみに注目を集めている韓国木簡の研究成果などから、日中韓をはじめ東アジアの中で研究を進めていくことの必要性もまた然りである。

こうした生の資史料の検出は、既存の文献史料とは別に様々な史料解釈の可能性をもたらすとともに、新たな研究の方向性を志向するものとして今後も注目されるものである。近年、大学や各研究機関ではこうした考古資料のみならず、既刊の史料を全体、またはテーマに則してデータベース化し、ホームページ上において公開している。そしてこれらから、利便性をもって活用に供することが可能となり、特に史料検索等において、多大な便宜を蒙っていることも痛感せざるを得ない。

一方、研究の深化とともに、既刊の史料集に対して異なる底本を用いて新たに字句の校合・校訂を試みたり、詳細な補注の記述に努めるなどして更なる史料集の刊行も継続し、今日に至っている。それらは、時にこれまでの史料批判のあり方を再考させたり、用字や日付の再検討を余儀なくされるなど、史料操作の根本に関わるものも少なくないのである。本書の刊行に当たり、こうした近年の状況や研究環境にも配意したつもりであるが、不十分な点は御教示いただきたいと思う。

ところで付論においても記述したが、夙に平成を前後する時期からの地域史研究には、歴史資料の収集や研究のあり方など、各方面から新たな方向性が示されてきたことも痛感する。中でも地域史研究のあり方が、このちも長期にわたり懸念される少子高齢化社会や地域社会における次世代間の継承力の低下、さらにはその存続自体の問題とも少なからず繋がっていくことを窺わせる。

例えば、これまで地域社会に存在してきた歴史資料が散逸したり、適切な活用がなされないなどの問題が挙げられている。こうした現状にあって近時、生涯学習団体等ではこれら課題に対応すべく事業展開がなされたり、各地域において様々な研究活動が結実してきたことも指摘することができる。また、その活用のあり方を巡って地域住民による積極的な保存継承活動が功を奏しているところもある。

こうした問題は、すでに大規模災害が発生した地域などから声高に求められてきたが、自身にとっては、ここ十数年ほどの緒についたばかりのものである。ただ、こうした諸課題に対しては、これまで公務を介して様々な面で直接的に関わる機会を得てきたこともあり、今後の研究テーマとしていきたいと考えている。先に述べた時代の転換期のあり方とともに、以上のことに配意して本書に臨んだことを記しておきたい。

ところで平成二十七年六月、公益財団法人翁久允財団（須田満 代表理事）より「翁久允賞」を受賞する栄に浴した。昭和十一年（一九三六）、ジャーナリスト・作家の翁久允によって創刊された郷土誌『高志人』は、数々の地域史等に関する研究を掲載して昭和四十九年（一九七四）、通巻三百九十九号をもって最終号「翁久允追悼号」として掉尾を飾った。（『翁久允年譜　第二版』同財団　二〇一七年）

戦前からの同誌の意欲的な研究姿勢には、今もなお目を見張るものがあり、自身も学生時代に恩師より論考の所在を指摘されたことがある。そして広範なジャンルからなる研究成果は、上記の地域社会を巡る今日的諸課題に対して解決の糸口を供するものとも考えている。

末尾ながら、先に「同賞」を受賞された桂書房勝山敏一代表及びスタッフの方々には、本書の刊行に当たり、ひとかたならぬお力添えをいただいた。これまでを振り返ってみれば、同財団並びに編集者御一同との奇しき合縁と御援助によるものであり、ここに深く感謝申し上げて結びとしたい。

平成二十九年十月二十日

著者識す

【著者略歴】

木本秀樹（きもと・ひでき）

昭和 27 年（1952）生まれ。富山市民俗民芸村売薬資料館長。職藝学院非常勤講師。

著書『越中古代社会の研究』（高志書院）、編著『古代の越中』（高志書院）、共著として『日本海地域史研究　一・五輯』（文献出版）、『続日本紀の時代』（塙書房）、『日本の前近代と北陸社会』（思文閣出版）、『律令制社会の成立と展開』（吉川弘文館）、『街道の日本史　27』（吉川弘文館）、『日本海域歴史大系　第一巻』（清文堂）等。『富山県史　通史編Ⅱ　中世』・『富山県史年表』（富山県）及び『富山市史　通史　上巻』（富山市）、『小矢部市史』（小矢部市）、『入善町史　通史編・資料編』（入善町）、『婦中町史　通史編・資料編』（婦中町）、『福光町史』（南砺市）、『下村史』（下村）等、富山県内市町村史の編纂に参画。

越中の古代勢力と北陸社会

2017年12月10日 初版発行

定価2,500円＋税

著　者　木本秀樹
発行者　勝山敏一
発行所　桂書房

〒930-0103
富山市北代3683-11
電話 076-434-4600
FAX 076-434-4617

印刷／モリモト印刷株式会社

ISBN 978-4-86627-40-1

地方小出版流通センター扱い